지속 가능한 세상을 향한 발돋움

희망제작소 프로젝트
우리 시대 희망 찾기

06

지속 가능한 세상을 향한 발돋움

환경갈등이라는 복잡한 숙제 풀기

| 박진섭·소병천 지음 |

창비

'현장의 목소리'에서 희망을 찾다

민간 싱크탱크 희망제작소의 '우리시대 희망찾기' 연구 프로젝트는 민주화 이후 한국사회 현실을 심층적으로 진단하고, 이를 바탕으로 새로운 사회개혁의 전망을 모색하고자 하는 하나의 시도이다. 이 프로젝트가 같은 문제를 고민하는 다른 노력들과 구별되는 점이 있다면, 일상세계로 들어가 '현장의 목소리'를 듣고, 그 목소리가 들려주는 '아래로부터의' 경험과 지혜를 체계화하여 우리사회의 문제와 애로가 형성된 역사적·문화적·제도적 조건을 해명하고, 그러한 구체적이고 풍부한 이해 속에서 희망의 단서를 찾고자 한다는 것이다. '현장의 목소리'에서 출발해 사회 현실을 그려보고자 하는 '우리시대 희망찾기'의 문제의식은 이 연구 프로젝트의 연구방법론이자 사회 현실을 이해하는 태도이기도 하다.

이 연구 프로젝트를 기획한 것은 우리 두 사람이지만, 이 기획을 현실화시킨 것은 우리의 문제의식에 공감해 재능과 열정을 모아준 연구자들이다. 2006년 1월 희망제작소 내에 꾸려진 연구위원회는 집중 토론을 통해 모두 14개의 주제 영역을 설정하였고, 이후 주제별로 관련 '현장'에서의 활동 및 연구경험을 가진 전문가들로 연구팀을 구성했다. 각 연구팀은 독자적인 방식으로 연구를 수행하면서, 필요할 때는 연구팀 사이의 공통의 문제의식을 확인하고 토론했다. 연구의 전 과정에서 연구자들은 섣부른 주장보다는 현장 속에 유형무형으로 녹아 있는 다양한 목소리를 그려내고, 어렴풋하게나마 형성되고 있는 새로운 실천의 지향과 가능성을 드러내고자 노력했다.

주제별 연구자들에 대한 소개와 연구과정은 순차적으로 발간될 책에서 하기로 하고, 전체 프로젝트 진행에 참여하였던 분들을 간단히 소개한다. '우리시대 희망찾기' 첫권의 저자이기도 한 유시주 희망제작소 객원연구위원은 작가 특유의 지적 감수성과 깨어 있는 시민으로서의 사회의식을 바탕으로 '우리시대 희망찾기' 씨리즈의 주요 편집인으로서 연구내용을 감수했을 뿐 아니라 프로젝트 전체를 실질적으로 이끌었다. 이희영은 연구기획 이외에 연구방법론 전공자로서 모든 주제 연구가 '현장의 목소리'에 기초하여 재구성될 수 있도록 전체 연구내용을 감수하고 자문했다. 강현선 연구원은 섭외, 조직, 예산집행을 포함한 연구진행 실무를 책임졌다. 또 삼성은 '우리시대 희망찾기'의 연구가 실현될 수 있도록 연구기금의 지원을 아끼지 않았고, 창비는 경제적 효과를 기대하기힘든 연구보고서의 출판을 기꺼이 맡아주었다.

생활세계의 구체성과 풍부함에 주목하고자 하는 우리의 문제의식이 기존의 연구방법에 대한 아쉬움에서 말미암은 게 사실이지만, 그렇다고 해서 이 연구가 지금까지의 다양한 이론적·경험적 연구결과들과 무관한 것은 아니다. 오히려 기존의 다양한 연구성과들은 현장의 목소리를 재구성하기 위한 분석과 해석 과정에서 중요한 자원이 되었음을 밝힌다.

'우리시대 희망찾기'의 연구결과에 대한 평가는 독자들의 몫이다. 우리는 독자들과의 다면적인 소통을 통해 연구결과가 평가되고 재해석되는 과정이야말로 이 연구의 마무리라고 생각한다. 독자들의 날카로운 질책과 비판을 기대한다. 마지막으로, 낯선 연구자들에게 마음을 열고 '나의 이야기'를 들려준 구술자들이야말로 이 프로젝트의 기본 동력이었음을 밝히며, 귀한 시간을 내어 경험과 지혜를 나누어주신 그분들께 진심으로 감사드린다.

2008년 12월

박원순(희망제작소 상임이사)

이희영(대구대학교 교수·사회학)

일러두기

1. 구술자의 이름은 가명으로 하되, 독자의 이해를 돕기 위해 구술 당시의 소속과 직책을 본문 뒤 '구술자 소개'에 밝혀두었다.
2. 구술자 인용은 연구팀에서 작성한 녹취록을 바탕으로 했고, 해당 녹취록의 면수를 각 인용문 뒤에 밝혀두었다.
3. 구술자 인용은 녹취록을 그대로 따르는 것을 원칙으로 하되, 가독성을 지나치게 해치는 부분만 일부 빼거나 가다듬었다. 인용문 가운데 일부를 중략한 곳은 (…)로 표시했으며, 인용자의 설명이 필요할 때는 [ ]안에 넣었다.

실패에서 배우기

　환경 분쟁, 경제개발과 환경보호의 갈등, 환경문제의 인식 같은 주제를 다룬 책은 적지 않다. 그럼에도 또 한권의 책을 더하게 된 까닭은 한 사람은 환경법을 전공한 학자로서, 또 한사람은 환경운동가로서, 수많은 갈등의 현장에서 느껴온 목마름과 안타까움 때문이다.

　박진섭은 환경운동가로서 이 책에서 다루고 있는 새만금사업과 부안 방폐장 사건에 깊이 참여했다. 2003년 3월말부터 종로구 누하동의 환경 연합 마당에 친 천막, 이름하여 '상황실'에 기거하며, 부안에서 서울시청에 이르는 65일간의 새만금사업 반대를 위한 종교인들의 삼보일배를 지원했다. 삼보일배가 끝나 천막생활을 청산하려는 순간, 이번엔 부안 방폐장 사건이 터지면서 다시 천막 상황실을 지켜야 했다.

　소병천은 대학에서 환경법, 국제환경법을 강의하는 연구자이다. '전문가' 자격으로 환경단체 일에 참여하기도 하지만 생활 때문에 정부에서 발주하는 용역사업에도 참여한다. 투철한 생태론자라기보다는 환경문제에 법률적으로 접근하는 데 익숙한 '서생'이라고 할 수 있다. 그러나 환경을 둘러싼 분쟁을 연구하는 과정에서 '환경문제'를 둘러싼 더 큰 맥락에 호기심이 발동했다. 문제가 시작되고 전개되고 해결되는 전과정에 사회경제적인 구조의 특성, 특정 이익집단이나 정책집단의 이해관계가 깔려 있음을 깨닫고, 법규범적 당위성과 현실성에 대해 학문적 호기심을 느낀 것이다.

앞서 간략히 소개한 데서 드러나듯, 우리 두 사람은 '환경문제'로 씨름한다는 점에서는 같지만 문제에 접근하는 방식은 서로 다르다. 한사람은 '운동'을 하고, 한사람은 제도를 '연구'한다. 그런데 서로 다른 방법으로 각자의 숙제를 풀어나가는 과정에서 우리는 똑같은 문제의식에 이르렀다. "이 문제를 해결하기가 왜 이렇게 어려운가?" "갈등을 예방하거나 갈등에 따르는 비용을 최소화할 수 있는 합리적인 정책은 어떻게 만들어지는가?" "대중의 목소리를 충분히 담아내는 정책을 만들 수 있는 방법은 무엇인가?"

연구목적을 달성하기 위해 우리는 경제개발과 환경보호라는 포괄적인 주제를 '지역개발 과정에서의 환경보전'으로 한정하고, 최근에 커다란 반향을 일으켰던 새만금간척사업과 방사성폐기물처분장 사건이라는 구체적인 사례를 중심으로 논의를 이끌어가기로 했다. 그리고 문헌연구보다는 두 사건에 직간접적으로 관련된 사람들, 특히 지역주민이나 사업을 추진했던 분들과의 심층인터뷰를 통해 '갈등을 합리적으로 풀어내는 정책', 나아가 '지속 가능한 개발'의 토대를 찾아보려 했다.

왜 새만금사업과 방사성폐기물처분장[1]인가?

우선, 새만금과 방사성폐기물처분장(이하 방폐장) 사건을 연구대상으로 삼은 이유는 다음 세가지다.

첫째, 새만금간척사업이나 방폐장부지선정사업은 사업 필요성을 포함하여 이슈별로 논란이 많았다. 새만금 논란은 '갯벌이냐, 농지냐'를 둘러싸고 벌어졌다. 새만금간척사업은 부안군, 김제시, 군산시에 걸쳐 있는 바다와 갯벌 4만 100헥타르를 간척하는 사업으로, 방조제 길이가 무려 33킬로미터에 달하는 세계 최대 간척사업으로 꼽힌다. 그런데 이 간척사업의 애초 목적은 농지조성이었다. 다시 말해 갯벌을 농사지을 땅으로 만들겠다는 것이었다. 먼저 경제성으로 보아 농지를 조성하는 것이 나은가, 아니면 그냥 갯벌로 두는 것이 나은가가 논란이 되었다.

다음으로, 매립이 생태환경에 어떤 변화를 불러일으킬 것인가가 논란이 되었다. 여기서는 새만금으로 들어오는 동진강과 만경강의 수질변화가 가장 큰 논쟁거리였고, 매립 이후 새만금 방조제 밖의 바다에 어떤 변화가 일어날 것인가 역시 쟁점이었다. 따라서 이 모든 논란은 경제적·과학적 분석을 주요 논거로 삼아 진행되었다. 자세히 서술하겠지만, 새만금간척사업의 필요성을 놓고 이를 추진한 정부측과 반대하던 지역주민·환경단체들의 간극은 너무나 컸다. 정부안에 따르면 새만금간척사업의 목적은 농지 확보인데, 정부가 1962년부터 고수해오던 식량증산정책을 포기한 마당에, 여의도의 100배가 넘는 농지가 과연 필요한지에 대해 수많은 문제제기가 있었다.

부안 방폐장 사건을 보자. 우리나라는 원자력발전소 또는 핵발전소를 이용해 전력을 생산하고 있다. 원자력발전은 반드시 폐기물을 발생시키며, 따라서 이 폐기물을 처분할 시설물이 필요하다. 우리 일상생활의 부산물인 쓰레기를 처리하는 쓰레기소각장이나 매립장이 필요하듯이, 원자력발전소를 가동하면 그 폐기물을 처리하는 처분장이 반드시 필요하다. 문제는 여기서부터이다. 우선 폐기물에도 핵 방사능이 남아 있기 때문에 처리의 안전성이 매우 중요하다. 그러므로 처분장이 지질학적으로 매우 안전한 부지에 들어서야 한다. 또한 안전성에 대한 위협이 있기 때문에 지역주민이 이를 받아들여야 한다. 그래서 방폐장을 선정할 때 민주적인 의견수렴과 투명하고 공개적인 논의구조가 반드시 필요하다.

문제는 거기서 그치지 않는다. 사실 원자력발전 그 자체가 논란거리이다. 위험성이 상존하는 원자력발전을 계속 이용해야 하는가? 안전한 관리가 과연 가능한가? 안전한 관리에 소요되는 비용을 추가하면 과연 원자력발전소는 경제적인가? 또한 원자력발전을 계속하면 폐기물도 계속 발생할 텐데, 그때마다 방폐장을 지어야 한다면 그 끝은 어디인가? 방사능 수치가 높은 폐기물인 플루토늄을 안전하게 저장할 공간이 존재하는가? 의문은 끝없이 이어진다. 방폐장문제는 단순히 쓰레기를 어떻게 처리할 것인가의 문제가 아닌 것이다. 원자력발전 지속 여부를 결정하는 것은 현대인의 삶과 사회 전반에 미치는 영향이 너무나 크기 때문에 대단히 복잡하다. 특히 방폐장 건설 시도는 과거 충청남도 안면도(1990), 인천시 굴업도(1995) 등에서도 주민반대에 부딪혀 무산된 적이 있기 때문에 민주적 의견수렴과 동의절차가 필수이다.

둘째, 두 사건 모두 우리사회에 끼친 파장이 상당했다. 새만금사업은 2003년 종교계 인사들을 중심으로 한 '삼보일배'운동이 매일 언론을 통해 보도되면서 국민들의 시선을 끌었다. 그리고 법원에서 이 분쟁을 다루었고 일시적으로 공사가 중단되기까지 했다. 엎치락뒤치락하는 과정을 거치면서 새만금사업은 1990년대 초반의 낙동강 페놀 사건, 1990년대 후반의 동강보존운동과 함께 국민들의 환경의식과 환경정책에 일대 전환을 가져온 사건으로 평가된다.

부안 방폐장 사건 역시 안면도에서 시작하여 근 17년간(1989년 경북 동해안 3개 후보지 논란 이후 2005년 경주가 방폐장 부지로 선정될 때까지) 진행되어온 방폐장부지선정사업의 연장선상에서 정부 통제력이 미치지 않는, 민란에 가까운 상황으로 이어졌다. 그런데 이후에는 경주, 군산, 포항, 영덕에서 경쟁적으로 방폐장 유치에 나서 국민들을 어리둥절하게 하더니 결국 경주로 결정되었다. 하지만 방폐장 부지가 주민투표를 통해 경주로 결정되자 정부에서 이전을 약속한 한국수력원자력주식회사(이하 한수원) 본사 부지 선정 문제로 경주에서 행정구역상 있지도 않은 '동경주' '서경주'라는 지역대립 구도가 새로이 나타나기도 했다. 부안 사태와 경주 유치에 이르기까지 방폐장을 둘러싼 갈등과 고민, 논쟁은 정부의 환경정책뿐 아니라 환경운동을 하는 시민단체들에도 많은 시사점을 던져주었다. 사실 새만금과 방폐장 모두 환경단체들에는 자성의 계기를 제공했다.

마지막으로, 국민들이 가장 잘 알고 있는 주제를 선정해야 공감을 끌어내고 문제의식을 높일 수 있기 때문이다. 특히 양 사업 모두 양극단의 논리나 입장만이 부각되고 그밖의 다양한 의견은 충분히 조명받지 못했다는 아쉬움을 느낀다. 찬성과 반대를 넘어, 제3, 제4, 제5의 의견을 들어보고 생각해보는 자리가 필요하다는 점에서 두 사건을 선정했다.

연구과정에 대하여

앞서 밝혔듯이 우리는 이 사건에 직간접적으로 연관된 사람들을 심층 인터뷰하여 연구를 진행했다. 인터뷰한 구술자의 수는 모두 26명이며, 지역주민, 공무원, 시민단체 활동가, 조사에 참여한 전문가, 언론인 등 다양하다. 구술자들은 평균 2~3시간에 걸쳐 자신들의 경험과 생각을 들려주었다. 우리는 구술자들의 '주장'을 넘어 그 배경에 있는 경험을 이해하려고 노력했으며, 입장이 다른 여러 구술자들의 주장을 서로 비교하면서 속뜻을 찾고자 노력했다. 인터뷰와 텍스트 분석은 두 사람이 함께 했으며, 원고의 초고는 소병천이, 초고 완성 이후의 수정과 보완은 박진섭이 맡았다.

본론에서 구체적으로 다루겠지만 환경을 둘러싼 갈등도 그 어떤 사안 못지않게 복잡하고 다양하다. 숱한 사람들의 이해가 걸려 있고, 그들은 서로 다른 생각과 의견을 갖고 있다. 표면적으로야 개발을 원하는 사람은 찬성으로, 보전을 바라는 사람은 반대 입장으로만 드러난다. 그러나 같은 편에 서 있더라도 각자의 문제의식, 관점, 삶의 철학은 다양하기만 하다. 설사 공동의 목표를 설정하고 단일한 목소리를 낸다 할지라도 참여 동기, 접근, 결과에 대한 해석이나 평가는 서로 다를 수 있다. 갈등을 정태적으로 평가하면 어떤 사건의 발생 원인과 동기, 배경, 과정, 결과 등을 사실에 입각해서 정리할 수 있다. 그러나 이는 다른 유사한 갈등에 충분한 교훈을 주지 못한다. 비록 그 결과가 모두를 만족시키지는 못한다 할지라도 '학습효과'에 대한 올바른 평가나 해석이 필요하고, 이를 위해서는 '깊은 이야기'를 끌어낼 수 있어야 한다. 그런 점에서 심층인터뷰는 이 연구에 매우 적합한 방법이었다.

그러나 심층인터뷰는 문헌연구에 익숙한 우리에게는 상당히 부담스러운 방법이었다. 연구방법의 특성을 제대로 이해하는 데도 적지 않은 시간이 걸렸고, 부안과 전주, 경주를 오가며 구술자들을 인터뷰하고 그것을 다시 분석하는 데 걸린 시간도 만만치 않았다. 그동안 학문 연구가 현실과 너무나 동떨어져 있다는 비판이 꾸준히 제기되었다. 예컨대 갈등 현장에서는 너무나 절박한 문제를 학문적으로는 고작 한두 줄로 언급하는 게 현실이다. 이를 반성하고 고민해보자는 취지에 공감했기에 여러 어려움에도 불구하고 연구를 진행했으며, 이 과정에서 그 이상의 소중한 교훈을 얻었다.

그런데 연구의 전과정에 걸쳐 우리 두사람은 서로 다른 이유로 두려움을 품고 있었음을 밝힌다. 우리 중 한사람은 두 사건에 '반대자'로 참여했다. 그러한 환경운동가 입장과 경험이 연구에 개입되어 연구의 '공정성'을 훼손하지 않을까, 경계하지 않을 수 없었다. 또 한사람은 20년 동안 법이라는 제한된 분야만을 연구해온 까닭에, 가치와 이해관계가 복잡하게 충돌하고, 역사적이고 사회적인 맥락이 작동하는 생생한 경험들을 이해하고 분석할 때, 자칫 법제도적인 관점에서만 보는 건 아닌가, 고민할 수밖에 없었다. 연구의 한계는 곧 연구자의 한계이니만큼, 경계한다고는 했지만 필자들의 한계는 어떤 식으로든 연구에 흔적을 남겼을 것이다. 다만, 우리가 그러한 한계를 경계하고 고민했다는 점만은 분명히 밝혀둔다.

지속 가능한 발전, 지속 가능한 사회

이 책은 지역개발과 환경보전을 둘러싼 갈등을 다룬다. 갈등은 한자로 보면 '칡' 갈(葛)과 '등나무' 등(藤)을 쓴다. 국어사전은 갈등을 우선 "일이 칡덩굴과 등덩굴이 얽힌 것처럼 뒤얽히어 풀기 어렵게 된 상태"로 설명하며, 두번째로는 "서로 달리하는 입장·견해, 이해관계 따위로 일어나는 불화나 충돌"로 설명한다. 그런데 얽히고설킨 것으로 말하자면 실타래처럼 다른 것도 많은데 왜 굳이 칡과 등나무일까? 이 둘은 넝쿨식물로 다른 나무의 등걸을 휘감고 올라가며 자라는데, 유전학적으로 칡은 오른쪽으로 감는 DNA를, 반대로 등나무는 왼쪽으로 감아 오르는 DNA를 갖고 있다고 한다. 서로 반대쪽으로 휘감아 올라갈 수밖에 없는 까닭에 밀고당기고, 누르고 눌려 도저히 풀 수 없이 뒤엉킨 상태가 된다는 것이다.

그런데 과연 환경보전과 지역경제발전이라는 두가지 가치가 칡과 등

나무처럼 근본적으로 맞부딪치는 것일까? 우리나라뿐 아니라 전세계적인 환경정책의 기본 방향은 '지속 가능한 발전'이라는 명제를 실천하는 것이다. 1987년 4월 세계환경발전위원회[2]가 발간한 「우리 공동의 미래 (Our Common Future)」라는 보고서에 처음 등장한 '지속 가능한 발전'이라는 개념은, "현 세대가 경제적인 필요를 충족하기 위해 자연자원을 사용할 때는 다음 세대의 경제적 필요를 고려해야 한다"는 것이다. 다시 말해, 경제개발을 할 때 후손들을 충분히 고려하여 계획적으로 정책을 운용해야 한다는 것이다. 예를 들면 우리는 지금 당장 책이나 가구 등을 생산하기 위해 벌목을 해야 한다. 그러나 20~30년 후의 목재 수급을 고려하여 벌목허가를 내주어야 할 뿐 아니라 미래의 수요에 부응하여 나무를 심는 정책도 동시에 펴야 한다. 나아가 이산화탄소 증가로 지구온난화가 심화되고 있음을 고려하여, 이산화탄소를 흡수하는 나무 대신 해초류를 이용한 종이를 개발하는 것이 '지속 가능한 발전'의 사례이다.

1992년 브라질 리우데자네이루에서 개최된 유엔환경개발회의(UN Conference on Environment and Development)[3]의 공식의제였던 '지속 가능한 발전'의 영문 약칭은 'ESSD'이다. 문자 그대로 '환경적으로 건전하며 지속 가능한 발전'(Environmentally Sound and Sustainable Development)을 가리킨다. 즉 환경 가치를 고려해야만 경제개발을 지속해나갈 수 있다는 것이다. 경제개발과 환경보전은 서로 충돌하는 가치가 아니라 공존해야 하는 가치이며, 둘은 더 나은 미래를 향한 DNA을 공유하고 있다.

이제 경제와 환경이라는 가치의 갈등이 아니라 '갈등 자체'에 대해서 이야기해보자. 갈등이란 이해관계의 충돌이다. 따라서 사회가 존재하는 한 갈등도 존재한다. 특정한 윤리나 가치 규범이 사회를 전일적으로 지배하는 전체주의사회가 아닌 이상, 모든 사회구성원이 어떤 사안에 일치된 견해를 갖기란 불가능하다. 오히려 갈등이나 균열, 분열이 없는 획일화된 사회야말로 변화와 발전을 기대할 수 없는 정체되고 죽은 사회이다. 갈등을 통해 서로의 차이를 인식하고, 이해와 절충을 통해 공공의 입장을 만들어간다는 점에서 이는 사회발전의 원동력 구실을 할 수도 있다. 역설적으로 갈등이 존재해야만 제도가 개선되고 민주주의가 발전하며 삶의 질이 향상되는 것이다. 그러니까 문제는 갈등 자체가 아니라 갈등을 다루는 자세와 능력이다.

새만금을 추진하는 사람들과 반대하는 사람들의 갈등은, 지역경제를 발전시키는 과정에서 환경에 접근하는 방식에 문제가 있다는 것, 그리하여 지속 가능한 개발을 깊이 사유해야 한다는 사실을 깨닫게 해준 것만으로도 의미가 있다. 만일 이 문제를 법정에서 승패를 가르는 방식이 아니라 시간이 더 걸리더라도 이해관계를 원만히 조정하는 합의를 통해 해결했다면, 양측이 대립구도에서 벗어나 제3의 길을 찾으려고 노력했다면, 향후 훨씬 더 지혜롭고 유익한 교훈을 얻을 수 있었을 것이다. 아쉽게도 갈등해결의 제도화라는 측면에서 논란이 법정으로 옮겨가, 다양성 차원에서 문제에 접근하지 못하고 획일성을 요구하는 규범 차원에 머무르고 말았다. 그 결과 갈등은 '해결'되지 못하고 '종식'되었다. 새만금 갈등이 법정으로 간 원인은 갈등이 장기화되고 심화되면서 사회적·정치적 불안정성이 증대되었고, 이것이 지역사회의 통합을 저해하는 양상을 띠었기 때문이다.

사회가 갈수록 복잡해지면서 갈등도 다양해지고, 그 수준도 예측하기 힘들 정도로 격렬해지고 있다. 지금까지는 주로 정치와 경제 문제를 둘러싼 계층, 계급간의 갈등이 나타났지만 1990년대 이후에는 환경문제를 둘러싼 갈등이 부쩍 늘어나고 있다. 이는 다른 사안보다 훨씬 복잡한 반면 그 치유책과 해결방안은 마련되어 있지 않다. 환경과 발전이 조화를 이루는 지속 가능한 사회를 반대할 사람은 없을 것이다. 그러나 이 의제는 대단히 추상적이다. 그래서 구체적인 현실에 적용할 때는 다양한 마찰과 혼란이 일어날 수밖에 없다. 새만금과 방폐장 문제는 우리가 환경의 가치를 새롭게 조명하고 인식하는 과정에서 필연적으로 발생할 수밖에 없었다. 모든 사회발전이 그렇듯이 새로운 단계로 나아가기 위해서는 진통이 불가피하고, 이 두 사건도 그런 차원에서 발생했다고 보는 것이 타당하다. 우리는 두 사건을 통해 한국사회가 개발과 보전에 대한 새 인식을 갖기를 바란다. 우리가 새만금과 방폐장 사건을 다시 회고하고 그 공간에서 함께했던 사람들의 이야기를 듣는 까닭은 실패에서 배우기 위해서이다. 이렇게 큰 실패에서도 배우지 못한다면 대체 어디에서 무엇을 배워 희망을 찾을 수 있겠는가.

어쩌면 다시 떠올리고 싶지 않았을 아픈 기억들을 회상하며 인터뷰에 응해주셨던 구술자 여러분께 감사드린다. 혹시라도 그분들의 생각이 올바르게 전달되지 못하고 본뜻이 잘못 해석되었다면 양해를 구한다. 또한 입장과 위치에 상관없이 새만금, 방폐장 문제로 고생했던 많은 분들께도 깊은 위로와 함께 감사 인사를 드린다. 원고마감 기한을 훨씬 넘겼지만 끝까지 인내하면서 기다려주고 조언을 주신 희망제작소의 유시주선생님, 이희영선생님께 진심으로 감사드린다.

이 책이 이렇게라도 무사히 나올 수 있었던 것은 밤잠을 설치면서 자료 정리와 원고 수정을 도운 손성희 연구원 덕분임을 밝힌다. 생태지평연구소 고철환·김인경 이사장님, 전승수 소장님, 이외에 많은 분들께도 감사드리며, 지지하고 성원해준 가족들에게도 사랑을 전한다. 끝으로, 이 책의 출판을 기꺼이 맡아준 창비에도 감사드린다.

2008년 12월

박진섭 소병천

우리시대 희망찾기

1장

두가지 이야기: 부안과 새만금

1. 부안

전사(前史): 안면도와 굴업도의 싸움

1978년 4월, 고리 원자력발전소 1호기가 시설용량 587MW로 첫 상업운전을 시작했다. 2007년말 현재 우리나라 원자력발전소는 총 20기로 시설용량은 1978년에 비해 30.2배 증가했으며, 우리나라 전체 전력발전량의 36.5퍼센트를 차지한다. 원자력발전소가 전력산업에서 차지하는 비중이 점점 커지면서 1980년대 중반 이래 원자력발전으로 배출된 방사성폐기물의 안전하고 항구적인 처리가 국가적 과제로 떠올랐다. 1986년, 정부는 원자력법을 개정하여 방사성폐기물 관리에 관한 법적 기반을 마련하고, 방폐장을 건설하기 위해 부지를 선정하기 시작했다.

원자력법 개정과 함께 한국원자력연구소가 방사성폐기물 전담기관이 되어 1987년 9월부터 1988년 1월, 방폐장 건설을 위한 부지조사가 실시했다. 이 조사로 경상북도 영덕군 남성면, 영일군 송라면, 울진군 기성면 등 동해안에 위치한 3곳이 선정되었으나 지역주민과 환경단체의 반대로 무산되었다.

과학적으로 가장 타당하다고 판단되었던 동해안지역의 방폐장 건설이 주민들의 반대로 무산되자 한국원자력연구소는 1990년 서해안지역을 대상으로 후보지를 물색했는데, 당시 충청남도가 구상하고 있던 '서해안 종합개발계획'과 연계하여 안면도를 방폐장 부지로 선정했다.[1] 그러나 이 사실이 주민들에게 알려지면서 공권력과 주민이 충돌했다. 결국 방폐장건설사업은 다시 백지화되었다.

지역주민들의 반대로 방폐장부지 선정에 계속 실패하자 정부는 1994년 단 9가구가 거주하는 인천 앞바다의 굴업도에 방폐장을 지으려 했다. 그러나 굴업도 주민, 인천지역 환경·사회단체, 인근 덕적도 주민들까지 연대한 방폐장 건설 반대운동이 전개되었다. 이 과정에서 주민 1명이 사망하고, 지역대책위원회 간부와 환경연합 활동가들이 대거 구속되는 사태가 벌어졌다. 1995년 11월 20일 정부는 후보지역에서 활성단층이 발견되자 계획 백지화를 발표했다.

굴업도 방폐장 건설이 무산된 후 정부는 주민저항을 고려하여 입지선정 방식을 변경했으며, 방폐장 부지로 선정된 해당 지자체에 3000억원을 지원하기로 결정했다. 그럼에도 불구하고 2000년, 2001년, 2003년 세 차례나 방폐장 부지 선정 시도는 무위로 돌아갔다.

이처럼 부지 선정에 계속 실패하자 정부는 방사성폐기물 관리시설과 양성자기반기술개발사업[2]을 연계할 것과 방폐장 건설 지역에 한수원 본사를 이전한다고 발표했다. 기존의 단순한 지원금 체제를 넘어 지역경제를 활성화시키는 방안으로 지자체를 설득하려고 한 것이다. 정부가 제시한 양성자기반기술개발사업으로 첨단 과학기술산업을 유치할 수 있다.

이 경우 고급기술자, 관련 기관, 연구기관 등이 유입되어 연간 1조원가량의 경제적 부가가치 유발, 2만여명의 인구 유입, 30개 이상의 벤처기업 창업 등의 효과(동아일보, 중앙일보 2003년 4월 17일자)를 거둘 수 있다. 또한 한수원 본사 이전은 연간 100억원의 소비지출과 고용창출 효과가 있는 것으로 언론에 보도되었다. 약 15년간의 방폐장 부지 확보 실패로 정부와 사업주체의 방폐장 건설 지역에 대한 지원은 점차 확대되었다.

들썩이는 부안

'부안 방폐장 사태'[3]는 사실상 2003년 5월 부안군 위도에 '방폐장을 유치하면 대규모 특별지원금을 주민에게 지원한다'는 소문이 퍼지면서 시작되었다.[4] 위도주민들은 '위도주민방폐장유치위원회'(이하 유치위원회)를 구성하고, 2003년 5월 13일에 전체 주민 73.5퍼센트의 서명을 받아 부안군의회에 방폐장 유치를 청원했다. 유치위원회의 활동과 정부의 방폐장 부지 선정에 관한 설명회 개최 등 관련 조치가 본격화되자, 7월 2일 '핵폐기장 백지화·핵발전소 추방 범부안대책위원회'(이하 대책위원회, 공동대표: 김인경 교무, 문규현 신부, 진원 스님, 황진형 목사)가 34개 부안군 종교·시민사회단체를 중심으로 발족되어, 방폐장 유치 반대운동을 전개했다.

이런 상황에서 김종규 부안군수는 7월 9일 시민단체들과의 면담을 통해 방폐장 유치 반대 입장을 밝혔지만, 돌연 7월 11일 오전 9시에 기자회견을 열어 방폐장 유치를 선언했다. 하지만 같은 날 오전 11시, 부안군의회는 유치위원회의 방폐장 유치 청원을 투표에 부쳐 7:5로 부결시켰다.

'부안사태'의 직접적인 계기는 2003년 7월 14일, 부안군수의 위도 방폐장 유치 신청이었다. 정부가 부안군 위도에 중·저준위방폐장을 설치한다고 발표하자 분위기가 격렬해지기 시작했다. 부안군수의 위도 방폐장 유치 신청은 군수의 독단으로, 여기에는 부안군의회의 방폐장 유치 반대 결정과 지역주민의 의사가 전혀 반영되지 않았다는 것이다. 부안주민들은 방폐장 유치 신청 과정의 반민주성에 강하게 이의를 제기했고 반대시위가 격렬해지기 시작했다. 7월 22일, 부안군민 1만명이 참석한 '핵폐기장 백지화와 군수퇴진 결의대회'에서는 경찰과 주민이 충돌하여 100여명이 부상을 당하고, 그중 50여명이 중상을 입었다. 주민들의 반대시위가 격해지는 상황에서 정부는 1250억원 추가 지원과 '현금보상 방안 추진' 등을 통해 위도 방폐장 건설을 밀어붙이려 했다. 그러나 산업자원부가 발표한 '현금보상' 방침은 7월 28일 국무회의에서 부결되었다.

부안 핵폐기장 백지화 사건은 국책사업 추진 과정에서 가장 큰 인적·물적 피해를 낳은 사건이었다. 2003년 7월 11일 이후 단 하루도 빠짐없이 180여회 지속된 핵폐기장 백지화 시위와 촛불집회(183회)에 참석한 사람은 연인원 22만명에 이른다. 부안군 인구가 7만여명에 불과한 점을 감안하면 남녀노소 불문하고 전체 군민이 3차례 이상 모인 셈이다. 집회에 참여한 주민 가운데 326명이 검거되었으며, 이는 국책사업 추진 과정에서 가장 많은 사람을 사법처리한 사례로 남았다. 또 전주상공회의소와 차량 등이 불에 타거나 파손되는 등 재산 피해가 수억원대에 달한다. 경찰도 수많은 병력을 시위와 집회 진압에 투입했으며, 시위대 200명과 경찰 240여명이 크고작은 부상을 입었다. 진보적 언론에서는 이를 부안 꼬뮌(해방구)이라고 표현하기도 했다.

이 사건을 구체적으로 이해하기 위해 시작부터 차근차근 짚어보자.

2003년 5월 9일, 위도주민들이 버스 두대에 나눠 타고 대전 원자력연구소로 견학을 간다. 그 다음날 주민들은 방폐장유치위원회를 구성하고 유치 서명을 받기 시작했다. 그리고 사흘 후 위원회는 주민 80퍼센트 이상의 서명을 받아 부안군의회에 유치를 청원했다.

그런데 어떤 경위로 위도주민들은 방폐장 유치에 관심을 갖게 되었을까?

> 처음에 박○○라는 사람이 먼저 들어왔어요. 우리집 앞에서 민박을 했는데, 악수까지 했거든. 우린 그 사람이 낚시를 하러 왔다고 생각했는데, 그런데 박사래요. 그때까진 몰랐거든요. 저는. 그런데 우리 동네 사람들을 꼬신 거죠. 핵폐기장이 들어오면 이러이러하니깐 좋다. 동네 사람 몇명이서 그럼 가보자. 그래서 대전에 있는 연구소(원자력환경기술원)를 버스 대절해서 갔죠. 그리고 그 안에서 이제 이걸 들여오면 얼마를 주냐 하니깐 송○○인가, 누군가 3000억 보상금을 나눠 가질 수 있다는 거예요, 3000억. 거기 안 넘어갈 수 있는 사람은 없죠.(권영만, 4면)

  정리하면 이렇다. 뒤늦게 밝혀진 사실이지만 박○○이라는 사람은 국무총리실 산하 '과학기술정책연구원' 근무자였다. 그가 방폐장 설립을 추진하려고 낚시꾼으로 위장하여 위도주민들을 만났는지, 아니면 낚시 왔다가 직업정신을 발휘해 주민들에게 접근했는지는 알 수 없다. 그러나 위도가 정부의 방폐장 부지 선정지역이라는 사실은 알고 있었을 것이고, 특히 주민들을 '원자력환경기술원'으로 견학시키는 등의 행동으로 보아 다분히 의도를 갖고 접근했다는 점은 부인할 수 없다. 그는 위도주민들이 방폐장 건설에 찬성하도록 유도하는 임무를 수행한 것이다. 그러나 방폐장이라는 국가의 주요 기간사업 추진을 "꼬신다"는 표현이 나올 정도로 사사롭게 접근했다는 점에서 개탄할 만한 행위였다. 특히 국가의 공공사업을 궁금한 지역주민들에게 '금전적 보상'이라는 달콤한 수단으로 현혹하여 성사시키려 함으로써 사업 자체에 대한 불신을 키우고 말았다.

정부에서는 소위 주민수용성이 높은 지역이라는 표현을 한다. 주민수용성이란 해당 지역주민들이 원자력발전소나 방폐장 등에 대한 이해도가 높아 유치 개연성이 높다는 의미다. 그런데 정부는 수용성을 높이기 위해 공개적인 자리에서 방폐장의 필요성과 안정성을 역설하기는커녕 주민들을 돈으로 회유하려 했다. 첫 단추를 잘못 끼운 셈이다. 반면 당시 정부 입장에서 보면 방폐장에 대한 주민들의 불신이 지역을 불문하고 전국적으로 워낙 높았기 때문에 공개적·공식적으로 부지 선정을 추진하기란 사실 어려웠을 것이다.

당시 개정된 법에 의한 방폐장 선정 절차를 보면, 2003년 7월 15일까지 방폐장 유치를 희망하는 지역이 유치청원서를 해당 지방의회에 제출하면 단체장이 신청하는 방식이었다.

이미 7월 2일 발족한 대책위원회는 7월 11일부터 반대시위를 시작했다. 찬성측도 '원전수거물관리센터유치위원회'(이하 유치위원회, 위원장 정영복)를 결성하여 정부의 방폐장 유치를 적극 지지하고 옹호하기 시작했다. 부안군수가 애초 입장을 바꾸어 방폐장 유치신청서를 정식으로 제출함으로써 이제 정부의 결정만이 남은 셈이었다.

후일 대책위원회에서 활동했던 이한우씨의 말이다.

7월 2일이었나? 비가 오는 날이었는데 군수 면담을 했죠. 군수가 자기는 '절대 유치하지 않는다. 걱정하지 마라. 유치 안한다.' 그리고 오히려 '방폐장이 군산에 들어가는 것도 막아야 되지 않느냐.' 이렇게까지 얘기했어요. 그리고 7월 10일 날에도 지역신문인 새전북신문과 전북매일신문과 인터뷰하면서도 군수가 '나는 절대 유치하지 않는다'라고 얘기했죠. 11일 날 아침 군수가 유치 반대하는 인터뷰를 했던 기사를 읽고 있는데, 9시 30분에 유치선언 기자회견을 하는 거예요. 읽고 있는 신문에서는 안한다고 하는데…… 속은 거죠.

주민들이 완전 분노했어요. 그때 당시 무소속 군수이기도 했지만은 어쨌든 부안에 와서 8년 동안 발품을 팔면서 군수가 된, 어지간한 사람들은 형님 누님이었으니깐. (이한우, 13면)

이 지역주민은 인터뷰 당시도 어처구니없다고 표현했다. 지금 보고 있는 신문과 텔레비전 속의 군수는 다른 사람인가 하고 말이다. 당시 김종규 부안군수는 당적이 없는 무소속 군수였다. 군수에 당선되기 전 그의 행적을 상기하는 부안 사람들은 '그는 주민들을 친근하게 대했다'고 한다. 차를 타고 가다가도 주민들이 농사일을 하고 있으면 차에서 내려 함께 일도 거들고 군민들과 '형님, 동생 하면서' 매우 살갑게 지냈다는 것이다. 무엇보다 지역 특성상 무소속으로 나와 당선되었다는 것은 그만큼 주민들의 지지를 받았다는 얘기다. 그러나 방폐장 추진과 관련해서는 철저히 이중적인 태도를 보였다는 것이 반대측 주민들의 주장이다. 주민대표 면담 등 공식석상에서나 언론 인터뷰에서는 "추진하지 않겠다"고 하면서 비밀스럽게 이를 추진하고 있었다는 사실이 밝혀지자 급기야 주민들의 분노와 저항이 거세지기 시작했다. 만약 김종규 군수가 방폐장 추진이 군을 책임지는 단체장으로서 자신의 소신이었다면 애초에 떳떳하게 추진하겠다고 했어야 하지 않을까? 그렇다면 어떤 결과가 나왔을까?

7·22사태, 1만명의 군민이 경찰과 충돌하다

김종규 군수가 철저히 겉다르고 속다른 이중플레이를 하다가 이를 전격 발표했는지, 아니면 갑자기 심경변화를 일으켰는지는 알 수 없다. 그러나 적어도 인구 7만명을 대표하는 지도자가 취해야 할 태도는 아니다. 아예 처음부터 추진하겠다고 선언하든가, 나중에 심경의 변화를 일으켜 유치를 신청하기로 마음먹었다면 기자회견 이전에 주민들과 충분히 대화를 나누었어야 했다.

두번째 단추도 잘못 끼우고 말았다. 결정권을 갖고 있지는 않았지만 부안군의회는 당일 11시에 7：5로 위도주민의 방폐장 유치신청을 부결한다. 그런데 군수는 유치를 신청해버렸다. 그리하여 이제 주민의 뜻을 반영하지 않은, 독단적인 단체장의 행동으로 민주주의 문제가 제기된다. 당시 주민들이 느꼈던 감정은 당혹과 분노 그 이상이었다고 한다. 이후 부안에서는 항의시위가 지속적으로 개최되었다. 7월 26일 부안에서 첫 촛불시위가 열린 날, 서울에서 산업자원부(이하 산자부)장관과 행정자치부(이하 행자부)장관이 부안과 위도를 방문한다. 산자부장관은 위도주민에게 약속했던 현금지원을 다시 확인했고, 행자부장관은 시위대를 엄중히 처벌하겠다고 밝힌다. 그러나 이틀 후 국무회의에서 현금지원 약속을 번복하고 실질적 지원책을 강구하겠다고 발표한다. 이틀 전 주무부처 장관이 부안과 위도에서 한 말이 공수표로 돌아가는 순간이었다. 이처럼 정부가 별다른 대책없이 오락가락하자 주민들의 저항 강도는 높아만 갔다.

위도주민들도 상당수가 반대로 돌아설 듯했다.

그렇진 않아요. 여전히 찬성이 80퍼센트는 됐죠. 왜냐하면 기대감을 계속 가지고 있었으니까, 정부가 그런 기대감을 줬죠.(권영만, 5면)

정부의 방폐장 추진기구인 한수원은 약 1000억원의 지역발전기금을 제공한다는 정보를 계속 흘리고 다녔다. 2003년 8월 1일, '유치위원회'는 '위도지역발전협의회' 현판식에서 ▲지가보상(위도 전 주민) ▲이주 및 세대별 보상(위도 전 지역) ▲지원금 보상 ▲어업권 폐업 보상 ▲상업 및 가공업 보상 ▲부안군민 부채탕감 등 정부에 대한 6개 요구사항을 밝혔다.[5] 그럼에도 부안군민과 위도 내의 반대의견이 확산되기 시작한다. '잘사는 것도 지역에서 잘사는 거지 고향 떠나면……' 아마 주민들의 심정은 이랬을 것이다. 2003년 7월 22일, 군민 1만명이 참여한 대규모 집회가 개최되었다. 김종규 군수가 유치선언 기자회견을 한 지 불과 11일 만이었다. 이 집회에서 경찰병력과 군민들이 충돌하여 양측이 폭력적으로 맞서면서 '7·22사태'가 발생한다. 노무현 대통령은 불법시위에 엄정 대처하라고 지시했고 군수에게 직접 전화를 걸어 격려했다. 또한 산자부 부지선정위원회가 위도를 최종 후보지로 발표함에 따라 군민의 분노 역시 한층 높아지기 시작했다. 26일에는 부안 저항의 상징이 되었던 촛불이 부안읍내 수협 앞 도로에서 타올랐다. 7월 31일과 8월 21일에는 수백 대의 어선이 참여해서 격포항에서 위도까지 해상시위를 벌였고, 8월 13일에는 5000~7000명으로 추산되는 군민들이 서해안고속도로를 점거하기도 했다. 급기야 8월 1일 당시 김두관 행자부장관이 주민투표를 연말에 시행하자고 제안했으나 군민들은 일언지하에 거부한다.[6] 사태가 걷잡을 수 없이 확산되기 시작했다.

주민들의 저항은 계속되었다. 수백척의 선박이 해상시위에 나서는 한편, 다른 주민들은 고속도로를 점거하는 등 강도가 점차 높아지기 시작했다. 7월 31일 '핵폐기장 반대 및 핵수송선 저지를 위한 해상시위', 8월 5일 차량 1500여대가 참여한 '강현욱 지사의 부안 압살 및 전북 핵단지화 음모 저지를 위한 부안–전주 차량시위', 8월 13일 2만명이 참석한 '핵폐기장 철회 부안군민 총파업투쟁' '핵폐기장 백지화 요구 서해안 고속도로 점거', 8월 21일 선박 400척이 벌인 '핵폐기장 철회를 위한 2차 해상시위', 8월 25일부터 10월 4일까지 41일간 등교거부 등 다양한 핵폐기장 반대운동이 지속적으로 펼쳐졌다.

주민들에게 폭행당한 부안군수

당시 언론에 크게 보도되었던 부안군수 폭행사건은 9월 8일 발생했다. 부안군수가 부안군 진서면 석포리 내소사를 찾았다가 오후 4시 10분부터 15분여 동안 흥분한 주민들에게 몰매를 맞아 코뼈가 부러지고 얼굴과 갈비뼈에 금이 가는 중상을 입은 것이다. 김종규 군수와 동행했던 부안군 문화관광과장과 사복경찰관 7~8명도 마찬가지로 폭행당했다. 주민들은 군수의 관용 승용차 유리창을 부순 뒤 방화를 기도하고, 차를 뒤집기도 했다. 한편 내소사에 경찰병력이 투입되어 주민 20여명도 크고 작은 부상을 입었다.

이 사건을 계기로 시위대에 대한 정부의 강경대응 방침은 여론의 힘을 얻었다. 학생들은 7월말 1차 등교거부에 이어 8월 25일부터 제2차 등교거부운동을 시작했다. 이번엔 기간도 길고 강도가 훨씬 높아졌다. 9월 17일에는 등교거부율이 무려 74.5퍼센트에 이르렀고, 학생들은 10월 4일까지 무려 한달 반 이상이나 등교를 거부했다. 양측은 극한 대결로 치달았다.

등교거부! 최근 들어 많이 등장하는 시위방법이다. 8월 25일 시작하여 10월 4일까지 41일 동안 지속된 부안의 등교거부에 대해서 국민여론도 두 갈래로 나뉘었다. 아무리 그래도 아이들을 볼모로 그럴 수는 없다는 입장과 오죽하면 그랬겠느냐며 두둔하는 입장으로. 하지만 아이들 교육을 우선시하는 우리나라에서는 전자의 입장이 우세했던 것 같다.

당시 대책위원회에 있던 분의 이야기다. "고등학생 녀석이 찾아왔더라구요. 등교거부운동한다고. 말렸죠. 싸움은 우리가 한다. 그랬더니 '우리도 여기에 살고 앞으로도 우리가 살 땅이 여기예요' 그러더군요."

부모들 역시 등교거부가 심적으로 부담되었지만 정부측은 더했다. 이후 정부는 대안을 모색하기 시작한다. 정부가 부안에서 탈출하는 방법은 주민투표였다. 주민투표를 처음 제기한 사람은 아이러니컬하게도 부안 군수였다. 2003년 7월 31일 MBC 100분 토론에서 부안군수는 방폐장 반대운동을 중단하고 주민투표로 결정할 것을 주장했다. 행자부장관 역시 같은 해 8월 1일 주민투표 가능성을 언급했다. 그러나 정작 대책위원회가 주민투표를 수용하자, 정부와 지자체는 이를 거부했고 주민들은 독자적으로 주민투표를 실시했다. 우여곡절 끝에 2004년 2월 14일 주민투표가 실시되었다. 그 결과 유권자 5만 2108명 중 3만 7540명이 투표하여 (72.04퍼센트의 투표율), 찬성 2146명 반대 3만 4472명, 즉 91.8퍼센트의 주민이 반대하여 부안사태는 마무리 국면에 접어든다.

이러한 반대운동 과정에서 주민들은 공권력과 충돌했으며, 정부는 경찰병력을 증원하고 시위자를 검거하는 등 강경대응에 나섰다. 그리하여 부상자가 속출하고, 수배자와 구속자도 늘어났다. 정부와 부안주민의 갈등은 국가적인 현안으로 떠올랐다. 그러자 정부는 2003년 9월 29일 대화기구를 구성해 방폐장과 관련한 모든 현안을 논의하기로 의결했으며, 9월 30일 고건 총리는 대책위원회에 '조건없는 대화'를 제의했다. 이에 따라 10월 16일 정부와 대책위원회는 '부안지역 현안 해결을 위한 공동협의회'(이하 공동협의회)를 구성하고, 4차례 회의를 진행했으나 주민투표 실시 일정을 둘러싼 의견대립으로 무산되었다.

공동협의회가 무산된 후 대책위원회는 2004년 1월 15일 '부안 방폐장 유치 찬반 주민투표 관리위원회'를 조직하고, 독자적인 주민투표를 실시했다. 이는 정부가 부지를 선정할 때 주민투표제를 도입하는 계기가 되었다. 이후 새로운 방폐장 부지 공모 절차에 따라 2004년 5월에 7개 군 10개 지역에서 유치를 청원했으나 지자체의 예비신청이 전무하여 다시 실패했고, 정부는 2004년 9월 부안 방폐장 설치 계획 백지화를 선언하기에 이른다.

경주에 안착한 중·저준위방폐장

2005년 3월 11일, 정부는 '방폐장부지선정위원회'를 출범시키면서 새롭게 방폐장 부지 선정을 시도했다. 절차적 민주성을 강화하고 고준위폐기물을 분리처리하여 지역주민의 불안요소를 제거하기로 했다. 더불어 막대한 규모의 지원을 약속하면서, 2005년 6월에 새로이 방폐장 부지 선정 절차를 공고했다.

경주를 포함한 전라북도 군산, 경상북도 포항, 전라남도 영광 등 4개 지자체에서 유치를 신청했다. 정부에서 제시한 지역경제 활성화 방안과 고준위폐기물 분리 정책은 지역간 경쟁이 과열될 정도로 상황을 역전시켰다. 또한 유치신청 지역간의 갈등과 주민 대립, 환경단체와 주민의 갈등 같은 새로운 양상이 전개되기도 했다. 주민이 직접 사업 유치를 결정하는 주민투표에서 경주는 투표율 70.8퍼센트에 89.5퍼센트의 높은 찬성률을 보였고, 경주에 밀려 탈락한 군산과 영덕도 70~80퍼센트의 투표율에 80퍼센트 안팎의 찬성률을 보였다. 1986년부터 시작된 방폐장 부지 선정은 19년 동안 9번 실패한 끝에 주민투표를 통해 경주로 확정되었다.

2. 새만금

새만금이라는 20년 묵은 골칫덩이

김제·만경 방조제를 새롭게 확장한다는 의미의 '새만금'이라는 말은 사실 조어다. 예로부터 김제·만경 평야를 '금만평야'라 불렀는데, '금만'을 '만금'으로 하고 거기에 '새'를 붙여 '새만금'이란 용어가 나온 것이다. 그러니까 '새로운 만경·김제 평야'라는 뜻이다.[7]

'새만금간척종합개발사업'은 전라북도 군산시, 김제시, 부안군에 걸쳐 흐르는 만경강·동진강 하구 해역 4만 100헥타르를 방조제로 막은 후 2만 8300헥타르의 토지와 1만 1800헥타르의 담수호를 조성하는 대규모 국책사업이다. 부안군 변산면에서 군산시 옥도면 비응도까지 장장 33킬로미터에 이르는 세계에서 가장 긴 방조제, 신시도와 가력도의 2개 배수갑문, 13개 배수장, 138킬로미터의 용배수로가 건설된다. 사업의 목적은 주관부서인 농림수산부(이후 농림부)가 1989년 11월 6일, 관계부처와의 협의를 거쳐 확정한 "국토의 외연적 확장과 수자원 개발, 대체농지 조성 및 쾌적한 복지 농어촌을 건설하는 것"이다. 새만금간척사업의 당초 계획에 의하면 총사업기간은 1989년부터 2001년까지 13년간으로, 1989년부터 1996년까지 8년간은 방조제 외벽공사를, 1996년부터 2001년까지는 조성된 내부 간척지를 개발하는 것으로 되어 있다.

정부는 2001년 5월 25일 '새만금간척사업에 대한 정부조치계획'에서 사업기간을 당초 2001년에서 2011년으로 연장하고(2004년까지 방조제 공사 완료, 2011년까지 내부 개발공사 시행), 총사업비를 1조 3064억원에서 3조 489억원으로 증액했다.[8] 또한, '친환경적 순차개발 방침'을 정해 방조제는 완공하되, 수질이 양호한 동진수역을 먼저 개발하고 만경수역은 수질이 목표 기준에 이를 때까지 개발을 유보하는 내용으로 사업계획을 변경했다.[9] 그러나 정부의 순차개발 방침은 방조제공사를 2006년까지 완료한 후, 동진수역에 대해 2007년부터 2011년까지 담수화 작업을 진행하고, 2012년부터 내부개발에 착수하는 것으로 다시 변경된다.[10]

새만금간척사업은 1971년 수립된 옥서지구(전북 옥구, 충남 서천) 농업개발사업계획에서 그 유래를 찾을 수 있다.[11] 1968년과 1969년에 극심한 한발이, 1970년대초에는 세계적인 식량파동이 일어났다. 그러자 정부는 식량안보 차원에서 서남해안 간척농지개발계획을 수립했는데, 새만금지역이 사업 예정지로 선정되었다. 1980년대초 냉해로 엄청난 쌀 흉작을 겪자 이를 계기로 사업시행이 본격 논의되었다.

새만금간척사업은 농지확보를 목적으로 1986년 김제, 옥구, 부안 지구를 통합한 종합개발계획(부안지구 복지 농어도[農漁道] 종합개발사업)으로 구상되었고, 1986년 3월부터 1987년 10월까지 자체 예비조사와 타당성조사(3개월)를 실시했다.[12] 그리고 1987년 '제13대 대통령선거'에 나선 여야 후보 모두 새만금간척사업을 선거공약으로 내세우면서 더욱 구체화되었다.

간척지 문제는 처음부터 갈등 요인을 안고 있었는데, 농림부는 농지조성을, 정치권은 복합산업단지개발을 대선공약으로 내세웠다. 농림부는 정부부처와도 갈등을 빚었는데, 당시 경제기획원은 처음부터 사업의 경제성에 매우 비관적인 태도를 보여 대통령 지시까지도 묵살하면서 예산을 전액 삭감해버렸다.[13] 그러나 1991년 11월 28일 기공식과 함께 1호 방조제가 착공되었으며, 1992년 6월 제2, 3, 4호 방조제가 착공되었다. 전라북도는 1993년 12월부터 1994년 8월까지 새만금 간척지구 내부개발에 대한 연구용역을 발주하고, 그 결과를 근거로 농림부에 산업단지를 포함한 종합개발을 건의했다. 이후 전라북도는 새만금 간척지를 농지가 아닌 복합산업단지로 바꾸기 위해 지속적으로 노력했으며, 지역언론 또한 마치 새만금간척지가 산업단지, 항만, 관광단지, 농지 등을 갖춘 복합산업단지로 개발될 것처럼 보도했다.

사업주체인 농림부의 목표는 새만금사업의 직접 영향을 받는 전라북도의 입장과 충돌할 수밖에 없었다. 전라북도는 복합산업단지 조성을 요구했는데, 선거에서의 표를 의식한 정치권은 '새만금사업은 전라북도의 발전에 도움이 되는 방향'으로 이루어져야 한다며 전라북도에 힘을 실어주었다. 결국 정부와 전라북도의 갈등을 부추기는 꼴이었다.

이해관계의 충돌, 진전 없는 논쟁, 그리고 삼보일배

1998년 김대중정부가 출범하면서 새만금간척사업은 전환점을 맞는다. 대통령직 인수위원회에서 김영삼정부의 3대 부실사업 중 하나로 새만금간척사업을 지목하고, 같은 해 9월 감사원에서 특별감사를 통해 토지이용계획의 경제적 타당성, 새만금 담수호의 목표수질 확보, 방조제의 안전성 등을 포함한 74건의 위법·부당 사항을 지적했다. 특히, 앞서 간척한 시화호의 수질 문제로 새만금호의 수질확보 문제가 본격 제기되었으며, 새만금간척사업 반대운동의 기폭제 역할을 했다. 또한 외환위기 이후, 막대한 자금이 투입되는 새만금사업에 대해 사업비 축소와 사업재조정 문제가 제기되었다.

1998년 7월 '새만금간척사업 백지화를 위한 시민위원회'가 시민단체, 교수, 민간연구기관 등이 참여하여 구성되었다. 이들은 새만금사업의 전면중단 또는 백지화를 요구하면서 해양환경과 갯벌생태계 파괴, 경제성 등의 문제를 제기하여 쟁점을 사업 전반으로 확대한다. 감사원의 특별감사와 시화호 오염 등으로 새만금간척사업이 여론의 강한 반대에 부딪히면서 새만금사업을 둘러싼 찬성측과 반대측 갈등은 심화되어갔다.

1998년 7월, 녹색연합은 민관공동조사를 제의한다. 전라북도는 이를 받아들여 1999년 1월, 사업타당성과 환경에 미치는 영향을 조사하기 위한 민관공동조사 실시와 그 결과에 따를 것을 정부에 건의했다. 농림부가 전라북도의 건의를 받아들여 1999년 5월 국무총리실 산하 수질개선기획단 주관으로 관계부처와 환경단체의 협의를 거쳐 '민관공동조사단'[14]이 구성된다. 민관공동조사단이 활동하는 동안에는 공사가 중단되었다. 민관공동조사단은 1999년 5월부터 2000년 4월까지 1년 계획으로 조사를 진행했으나 2차례 연기한 끝에 6월에 마무리하여 2000년 8월 18일 최종보고서를 제출했다. 그러나 조사위원간 의견이 달라 뚜렷한 결론을 내리지 못했다. 2001년 5월초, 지속가능발전위원회와 국무조정실이 공동주최하여 새만금사업 관련 토론회가 열렸으나 찬반이 팽팽하게 맞서 결론을 내리지 못했다.

2001년 5월 25일, 정부는 '새만금간척사업에 대한 정부조치계획'을 발표했다. 국무총리실 산하 '물관리정책조정위원회'는 환경친화적 사업 진행을 강조하면서 '순차적 개발'[15]을 하는 것으로 결론을 내렸고, 방조제 공사가 재개되었다.

정부조치계획 발표로 일단락되는 것처럼 보이던 새만금간척사업은 농림부와 전라북도의 주장과 민간환경단체측의 입장이 달라 논란이 계속된다. 수질, 경제성, 갯벌 문제 등에 대한 소모적 논란을 중단하고 간척지를 어떻게 친환경적으로 개발할 것인가에 지혜를 모으자는 정부측의 주장에 대해, 민관공동조사단에 참여한 민간위원들은 연구결과 자체에 의문을 제기했다. 그리고 환경단체는 정책의 최종 결정권자인 대통령이 새만금사업 백지화를 선언할 것을 요구했다.

2001년 3월, 사회·문화·노동·종교 등 200여개 조직이 모여 발족한 '새만금 갯벌 생명평화연대'(이하 생명평화연대)는 정부 발표 이후 오히려 활동이 더 왕성해졌다. '생명평화연대'는 차량시위, 1000만인 서명운동, 간담회 주최 등 실질적인 운동과 타임캡슐 봉인, 미래세대 33인 선언, 정부위원회에 참여한 민간위원 탈퇴, '지구의벗국제본부' 나바로 의장 초청 같은 상징적인 운동을 함께 펼쳤다. 이러한 활동은 2003년 3월부터 5월까지의 '삼보일배'에서 절정에 이르렀다.

새만금, 결국 법의 심판대에

2003년 7월, 서울행정법원은 새만금호 수질 유지와 1989년에 실시된 환경영향평가에 심각한 하자가 있음을 근거로 "회피하기 어려운 피해발생을 우려"하여 새만금간척공사 집행정지 가처분명령을 내려 방조제 공사가 중단[16]되었으나, 이후 2004년 1월 서울고등법원이 집행정지 결정을 취소함으로써 공사는 재개된다.[17] 2003년 8월, 환경단체는 서울행정법원에 '새만금간척사업 취소 청구소송'을 내는데, 이후 개발측과 환경보전측은 재판에 치중하는 양상을 보인다.

이때부터 환경보전측에서 기존 '사업 백지화'가 아닌 '새만금 신구상'이란 절충안을 내놓는다. '새만금 신구상'은 전북대학교 오창환 교수가 중심이 되어 제시한 안으로, 방조제 개방구간을 교량으로 연결하여 해수호를 유지한 채 갯벌을 최대한 살리면서 필요한 부분만 간척하자는 내용이다.

2005년 1월 17일, '새만금간척사업 행정소송' 1심 재판부는 "새만금 간척지의 용도특정과 개발범위를 먼저 검토"하라는 조정권고안을 정부에 권고했으나 정부는 이를 거부했다. 2005년 2월 4일, 서울행정법원은 1심 최종판결에서 "1991년 공유수면 매립면허 처분 당시 예상하지 못한 사정변경이 있는데도, 농림부가 매립면허 처분을 취소 또는 변경해야 하는 의무를 이행하지 않은 것은 위법"[18]이라는 요지의 판결을 내렸고, 새만금 간척지의 용도에 대해 사회적 공감대가 형성되지 않았으며, "식량 증산을 위한 농지조성"이라는 농림부 주장은 현실성이 없다고 판단하여 원고측 손을 들어주었다. 그러나 농림부는 농지조성이란 새만금간척사업의 원래 목적은 달라진 적이 없다고 주장하며 2005년 2월 21일 고등법원에 항소했고, 2005년 12월 21일 항소심에서는 기각 결정이 났다. 다음 해 3월 대법원에서도 원고 패소 결정이 나와 새만금사업은 법의 굴레를 벗었고, 2006년 4월 21일 최종 물막이 공사가 완료되었다.

부안에는 수협 앞에 부안에서 가장 넓은 도로가 있다. 이곳은 183일이 넘게 핵폐기장 반대시위와 촛불집회가 열렸던 곳으로 '반핵민주광장'이라고도 불린다. 2003년 8월 1일, 부안 시내 수협사거리(반핵민주광장)에서 1만 2000개의 촛불이 타올랐다. ⓒ참소리

갯벌과 땅의 경계선에 선 새만금

새만금간척사업은 2007년 11월 22일, '새만금사업 촉진을 위한 특별법'(이하 새만금특별법)이 국회에서 통과되어 당초 목적인 농지조성이 아닌 '외자와 외자기업 투자유치를 통해 국가경쟁력을 갖춘 성장거점지역으로의 육성'이라는 새 목적을 부여받았다. 현재 전라북도는 이명박정부가 들어서면서 법 개정을 준비하고 있다. 새만금특별법의 개정 방향은 ▲외국기업과 자본 유치를 위한 경제·정책적 특례 확대 ▲안정적 새만금사업 추진을 위한 재원확보 대책 마련 ▲신속한 국책사업 추진체계 구축 ▲경제자유구역의 새만금 특별법 적용 문제 해소 등이다. 이와 함께 우선 사업목적의 변경과 관련해서는 현재 농지 위주에서 농업과 산업, 관광과 물류 등 복합산업지역 중심으로 전환해 개발하는 내용을 포함시켰다. 또한 기존 특례조항에 사전환경성검토 생략, 건폐율 완화, 방

조제 지목 설정과 영리 목적의 의료법인 설립 그리고 의료기관 부대사업, 카지노 사업 등 10가지를 추가했다. 또한 현재 특별법에 담긴 32개 인허가 의제 조항에 국공유재산의 사용, 공장설립과 도시정비, 전기사업과 초지 형질변경 등 12가지를 추가해 모두 44개 인허가 의제를 처리하는 방안을 검토하고 있다. 이 밖에도 입주기업에 대한 조세감면과 지원 조항을 신설하고, 민자유치사업에 대한 공공시설 점용허가 조항 등을 새롭게 반영하는 방안도 논의되는 중이다.

우리시대 희망찾기

2장

'입장'은 어떻게 형성되고 대립했나

새만금, 희망인가, 허상인가

전북도민들의 상대적 박탈감과 위기의식의 근원

갈등은 구체적으로 발생하는데, 원인은 피상적으로 이해하는 경향이 있다. 예를 들어 지역개발사업 와중에 환경보전으로 인한 갈등이 생기면, 많은 사람들이 개발하려는 입장과 이에 반대하는 입장이 있다는 것 자체를 원인으로 간주한다. 그러나 사실 여기에는 복잡한 맥락이 작용한다. 언뜻 보기에는 특정사업을 둘러싸고 개발과 보전이 대립하는 것 같지만 좀더 깊이 들여다보면 그러한 대립을 낳은 역사적·정치적 뿌리, 혹은 구조가 도사리고 있는 것이다.

새만금을 예로 들어보자. "왜 새만금사업이 필요합니까?"라는 질문을 받으면 개발에 찬성하는 전북도민들은 어떻게 대답할까? "지역경제가 낙후되어 있는 전북으로서는 경제개발의 동력으로 새만금사업이 반드시 필요합니다"라는 답을 예상할 수 있으며, 실제로도 그러하다. 그런데 구체적으로 이야기하다보면 더 깊은 속내가 드러나기 시작한다.

> 아까 용담 얘기하다 말았는데 진안에 용담댐 때문에 생긴 학교가 있어요. 그런데 여기는 수몰지구로 생긴 곳이라 수몰민 고충을 생각해서 통폐합도 못해. 그래서 중학교, 초등학교 합쳐가지고 교직원은 12명인데 학생은 9명인가 돼. 그리고 전부 노인들. 아마 평균이 60 가까이 될 거야. 농촌에 애기 우는 소리가 안 들리지. 그 동네 애기 낳는다고 하면 지방신문에 나버리니까. 고령화, 저출산. 앞으로 농사짓는 사람 없어. 이제 농촌에 안 들어가려고 하니까. 그 마을이 50호인가 되는데 20호는 다 비었어. 빈집이야. 그러니 앞으로 좀 있으면 농사짓는 사람도 없어요. 고령화, 고령사회, 초고령사회. 사람이 있어야 농사도 짓고 발전도 오는데 희망이 없어. 이런 속에서 한미 FTA 되잖아요. 제일 타격 큰 곳이 어디냐? 전북이야. 전북.(김재영, 24면)

김재영씨가 묘사하는 전북 진안 어느 마을의 "희망 없는" 현실은 전북만의 고민이 아니다. 큰 틀에서 전국의 어느 농촌이든 주민들 대부분이 고령자이고, 아이 우는 소리가 잘 들리지 않을뿐더러 빈 집도 많다. 김재영씨 이야기 가운데서 가장 눈에 띄는 대목은 그중에서도 '전북이 가장 타격을 받을 것'이라는, 확신에 가까운 현실인식이다.

여전히 농업이 산업구조의 중심인 전라북도는 역사적으로 우리나라의 곳간에 해당하는 곳이었다. 조선시대 한때는 나라살림의 4할을 책임지는 곳이었으며, 1960년대까지만 해도 전국에서 소득이 높은 축에 드는 지역이었다.

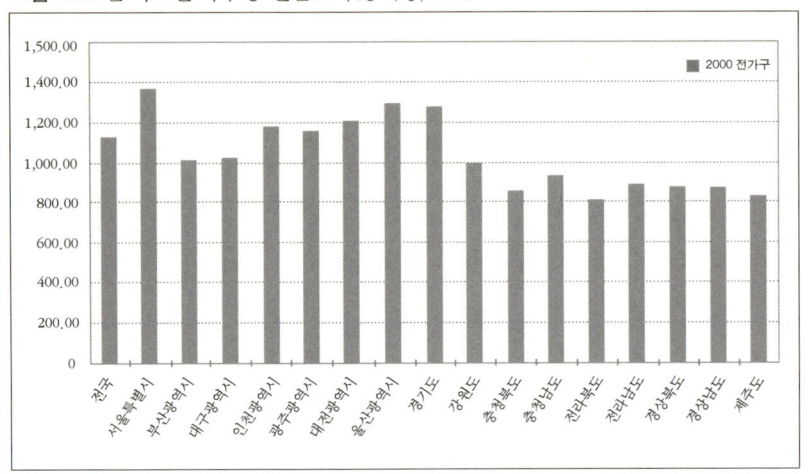

그림 2000년 시도별 가구당 연간소득(통계청, 2000)

　　그러나 1970년대 경제구조의 공업화 전환 정책과 도시 노동자들을 위한 미곡가 안정화 정책은 전북 경제에 타격을 주었다. 게다가 노동집약적인 산업에 필요한 인력은 대부분 농촌에서 제공되었다. 농촌에서 젊은 이들이 빠져나가는 속도는 가속화되어, 전북은 인적 자원이라는 차원에서도 쇠락하기 시작했다. 1965년 인구가 260만명이던 전북은 2007년 현재 186만명에 불과하다. 30~40년 동안 74만명, 대략 현재의 전주, 익산, 완주를 합친 인구가 빠져나간 셈이다. 한참 탈전북 움직임이 심하던 시절에는 심지어 시청 옆 파출소에 이농방지단속반이 있었을 정도였다. 그 결과 남아 있는 사람이 오히려 무능력한 사람 대접을 받는 지경이 되었다. 우리나라 경제구조의 전환기에 전북은 희생양으로 전락했다는 것이 주민들의 첫번째 불만이었다.

　　전북의 탈농촌화는 여전한 현상이어서, 실제로 전라북도는 2007년 현재에도 제주, 강원, 충북 다음으로 인구가 적은 도에 해당한다. 탈농촌화는 우리나라 지방 어디서나 문제이기는 하지만, 한때 부와 여유를 누렸던 전라북도로서는 위기의식과 박탈감이 다른 지역보다 더 강할 수밖에 없다.

전북도민들이 상대적 박탈감을 느끼는 또다른 중요한 근원은 우리사회의 고질적인 문제인 지역감정으로 인한, 경제개발에서의 소외이다. 제3공화국부터 문민정부에 이르기까지 대부분의 산업화 기지는 경부선을 축으로 배치되었다. 그리하여 전라북도는 정권의 지역차별을 저개발의 원인으로 꼽게 되었다. 사실 영남권과 비교해 호남권의 지역경제가 낙후되어 있는 것은 사실이다.

> 또 밑바닥에는 지역낙후 이런 이야기들을 많이 하잖아요. 저는 집이 부산이고, 아이 엄마는 광주인데 그런 말을 심심치 않게 해요. '부산만 해도 잘산다. 부산은 지하철이 3개 노선이 있는데 광주는 없다.' 아내가 그렇게 극단적인 사람은 아닌데. 그런 걸로 비춰봐서 지역낙후, 특히 절대낙후보다는 상대낙후. 상대 비교를 통한 낙후감, 소외감 이런 것들이 강하지 않을까. 아내만 해도 그러는데 그 앞선 세대들은……(이완배, 2면)

더구나 이러한 지역차별과 저발전이 지난 영남정권하에서 일어났던 옛날이야기가 아니라 지금도 마찬가지라고 믿고 있음을 인터뷰를 통해 알 수 있었다. 김대중정부는 호남정권이었다. 그런데도 전남과 달리 전북은 또다시 상대적으로 피해를 봤다고 한다. 새만금이 김대중정부 때 표류하기 시작했기 때문에 전북주민들은 더 아쉬운 것이다. 그리고 새만금특별법이 제정되어 거기에 신항만 등이 만들어질 경우 피해를 입을지도 모르는 타 지역에서 눈에 보이지 않는 압력을 가하고 있다고까지 생각한다.

좀 조심스러운 얘긴데 왜 새만금이 미적거리고 반대가 많으냐. 그것도 그런 얘기가 있습니다. 말하자면 내 의견이 아니고 그런 얘기가 국회 주변이나 정치권에 파다해요. 우선 부산, 인천 쪽에서 반대한다는 거야. 새 항만이 생기면 경쟁이 된다는 것이지. 평택항도 그래. 서산 위에 평택항 8킬로미터까지 바다를 막았거든. 그런데 그때는 환경단체에서 한마디도 없었어. 그런데 새만금만 물고늘어지는 거야. 그러니까 도민들도 의심을 하는 거지. 그리고 목포 쪽에서 여기가 잘되어버리면 목포항이 죽는다는 것이지. (김재영, 16면)

"국회 주변이나 정치권에 파다"하다는 이야기의 사실 여부는 확인해 보아야 알 수 있을 것이다. 중요한 것은 많은 전북도민들이 이를 설득력 있는 '분석'으로 받아들인다는 것이다. 심지어는 환경단체들이 평택항 만드느라 바다 막을 때는 아무 말 않더니 왜 새만금만 물고늘어지느냐 며, 어떤 '음모'나 '편파성'이 개입되어 있는 게 아니냐 의심하기도 한다.

새만금사업 추진은 노태우정권 때 결정되었다. 정확히 말하면 노태우 대통령의 선거공약이었다. 87년 6월은 '민주항쟁'으로 군사정권이 몰락 하고 대통령을 국민들이 직접 뽑는 민주주의가 태동하던 시기였다. 당시 대통령선거는 정치적으로나 지역적으로 극렬하게 대립하는 과정에서 치러졌고, 당선된 노태우 대통령은 전라북도에 '새만금'이라는 선물을 안겨준다. 호남에서 절대적인 지지를 받았던 김대중씨도 새만금사업을 적극 지지했다. 그 때문인지 새만금사업은 그간의 지역차별에 분노한 호 남민들을 달래기 위한 '선심성사업'으로 폄하되기도 하고, 민주주의 투 쟁중에 쟁취한 '위대한 업적'으로 과대포장되기도 한다.

분명 새만금사업에는 정치적 의도가 매우 강력하게 작용했다. 그런데 지역민들의 불만이 끊이지 않는 까닭은 새만금사업이 경제적 보장이 불 확실한 가운데 진행되고 있기 때문이다. 지역민 입장에서는 불안한 시선으로 지켜볼 수밖에 없는 노릇이다. 사업 성격 또한 그런 측면이 있다. '새만금간척사업'의 목적은 '농지조성'이다. 바다와 갯벌을 매립하여 농사짓는 땅을 만드는 것이다. 그러나 전라북도는 농지가 넘쳐나는 지역이다. 그러니 농사짓는 땅이 아니라 경제적인 이익이 보장되는 확실한 보증수표가 필요하다. 공장이 와야 하고, 산업이 들어서야 한다. 그런데 그런 보증수표는 주지 않고 전망도 불확실한 간척사업 가지고 환경단체가 반대하고 정치권의 태도는 애매하니, 불만이 넘치고 의심스러운 눈으로 보는 것이다.

새만금을 바라보는 두 시선

지역균형개발은 역대정부의 기본정책이었다. 그러나 실제로는 수도권을 중심으로 한 개발정책을 펴왔다는 점은 아무도 부정할 수 없을 것이다. 같은 지방 내에서도 대도시를 중심으로 한 도시화정책은 우리나라에서는 당연되었다. 지역 군소도시나 농촌에서는 이러한 정책에 불만이었지만 딱히 무엇을 해달라고 호소하지는 못했다. 그런 맥락에서 새만금사업에 대한 전북도민들의 요구는 '가장 낙후된 도'의 목소리라고 할 수도 있다.

도민들은 '왜 우리만 경제적으로 가장 낙후되었는가?' '이제 우리도 잘살아보자'고 말한다. 지당한 이야기다. 문제는 '어떻게'이다. 과거 경제개발 모델 그대로 타지의 자본을 들여와서 공장 짓고 도시 키우는 것이 개발일까?

전라북도 도정 차원에서 새만금은 '미래 전라북도 발전의 동력'이라는 구호로 표현되고 있다. 그러나 전북도민들의 정서를 들여다보면 새만금은 미래발전의 동력이라기보다는 과거 지역차별의 보상으로 이해하고 있음을 알 수 있다. 누가 보더라도 새만금이 간척되면 당장에는 땅이 생기는 것이지, 돈벌이를 할 수 있는 산업시설이나 휴양도시가 생기는 것은 아니다. 새만금을 간척하면 이후 무언가 할 수 있다는 가능성만이 존재할 뿐이다. 그 가능성이 현실이 될지, 아니면 그냥 가능성으로만 남을지는 아직 예측하기 어렵다. 그런데도 왜 전북도민들은 그토록 새만금 간척을 희망할까? 새만금으로는 미래 청사진이 확연히 보이지 않는데도 말이다. 이런 사실을 바탕으로 인터뷰나 지역정서를 들여다보면, 새만금 사업에는 지역 차별에 대한 보상심리가 훨씬 크게 작용하고 있음을 알 수 있다.

지역개발은 미래지향적인 목표로서 풍요로운 지역공동체를 약속한다. 그러나 보상심리가 작동하면 지난날의 차별대우나 불균등한 지역발전에 따른 대가로 변해버린다. 문제가 미래가 아닌 과거로 환원되고 마는 것이다. 새만금을 보는 전북도민들에게 이 경계선이 분명치 않다는 점이 드러난다. 혹자는 개발욕구가 상대적 박탈감에서 비롯되었기 때문에 양자는 동일선상에 있다고 주장할지 모른다. 그러나 좀더 엄밀히 판단해보면 과거의 새만금으로 이해할 경우에는 '보상' 차원을 넘지 못하고 정서적인 차원에서 사업구상을 하게 된다. 반면 미래의 새만금으로 고민한다면 현재의 개발과정보다 훨씬 발전적이고 창의적인 안들이 나올 수도 있다. 조급하지 않고, 실제 가능하면서도 미래지향적인 지역발전을 약속하는 사업안이라면 마다할 이유가 없다. 새만금에는 과거의 굴레에서 벗어나지 못한 '보상심리'가 강하게 남아 있다.

"우리도 한번 오염되고 싶다!"

오상현 기자는 새만금을 지속적으로 취재했고 지금도 새만금 관련 기사를 쓸 정도로 새만금에 관심이 많은 언론인이다. 그가 만나본 주민들은 이렇게 말했다고 한다. "왜 우리만 경제적으로 낙후되었는가? 이제 우리도 잘살아보자. 우리도 한번 오염되고 싶다."

"우리도 한번 오염되고 싶다"는 말이 오염되어도 상관없다는 말은 물론 아닐 것이다. 오염이 되어도 좋으니 지역경제가 한번 번듯하게 발전했으면 좋겠다는 절실한 염원의 표현일 것이다. 요컨대 전북도민들에게 '오염'은 환경이 아니라 경제적인 상태를 나타내는 단어인 셈이다. 삼보일배가 한창이던 때, 새만금 갯벌 매립에 반대했던 한 성명서는 "전라북도가 새만금을 무슨 신기루처럼 착각한다"고 비판했다. 사막의 목마른 사람에게 신기루가 보이듯, 절실한 염원 때문에 생겨났다는 의미에서 새만금은 확실히 신기루라고 할 수 있다.

이처럼 새만금을 둘러싼 갈등은 사업을 추진하는 과정에서 개발방식을 둘러싸고 나타났다. 하지만 '턴파이크(Turnpike) 이론'처럼, 정부가 단시간내에 최대한 경제를 성장시키기 위해 전 국토의 균형 있는 발전을 지향하지 않았을 뿐 아니라, 국민을 포용하는 데도 소홀해 지역주민들이 수십년간 소외감을 느껴온 데서도 원인을 찾을 수 있다.

전라북도에서 시민활동을 하는 강은주 목사의 말은 새만금의 근원적인 문제를 함축해서 보여주는 듯하다.

지금 이 새만금문제는 전북도민에게는 완전히 하나의 신앙이에요, 신앙. 새만금이 있어야만이 전북지역이 살아. 이 경제문제를, 얼마나 절박합니까. 전라북도는 계속 경제적으로 낙후되어가고 있고 사람들, 인구는 줄어들고 있는 이런 상황에서, 이 전라도의 주민들이 뭔가 잘살고 싶은 욕구로 인해 나왔던 것입니다. 그 당연한 욕구인데 그것을 정치인들이 우롱을 해가지고…… 그것을 우리가 인정해줘야 한다는 거예요.(강은주, 3면)

그러나 소외로 인한 낙후가 전북도민들로 하여금 새만금사업을 '욕구'하게 만들었음을 충분히 이해한다 하더라도, 그것이 개발을 정당화하는 논거가 될 수는 없다. 새만금사업을 반대한 사람들도 그것을 찬성한 사람들과 마찬가지로 전북이 발전하여 살기 좋은 고장이 되기를 염원했다.

"10년 사이에 가치가 변했다"

전북지역의 언론인 김명호씨는 새만금을 '시대와의 불화'라는 말로 표현했다.

> 시대가치가 안 맞는 것이죠. 처음에 새만금사업은 농지를 만들어 식량을 확보한다는 큰 목표가 있었어요. 그 당시에는 타당했지만 그 뒤에 정부가 증산정책을 포기했어요. 쌀이 남아돌고 우리나라가 우루과이 라운드 등을 통해 미국 쌀을 들여올 수밖에 없기 때문에 말이죠. 쌀에 대한 증산정책을 정부가 포기했는데 농지를 늘리는 새만금사업이 거기에 맞아떨어질 수가 있겠어요? 새만금사업 자체가 시대의 변화에 부합하지 않는 사업이라는 것입니다. 그 뒤에 환경에 대한 국민의 인식이 몰라보게 높아진 것을 생각해보세요. 마찬가지입니다. 1990년대 초반에 새만금을 바라보는 국민의 시선과 새만금을 통해 얻으려는 가치, 그리고 새만금을 보호함으로써 지키려는 가치가 이제는 역전된 것이지요.(김명호, 2면)

지역언론인 출신으로 새만금의 모든 것을 보아왔던 김명호씨가 보기에, 시대조건이 변화함에 따라 새만금의 위상이 달라졌는데, 이를 보는 사람들의 관점 역시 달라졌다는 것이다. 그리고 바로 이 점이 갈등의 씨앗이었다는 것이다. 거슬러 올라가면 간척사업은 고려나 조선시대에도 있었다. 그러나 간척이 본격화된 것은 일제시대라고 할 수 있다. 하지만 이때까지만 해도 간척은 규모가 크지 않았다. 대규모 간척에 걸맞은 장비도 없었거니와 그렇게 일을 벌릴 필요성도 없었다. 그러나 중동건설 등 해외건설사업으로 재미를 본 건설업체의 중장비가 국내로 들어오면서 대규모 간척사업이 진행되었다. 대표적으로 김포간척사업, 서산간척사업이 진행되었고 급기야 새만금의 대규모 간척사업이 시작된 것이다. 이들의 공통점은 모두 농지조성이라는 목적으로 사업이 시작되었지만 나중에는 산업단지, 휴양단지 등으로 그 목적이 달라졌다는 점이다.

새만금의 경우 환경문제가 부각되기 전에는 그저 간척 대상지였지만 논란이 시작되면서 환경 가치가 새롭게 인식되었다. 다시 말해 새만금은 강하구와 갯벌, 즉 강과 바다가 만나는 수역으로 어종이 풍부할 뿐만 아니라 어류들의 산란처이다. 서해 갯벌 중에서도 다양한 조개류가 서식하는, 생물종다양성이 높은 우수한 갯벌인 것이다. 바야흐로 단순히 갯벌이 농지가 되느냐 마느냐가 아니라, 갯벌과 농지와의 가치가 비교되기 시작했다.

참고로 김명호씨가 말한 '시대와의 불화'는 필자의 옛 추억을 불러일으킨다. 필자의 고향인 고흥반도는 일제가 간척사업을 벌여, 수문과 긴 방조제가 있었다. 방학이면 수문 바로 아래, 바닷물과 민물이 만나는 장소에 어종이 풍부해서 즐겨 낚시를 했다. 그러나 배고픈 시절이던 당시, 긴 방조제를 걸으면서 그 거대한 갯벌이 논이었으면 좋겠다는 생각을 했다. 농토도 수확량도 부족했던 당시에는 그곳이 갯벌이 아니라 논이었다면 하얀 쌀밥을 먹을 수 있지 않을까 생각했던 것 같다. 그 시절을 지나 성인이 되어 새만금 방조제에 서서 이곳이 농지가 아닌 갯벌이어야 한다고 생각하는 자신을 보며 세월이 변했음을 절감한다. 지금도 우리가 농업국가이고 자급자족체제를 유지하는 사회라면 새만금 갯벌 간척은 여러모로 정당화되었을 것이다. 그러나 시대가 변하면서 가치관도 달라졌다.

과거 개발에 대한 욕구가 컸을 당시에는 국민이나 정부나 개발을 위해서는 환경파괴는 감수해야 한다고 생각했다. 아니 파괴되는 환경에 대한 관심 자체가 없었다. 그런데 이제는 달라졌다. 개발 욕구가 사라진 것은 아니지만 환경보전 욕구 역시 늘어났다. 지난 2006년 6월 7일자 한국일보를 보자. 전국의 만 20세 이상의 남녀 1000명을 대상으로 '환경보존과 지역개발 중 더 우선되어야 할 정책은 무엇인가?'라는 질문을 던진 결과, 지역개발이 우선이라고 대답한 사람이 43.2퍼센트인데 비해, 환경보존이 우선이라고 답한 사람이 10퍼센트 많은 53.2퍼센트를 차지했다. 분명 시대가 요구하는 것이 달라졌다.

이제 우리도 먹고살 만하니까 다른 가치가 보이는 것인지, 아니면 그동안 무분별한 개발행위로 환경이 파괴되었음을 인식한 결과인지 모르겠지만 환경에 대한 생각이 바뀐 것은 사실이다. 특히 나이가 적을수록 지역개발보다는 환경보존을 중시하는 것으로 나타났다. 20대는 69.9퍼센트가 환경보존을 택한 반면, 60대는 그 비율이 34.3퍼센트에 불과했다. 기성세대는 '어려서 철이 없다'고 할지 모르겠지만 세대별로 가치관이 달라진 것이다. 학력별로도 중졸 이하(41.7퍼센트)보다는 고졸(49.1퍼센트)과 대재 이상(60.5퍼센트)에서 환경보존을 꼽은 응답자가 많아 학력수준이 높을수록 환경보존에 더 높은 가치를 두는 것으로 분석됐다. 소득수준별로도 100만원 미만(44.7퍼센트), 100만~200만원(45.1퍼센트)보다 500만원 이상(59.3퍼센트) 등 고소득층에서 환경보존을 중시하는 경향이 강했다.[1] 지난 10년 동안 환경의식이 몰라보게 높아졌으며, 특히 사회구성원의 절반이 넘는 20~30대 가치관이 과거 세대와는 확연히 다르다.

새만금사업을 초기부터 관여한 정부관계자는 사업 초기의 분위기를 이렇게 회고했다.

새만금에 착수할 1991년 당시에는 환경문제에 대한 사회적인 관심이나 논란은 별로 없었어요. 어업 보상 문제 갖고, 보상액이 적다 많다 이런 것 외에는 당시에 첫 삽을 뜰 때까지는 축복 속에서 출발했습니다. 사업을 착수하는 기원식을 하면서, 희망을 본다는 사회적인 기대와 국민들의 관심과 환대 속에서 출발했는데, 불과 10년 만에 새만금은 환경문제의 최대 논란거리로 전락했지요.(이지훈, 2면)

새만금간척사업이 시작된 1991년 우리나라의 환경의식은 어느 수준이었을까? 대표적인 환경단체인 '환경운동연합'조차도 1993년에 만들어졌다. 물론 1980년대 초반에도 한국공해문제연구소가 있었지만 당시 군사정권 때는 환경문제를 언급하는 것 자체가 반체제운동으로 간주되었기 때문에 국민들에게 환경운동을 홍보하기도 힘들었다. 초기 환경운동연합에 관여했던 한 인사는 '새만금간척사업은 시민운동단체에도 시화호 사태가 나기 전까지는 잘 알려지지 않은 사업'이었다고 말한다. 1993년 환경운동연합을 비롯한 많은 시민단체들이 막 태동을 해서 할 일도 많았고, 서울을 중심으로 활동하다보니 지방에 있는 사업에는 신경 쓸여력이 없었다고 한다. 또한 새만금사업 대상지에 있는 전주환경연합도 1993년 11월에야 창립했다고 한다.

찬성하는 사람들, 반대하는 사람들

서로 다른 '입장'은 소통할 수 없나
앞서 인용한 2006년 6월 한국일보의 여론조사에서 관심이 가는 항목이 있다. 환경보존과 지역개발을 선택한 사람을 정당지지자로 구분했는데, 당시 열린우리당이나 한나라당, 민주당은 양자를 선택한 비율이 평균치와 비슷했지만, 민주노동당을 지지한 사람들은 65.3퍼센트가 환경보존을 택했다. 그 수치 또한 평균보다 10퍼센트 높았다. 표면적으로 보면 진보적인 성향의 정당지지자들이 환경보존에 더 관심이 많다고 해석된다.

전북지역 환경단체 노평진 사무처장은 전라북도 시민단체들 사이에서 새만금을 둘러싼 합의를 도출하기 위해 노력하는 과정에서 느낀 애로점을 이야기하면서 다음과 같은 고민을 토로했다.

> 지역사회의 시민단체 인사들을 관변, 중간, 재야 그룹들로 나눈다고 하면, 강현욱 전 도지사 때 만들어진 '강한전북일등도민운동본부'[2]가 소위 관변인데, 그쪽에 있는 인사 중에서는 사실 의도를 모르고 들어간 중도적인 사람이 많았거든요. 그래서 저희가 거기에 참여했던 중도적 인사들을 이쪽으로 이제 참여하도록 이렇게 유도를 했습니다. 그런데 다른 시민사회단체연대회의에서 봤을 때 이 사람들은 관변단체 인사이기 때문에 자기들은 '그런 인사들이 참여하는 (새만금)신구상'[3]에는 같이할 수 없다'라고 해서 뭔가 중립적인 대안을 찾으려고 노력했던 것들이 결실을 못 거둔 것입니다.(노평진, 5면)

우리는 과거 치열한 이념의 장에서 싸웠다. '좌익이냐, 우익이냐'에서 지금은 '보수냐, 진보냐'로 글자만 바뀌었을 뿐이지 상대방과는 같은 하늘을 이고는 못 살 것처럼 앙앙불락하는 모습은 다르지 않다. 지금도 인터넷에서 네티즌들이 사소한 일로 빨갱이라는 용어까지 사용하며 극단적으로 상대방을 몰아치는 모습을 보면 우리사회가 이념에서 해방되었다고 생각하기 어렵다. 상당수 기성세대는 환경운동을 하는 사람들을 반체제인사로 생각하는 경향이 있다. 실제로 과거 박정희정권 때나 군부독재 시절에는 환경운동 자체를 반체제운동으로 간주했다. 1987년 민주화 이후 많은 운동가들이 환경단체를 포함한 시민단체로 옮겨간 것은 사실이다. 그러나 운동권 경력이 있다는 이유로 환경운동가에 이념의 잣대를 들이대는 것은 불합리하다.

새만금이나 방폐장 사건 때 환경운동단체의 활동가들이 앞장선 것을 보고 좌익세력이 지역주민을 선동하고 있다고 몰아가는 것은 사회 참여세력에 대한 모독일 뿐 아니라, 1980년 광주 민주화운동을 빨갱이들이 부추긴 것이라고 강변하는 자들의 행태를 떠올리게 한다. 환경운동은 좌익운동이고 환경운동가들은 좌익세력이라고 말하면, 환경보전과 지역개발에 대한 진지한 논의를 시작할 수조차 없다. 그런데 환경운동을 포함한 시민단체 내에서도 성향이 다른 사람을 백안시하는 경향이 있음을 고백해야 한다.

시민단체내에서까지 사람을 '보수, 진보'로 구분하여 함께할 수 있느니 없느니 한다면, 정부에서 환경운동 하는 사람에게 색깔을 칠해놓고 예단하는 것과 무슨 차이가 있을까? 사람의 성향에 따라 사회를 보는 관점이 다르다는 것은 인정한다. 그러나 평소 입장이 서로 다른 사람들이라도 지역개발 또는 환경보전에 한 목소리를 낼 수 있지 않겠는가. 이조차 부정한다면 성숙한 사회의 모습이라고 할 수 있을까.

그런데 새만금과 부안에서는 가치지향이나 이념을 둘러싼 입장차만 있었던 것이 아니다. 누가 누구와, 어떤 입장이 다른 입장과 충돌하고 갈등했을까?

찬성하는 주민, 반대하는 주민

크게 보면 국책사업을 추진하려 했던 정부와 이에 반대하는 주민과 환경단체가 갈등의 당사자라고 할 수 있지만, 자세히 들여다보면 갈등의 구조는 그보다 훨씬 복잡하고 중층적이었음을 확인할 수 있다.

우선, 전북도민 절대다수가 새만금사업에 찬성했지만 이 사업으로 생업을 잃을 수밖에 없는 계화도 등을 포함한 새만금과 가장 가까이 있는 인근 연안 주민들은 반대운동을 했다. 이들 주민들은 새만금사업을 반대하는 운동을 하다가 전북도민들에게 비난을 받았다. 게다가 전북은 새만금과 동시에 방폐장 홍역도 겪은 지역이다. 그런데 지역에서는 새만금사업에는 찬성하지만 방폐장에는 반대하는 주민들이 상당수였다. 그러다보니 새만금사업에 반대했던 일부 지역의 주민들은 방폐장 집회에서도 소외되는 상황이 벌어지기도 했다. 당시 계화도에서 새만금사업 반대운동을 한 지역주민은 이렇게 회고했다.

핵폐기장 문제 때요. 계화도(주민)가 상당히 힘들었어요. 왜냐하면 전북도민들은 새만금은 찬성인데 거기서 새만금 반대 이야기했다가 분열되면 핵폐기장도 문제가 생길 수 있으니까요. 그래서 저희 계화도 주민들이 거기 핵폐기장 반대 집회에 별로 안 갔어요. 그러니까 '너희들 새만금은 그렇게 반대하면서 핵폐기장 반대 집회는 왜 안 나오냐', 심지어 '계화도는 핵폐기장을 찬성하네' 이런 얘기도 있고. 참 그런 게 힘들었어요.(황민규, 8면)

지역사업에서 찬반이 엇비슷하게 갈리면 대개 갈등이 심화되는데, 찬반이 다수와 소수로 극명히 갈리면 소수자들이 소외된다. 전북에서는 공개적으로 새만금사업 반대운동을 하기 힘들 정도였으며, 부안에서 방폐장 유치에 찬성했던 주민들 역시 종종 곤란한 처지에 놓였다. 반대 집회에서 찬성하는 사람들의 이름을 열거한 유인물이 나돌았고, 한수원 직원들에게 식사를 제공한 식당이 비난의 표적이 되기도 했다는 것이다(찬성이 압도적이었던 경주 방폐장에서는 반대운동을 한 사람이 오히려 지역에서 배신자로 몰렸다).

한 마을에서 오랫동안 함께 살아온 사이인데, 또는 지역사회에서 함께 운동해온 사이인데 앙금이 남아 있지는 않을까 궁금했다. 위도에서 방폐장에 반대했던 지역주민과 새만금사업 반대운동을 주도한 시민단체 관계자에게 물었다.

인터뷰를 한 구술자들 가운데는 "앙금이 없다"고 답한 사람도 있었고, "서로 앙금이 있기 때문에 가능한 한 그 얘기를 꺼내지 않는다"는 사람도 있었다. 그러나 모두들 "개운치 않다"고 말했다. 다른 입장에 서서 그토록 격렬하게 싸웠는데 앙금이 남아 있지 않다면 그게 오히려 이상한 일일 것이다. 한 동네에서 이 사건이 없을 때에는 형님, 동생, 아저씨, 아주머니 하다가 이 사건 이후 서로 서먹해졌다면, 가뜩이나 인구도 줄어든 마당에 공동체까지 무너졌으니 다른 협력사업도 원만하게 진행될 수 없을 것이다.

앞서도 이야기했지만 사회에서 갈등이란 필연적이다. 이해관계가 다르기 때문이다. 문제는 지역에서 누군가 갈등을 해결하는 역할을 해야 했는데 그러한 시스템이 작동하지 않았다는 것이다. 이건 누구 탓일까? 죄다 지역주민들의 몫이었을까?

대립하는 정부부처

새만금을 둘러싸고 중앙부처인 환경부·해양수산부(이하 해수부, 현 국토해양부)·농림부(현 농림수산식품부)의 입장이 달랐고 전라북도와 중앙부처와의 이해관계 역시 충돌했다. 방폐장의 경우 예전엔 과학기술부(이하 과기부, 현 교육과학기술부), 현재는 산자부(현 지식경제부)와 한수원, 그리고 지방정부 사이에 이해관계가 맞섰으며, 지방정부 상호간에도 유치와 관련한 충돌이 일어났다.

중앙정부의 부처간 갈등은 부처이기주의라고 치부하기는 어렵고, 정책상의 대립이 있었다고 보아야 할 것이다. 새만금의 경우, 사업을 추진한 농림부와 달리 환경부와 해수부는 민관공동조사단이 구성되던 시점을 전후로 새만금사업이 해양환경적인 측면에서는 문제가 있을 수 있다는 의견을 제시했다.

정부부처간 의견이 다를 경우에는 국무총리실의 조정을 거친다. 이후 국무총리실에서 나온 정책대안이 2001년 5월의 새만금 순차개발 계획안인데, 이 안에 따라 부처별 실천계획 작성을 요구하여 농림부는 이른바 '친환경 개발 계획안'이라는 것을 수립했다. 그리고 환경부와 해수부 측에서는 새만금호 수질개선 대책과 갯벌·해양오염 등 해양보전을 위한 대책 조사 연구를 진행했다. 눈여겨볼 것은 이 과정을 통해 정부내에서도 환경부와 해수부의 역할이 커졌다는 것이다. 개발계획의 액세서리처럼 보고서 뒤쪽에 붙어 있던 환경대책이 이제 개발계획의 중심에서 논의해야 하는 주제로 격상되었다. 물론 이것을 귀찮아하고 불편을 느끼는 사람들도 있을 것이다. 하지만 환경문제를 충분히 숙고하지 않음으로써 많은 사회적 비용을 지불했으며, 후생복지를 외면하고 경제개발만을 밀어붙이는 방식을 이제는 우리사회가 원치 않는다는 사실을 받아들여야 한다.

지방정부와 중앙정부 역시 새만금을 둘러싼 갈등을 안고 있다. 새만금 매립사업은 농림부 책임하에 농지기금으로 시행되었다. 그러므로 새만금의 기본 용도는 농지조성이고, 그 운영권과 사업권도 농림부에 있다. 전라북도는 기본적으로 새만금을 농지보다는 다른 용도로 쓰고 싶어한다. 워낙에 휴경농지가 많은 전북에 필요한 것은 공항도 있고 항만도 있는, 첨단산업단지를 포함한 신도시이다. 그래서 전라북도는 이 모든 것이 가능한 새만금특별법을 만들고 싶어 했다. 이 법안이 제출되었을 때 중앙정부는 부담스러워했다. 하지만 결국 전라북도와 이 지역 국회의원이 앞장서서 17대 국회 종결을 앞두고 중앙부처의 동의하에 '새만금특별법'을 통과시켰다.

전라북도 지역연구소에서 일하는 연구원은 나름대로 전북의 입장을 정리해주었다.

새만금이 전라북도에 있지만 전라북도가 개발권이나 소유권을 통해 지방세 수익을 얻지 않으면 워낙 힘든 것 아닙니까? 그래서 특별법을 만들어서 전라북도가 일부 개발권, 일부 소유권, 아까 말했던 방조제 관할권 같은 것을 전라북도가 관리할 수 있게 해달라. 그리고 그런 혜택을 예전에 많이 줬지 않습니까? 영남지역이랄지 그런데 왜 전라북도는 안되냐? 이렇게 낙후된 곳에는…… 세계 변화가 중앙집권에서 지방분권화하고, 그리고 지방분권은 재정의 독립입니다. '중앙에서 모든 재정을 갖고 지방분권해라'는 아니지 않습니까? 일본같이 재정권을 줘야 합니다. 중앙에서 지방에 재정권을 주고 지방에 너희들 사업을 해서 이득을 창출해내라 이렇게 하는 것이 맞지요. 지역이 개발하고 이득을 창출할 때 그것이 전체 국가경쟁력으로 이어지는 거예요. 그것이 지방분권화의 큰 득이 아니지 않습니까? 그것처럼 새만금 같은 경우도 특별법 많이 하면 많이 할수록 더 좋지 않아요? 그 지역에서 이득을 낸단 말이에요. 그것은 국가의 이득이지 뭐겠어요. 새만금특별법 같은 경우도 사업권 줘야 한다. (유종오, 16면)

지역 입장은 이해가 되지만 약간 억지스러워 보이는 이 주장을 어떻게 이해해야 할까?

새만금사업은 국민의 세금으로 진행되는 국책사업이다. 매년 1300억 원가량의 간척공사비가 국회의 동의를 거쳐 지급된다. 사업 책임과 주체도 중앙부처인 농림부이다. 새만금사업 소유권을 전라북도에 위임해야 한다면 사업의 주체와 예산도 전라북도가 책임져야 한다는 결론이 자연스럽게 나온다. 그러나 전라북도는 사업예산이 없기 때문에 예산은 중앙정부에서 부담하고 권한은 전북이 갖겠다는 것이다. 사실 불가능한 얘기다. 국가의 소유권을 이전할 경우에는 마땅한 근거가 있어야 하지 않겠는가. 더구나 간척공사가 완료되지 않은 상황에서 소유권을 주장하는 것도 시기상조라고밖에 볼 수 없다.

그렇다면 왜 이 시점에서 새만금 소유권을 주장하는 걸까? 새만금특별법 제정과 전라북도의 소유권 주장은 불확실한 새만금사업을 확실하고 예측 가능한 사업으로 만들기 위한 방안으로 제기되고 있는 것이다. 2006년 11월, 정부 산하 5개 연구기관(국토연구원, 해양수산개발원, 한국환경정책·평가연구원, 농어촌연구원, 전북발전연구원) 공동으로 새만금 토지이용계획안에 대한 연구를 5개안으로 압축 발표했다. 이어 국무회의에서는 '한시적 해수유통 후 집중개발 방안'으로 확정·발표했다. 이후 전라북도는 '새만금종합개발특별법안'(새만금사업촉진특별법안)[4]을 김원기 의원 명의로 발의하여 17대 국회 종료시점에서 통과시켰다. 사업 주체와 책임은 중앙부처인 농림부에 있지만, 특별법의 통과로 전북 도민들의 불확실한 사업 전망에 대한 그간의 우려는 상당히 불식되었다고 볼 수 있다. 결국 소유권 주장은 이런 배경에서 나온 것이다. 그렇지만 중앙정부에 대한 불신이 완전히 해소된 것은 아니다.

정부와 지역주민의 동상이몽

정부와 지역주민의 갈등 역시 한마디로 단정할 수는 없지만, 어쨌거나 양자는 이 갈등구조의 주체이다. 환경갈등이 많이 발생하는 사업은 정부가 추진하는 소위 '국책사업'인데, 사업 추진 과정에서 지역주민이나 이해관계자들이 반대하는 경우가 많기 때문이다. 하지만 이런 사업에 찬성하는 사람들 역시 중앙정부에 불만이 있다. 새만금의 경우 상당수 주민들은 새만금사업 진척이 너무 느려 불만이다. 지역주민들은 새만금과 중국의 푸동을 비교한다. 1991년에 새만금사업이 시작되었을 때 푸동도 같이 시작되었는데, 1억 2000만평이 조금 못 되는 푸동의 경우 1998년에 사업이 완료되었다. 새만금의 경우 1998년은 민관공동조사단 활동 때문에 사업 자체가 표류하고 있을 때였다. 지역주민은 정부가 사업을 지지부진하게 끌고 간다고 생각하여 섭섭해하는 것이다. 국책사업인데, 마치 전북의 사업인 양 정부가 소극적으로 일을 추진하니까 결국은 지역민들이 들고일어났다는 것이다.

전북도민 상당수는 전북은 새만금사업을 원하는데 중앙정부는 안하려는 느낌을 풍기는 데에 민감하게 반응한다. 나아가 전북도민이 지역이기주의에 기반하여 갯벌 보존을 원하는 일반국민과 대치하는 상황을 초래한 데 대해 정부에 비난의 화살을 돌린다.

> 새만금사업은 중앙정부가 추진하는, 농림부가 추진하는 국책사업이에요, 국책사업. 전라북도가 추진해왔던 지방정부의 사업이 아니라고요. 그런데 대다수의 사람들은 새만금사업이 전라북도가 하는 걸로 알아요. 우리는 단지 중앙정부가 계속 뜨듯미지근하게 일을 추진하니까 빨리 해달라고 한 것이고, 이미 사업이 90퍼센트 이상 추진되었는데도 자꾸 일부에서 반대하니까 우리도 나선 거지요.(김재영, 10면)

새만금이나 방폐장 모두 중앙정부인 농림부나 과기부 또는 산자부가 추진한 사업이었으나 이 과정에서 지방정부와의 갈등이 빚어졌고, 이것이 중앙정부와 지역주민의 갈등을 심화시켰음을 알 수 있다. 예컨대 부안 방폐장 사태의 경우 부안군수가 지방의회의 결정을 무시하고 유치를 신청해서 촉발되었다. 이는 지역주민과 해당 지방정부의 갈등이지만 결과적으로 중앙정부와 지역민의 갈등을 야기하고 말았다.

정부와 지역주민의 갈등구조를 보면 정부는 주민들이 합리적으로 판단할 것을 요구하고, 주민들은 정부가 신뢰성 있는 조치를 취해야 한다고 주장한다. 다시 말해 정부는 지역주민들이 합리적인 방안을 이해하거나 선택하지 않고 극단의 투쟁방법을 선택한다는 점에 부담을 느끼고, 지역주민들은 정부가 자신들을 속이고 있다고 생각한다.

부안 방폐장 문제가 장기화되고 국가적 관심사로 등장하면서 당시 고건 국무총리는 시민단체 대표들의 건의에 따라 2003년 10월 16일 '부안 방폐장 문제 해결을 위한 민관공동협의회'[5]를 구성했다. 그러나 회의는 시작하자마자 난항을 겪는다. 정부와 부안주민들이 대화의 장에 마주앉았지만, 지역에서는 반대시위가 계속되는가 하면 방폐장 찬성 홍보 또한 멈추지 않고 진행되었다. 반대측 주민대표들은 대화하는 동안에는 홍보 중단을 요구했지만 받아들여지지 않았다. 주민들은 정부의 대화의지에 의문을 품었고 급기야 대화는 중단되고 말았다.

정부는 방폐장 유치를 위한 지역공청회[6]를 개최했지만 반대하는 주민들 때문에 공청회가 순조롭게 진행되지 못했다고 한다. 주민들이 정부의 계획을 진지하게 듣지 않고 집회나 시위 등 힘의 논리로 모든 문제를 해결하려고 한다며 불신을 내비쳤다. 주민들이 문제에 합리적으로 접근하기보다는 그저 정부정책에 저항한다고 본 것이다.

정부와 주민간의 갈등이 생기기 시작하면 해결책을 찾기 어렵다. 사업 자체가 더욱 불신의 늪으로 빠진다. 상호비방이 난무하고 예측하지 못한 사건들이 발생한다. 군수 폭행 사태, 노무현 대통령의 김종규 군수 격려전화 등 복잡하고 예상치 못한 변수들이 날마다 발생하여, 차분하고 합리적인 해결책의 모색은 뒷전으로 밀리게 된다. 갈등이 일단 발생하면 당분간은 이를 진정시키기 쉽지 않다.

지역과 지역의 대립

지역간 갈등은 새만금에서도 없지 않았지만 방폐장 유치 과정에서 가장 극명하게 드러났다. 부안 방폐장 유치가 실패한 후 2005년 6월 16일 산업자원부가 방폐장 부지 선정 공고를 했다. 그후 7월부터 군산, 경주, 포항, 영덕의 지방의회가 방폐장 유치신청 동의안을 통과시켜 본격적인 경쟁체제에 돌입한다. 과도한 유치경쟁은 부지의 안정성 토론과 지역주민들간 선의의 경쟁보다는 지역감정을 통한 투표율 제고라는 안타까운 모습을 보였다. 특히 군산과 경주가 영호남 지역감정을 들먹임으로써 우리의 후진성을 여지없이 드러내고 말았다. 군산유치위는 영남지역인 다른 후보지에 방폐장을 유치시키는 것은 지역차별이라고 주장했고, 경주 등지의 유치위에서는 군산은 '빨갱이' 지역이라고 비난했다. 그런가 하면 방폐장 유치가 확정된 이후 경주에서는 소지역주의가 발흥했는데, 행정구역상 있지도 않은 소위 동경주·서경주간의 갈등이 한수원 본사 유치를 둘러싸고 빚어진 것이다.

부안 방폐장 사건에서도 지엽적이기는 하지만 지역감정이 악용되었는데, 예컨대 방폐장 반대운동을 주도하는 인물들의 출신지역을 언급하면서 '그 사람들 중에서 부안사람은 없다'는 내용의 유인물이 발견되었다고 한다. 거론되었던 사람들을 보면 문규현 부안성당 주임신부, 김인경 부안교당 주임교무, 진원 내소사 주지스님 등 대책위원회 대표를 맡았던 사람들은 종교인들로, 이들은 순회근무를 하기 때문에 부안 출신이 아니다. 이외에 농민운동가 출신 중 타 지역에서 이주해온 사람들의 경우에도 부안 출신이 아닌 경우가 더러 있다. 그러나 짧게는 수년에서 길

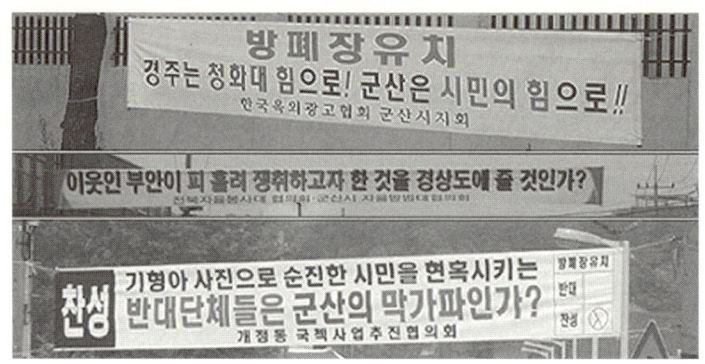

군산 거리에 붙었던 현수막들 ⓒ 오마이뉴스 이주빈

게는 수십 년 동안 부안에서 삶의 터전을 꾸리고 살았던 사람들을 이 지역 출신이 아니라고 손가락질하는 것은 지역주민과 지도부를 분리하기 위한 책략으로 볼 수밖에 없다.

환경문제를 소위 님비현상이라고 비난하기도 한다. Not in my back yard(NIMBY)의 약자인 님비현상이란 자기 지역에 화장장이나 쓰레기장 등의 혐오시설이 들어오는 것을 반대하는 것으로, 소위 지역이기주의라고 손가락질 받는다. 이와 반대로 핌피(Pimfy)현상은 Please in my Front yard의 약자로, 자기네 지역에 도움이 되는 공공시설을 유치하려는 것을 가리킨다. 경주와 군산에서의 방폐장 유치 활동은 결과적으로 핌피의 대표적 사례가 되었다.

중앙언론과 지방언론의 차이

새만금을 취재 보도한 언론의 태도는 중앙과 지방 언론의 시각차를 보여준다. 언론은 객관적이고 가치중립적인 보도를 하고, 언론사의 입장은 사설을 통해 밝힐 수 있을 것이다. 그러나 새만금의 갈등이 고조되던 당시 중앙언론은 주로 특집기사를 통해 새만금사업의 환경적·경제적

부당성을 보도했는데, 지역언론사의 경우에는 대개 새만금을 지지하는 기사가 많았다. 2003년 5월 15일자 새만금 관련 신문기사를 검색해보면 재미있는 상황이 나타난다. 같은 날 발행한 신문에도 중앙지와 지방지가 실로 판이하다.

경향신문: 새만금사업 중단하면 8조 1000억원 이익 발생

한국일보: 새만금간척사업 강행 땐 손실액 4조

한국경제: 새만금간척사업 중단 땐 8조 이익, 생태경제硏 주장

전북일보: 일등도민운동본부, 새만금 흔들기 강력 대응! 새만금, 그린벨트 등 지역 현안, 도민들 성난 외침/[주간프리즘] 걸핏하면 딴죽, 새만금이 동네북이냐

중앙지는 새만금간척사업의 경제적 타당성에 문제를 제기했고, 지방지에서는 새만금에 대한 도민의 입장을 기사로 실었다. 새전북신문은 '새만금사업 극심한 혼선, 신구상 기획단 구성 지연, 찬성-반대 갈수록 격렬' 등의 기사를 내보내면서 다른 지방지와는 차별성을 보이기도 했다.

혹 한글을 잘 모르는 외국인이 보면 중앙지에 나오는 새만금과 지방지에 나오는 새만금이 다른 것으로 착각할지도 모르겠다.

새만금에 반대했던 사람이나 찬성했던 사람이나 언론에 대해서는 강한 불만을 표출했다.

그리고 또 언론의 문제가 가장 커요. 공사정지 가처분 신청이 딱 떨어지니까 도청 직원들이나 지지자 200명이 서울에 올라갔어요. 삭발하고, 손가락 깨물어서 혈서를 쓰고 이런 것들이 매일같이 (지역 언론이나 방송을 통해) 하이라이트로 보도되고 하니까…… 전북 민심이 막 들끓어가지고. 그런 보도가 나

가고 나면 우리는 굉장히 약해질 수밖에 없고, 더이상 대화가 안되는 거죠
(황민규, 10면)

지역언론에서는 거의 새만금 찬성 여론만 기사화했기 때문에 반대하는 주민들의 입장에 귀 기울인 곳은 전무하다시피 했다. 다시 말해 반대 의견을 들어줄 지역언론이 없었다는 얘기다.

96년 하반기에 시화호 터지면서 정치권에서 막심한 공격이 있고 언론에서 엄청나게 새만금문제를 부각시킵니다. (…) 제2시화호 불가피, 이런 식으로 몰고 나가는 그런 언론보도도 많이 있었고 그랬어요. 상당히 새만금에 대한 환경 우려를 많이 하는 그런 여론이 형성이 되었죠.(이지훈, 6면)

중앙언론에서는 새만금사업에 우호적이지 않았다. 그렇다보니 새만금의 문제점만 집중 보도하면서 긍정적인 효과에 대한 기사는 찾아보기 힘들었다.

우리가 어떤 신구상 기획안을 냈을 때 언론은 우리의 입장을 그렇게 잘 반영해주지 못했어요. 물론 우리가 텔레비전 토론도 나갔어요. 신문도 조금 반영은 했어요. 그러나 우호적이지 않았고…….(강은주, 5면)

중립적인 의견도 묵살당했다는 것이다. 갈등이 심화되면 조정과 중재 역할을 하는 제3지대라는 게 있다. 양쪽 주장이 팽팽하면 이를 조정하고 중재하는 역할을 무시할 수 없다. 당시에 언론은 그런 소임을 다하지 못했다.

그런 건 특별하게 대세가 새만금사업을 해야 한다는 게 전라북도민들의 대세였는데, 뭐 언론 출신이니까 비판적으로 얘기하자면 지방자치단체가……'이게 새만금에 필요하고 전라북도 발전에 대해서 도움이 된다'라는 논리로 주민들을 설득하는 데 성공한 거지. 주민들 사이에선 새만금이 가지고 있는 의미를 잘 몰라. (…) 그러나 '필요하다'라는 정보들만 제공하고……. 거기에 지역의 언론들이 그걸 전문적으로 비판을, 문제를 도출해내고 해야 하는데 그렇지 못한 부분들이 좀 있죠.(김명호, 7~8면)

또한 2003년 5월에는 새만금사업 추진협의회원 350여명이 서울 문화일보사를 방문하여 '문화일보의 새만금에 대한 편파보도 중단'을 요구하기도 했다. 새만금사업 지지자들이 삭발하고 혈서 쓰는 것에 관한 기사는 사실보도이다. 그럼에도 새만금을 반대했던 계화도 주민이 보기에는, 이것이 갈등을 합리적으로 풀어나가기 위한 게 아니라 지역민의 감정을 오히려 부추기는 보도로 보였던 것이다. 사실 보도 자체보다 언론이 갈등해소에 소홀했을 뿐 아니라 소통 분위기를 형성하지 않고 대화를 단절시켰다는 데 문제를 제기한 듯하다. 이에 반해 새만금에 찬성했던 측 역시 중앙언론에 대한 불만이 적지 않았다. 고향이 전라북도인 어느 서울 거주자는 중앙언론에서 새만금 기사를 보고 항상 힘들게 사는 고향 부모가 생각났다고 한다.

중앙언론은 지역은 생각 안해요. 독자를 수도권 2000만으로 보는 거지. 그런데 우리 전북 출신들은 아침에 신문 보면 새만금에 대한 문제제기 특히 지역이기주의 위주의 보도를 보면 같은 지역 출신으로 착잡하지.

새만금사업에 대한 여론을 보면 전북에서는 압도적으로 찬성이 우세

하지만 전국적인 여론은 조금 차이가 난다. MBC와 KBS 등 여론조사에 의하면 반대가 60퍼센트 이상이었다. 여론의 수위로 새만금사업이 옳으냐, 그르냐를 판단하기는 어렵지만, 지역연고에 따라, 이해관계에 따라 의견이 달라질 수 있다. 국민들 사이에서는 새만금사업에 부정적인 의견이 우세했으나 전라북도만 놓고 본다면 찬성이 압도적이었다. 이 역시 매우 중요한 대목이다. 갈등을 풀어가는 데에는 여론의 향방이 중요한 영향을 미치기 때문이다. 새만금사업에 대한 중앙과 지역 언론의 보도가 상이한 까닭은 국민들의 여론을 반영하는가 아니면 지역민들의 여론을 반영하는가 하는 차이 때문이다. 국가적인 차원에서 새만금사업을 보는 시각과 지역 차원에서 새만금을 보는 시각의 차이를 반영한다고 할 수도 있다. 이 두가지 관점의 종착점은 지역개발이냐 환경보전이냐로 귀결된다. 따라서 국가의 정책을 수립하고 집행할 때 둘 중 하나를 선택할 것인가, 아니면 이를 종합 보완할 것인가가 중요하다.

언론끼리 갈등은 없지만 언론사마다 이해가 다른 것일까? 아무래도 지역언론은 지역의 소리를 대변해야 하고 경제적으로 도청에 의존하니까 도의 입장을 반영한다고 봐야 할 것이다. 하지만 초기에는 그렇다 할지라도 이후에 삼보일배 등으로 전국적으로 이슈화되었을 때, 새만금사업 자체와 절차상의 문제 등에 대해서 좀더 냉철한 평가와 판단을 할 수는 없었을까? 지역언론이 하기에는 버거운 과제라면 중앙언론이 중재 차원에서 이 문제를 다룰 수는 없었을까?

아쉬움은 남지만 새만금문제를 계기로 언론이 환경문제에 기여한 바도 적지 않다. 언론은 사회구성원들의 소통의 도구이다. 초기 새만금에 대한 보도는 새만금운동이 지키려 했던 갯벌의 가치를 알리는 것에서 시작되었다. 1994년 2월 17~18일 양일간 2부작으로 방송된 MBC 텔레비전 자연 다큐멘터리 〈갯벌은 살아 있다〉는 갯벌의 가치를 대중적으로 각인

시키는 데 결정적인 역할을 했다. 갯벌 생태계를 한국 최초로 집중 조명한 이 다큐멘터리는, 갯벌 생물들의 독특한 생태와 갯마을 사람들의 생활을 소개하고 무분별한 간척과 매립 사업에 경종을 울렸다. 그리하여 방영 후 큰 반향을 불러일으켰다. 다큐멘터리 〈갯벌은 살아 있다〉는 파괴되어가는 갯벌을 체계적으로 기록해놓았을 뿐 아니라, 갯벌 생태계를 통해 인간과 자연의 관계를 되짚어본 점에서 큰 의미가 있다. 10년 후인 2003년 〈갯벌, 그 10년 후〉라는 프로그램이 방영되기도 했다.

이런 언론의 조명으로 갯벌과 환경을 보는 국민의 시각이 근본적으로 뒤바뀌는 계기가 마련되었다. 새만금 논란과 언론보도 이후 많은 가족들이 갯벌에 대한 인식을 달리하게 되었고 갯벌 체험 같은 생태프로그램이 활발하게 펼쳐졌다. 우스갯소리로 들릴지 모르겠지만, 요즈음은 너무 많은 사람들이 갯벌에 사는 생물들을 잡는다고 헤집고 다녀 오히려 갯벌 생태계에 부정적인 영향을 미친다고 한다.

환경단체와 지역주민

지역민을 중심으로 한 인터뷰에서 의외로 환경단체에 대한 감정은 양면적인 모습을 보였다. 새만금간척사업을 찬성한 주민들이 환경단체에 고마워하기도 했다. 예를 들어 환경단체가 끝까지 문제를 제기한 덕분에 수질과 관련해서 정부가 더 많은 조치를 취했다는 점 등이다. 물론 반대를 위한 반대를 했다는 생각이 깔려 있지만 말이다.

기실 환경운동이나 사회운동 진영에서 특정 정책에 반대의견을 피력하면 돌아오는 말이 '대안 없이 반대한다' '반대를 위한 반대를 한다' 등이다. 따라서 이 말은 사업을 찬성하거나 추진하는 측에서 제기하는 상투적인 비난임을 부정할 수 없다. 그러나 사안에 따라 적절한 대안을 제시해야 함에도 '환경단체가 굳이 그런 문제에 대안을 내야 하는가'라는 환경단체 내부의 목소리도 적지 않다는 점에서 이 비판의 타당성 또한 존재한다. 대안은 찬성이든 반대이든 선택의 폭이 늘어나는 것을 의미한다. 사안이 복잡하게 꼬여서 더는 어찌해볼 수 없는 상태가 아닌 이상, 하나 이상의 대안은 고민과 선택의 폭을 넓히기 때문에 충분히 검토해볼 만하다. 적극적인 대안 제시는 그래서 필요할지도 모른다.

만약 새만금 갯벌 간척에 대해 처음부터 환경단체가 필요한 용도만큼 개발하는 데 찬성했다면 전라북도의 입장은 몰라도 중앙정부의 경우 좀 더 변화의 여지가 있지 않았을까? 100퍼센트 보전만을 외칠 것이 아니라 다른 방안을 시도했다면 대화공간이 더 확장되었을지도 모른다. 이는 초기 새만금사업 반대운동에서는 아예 대안론 자체가 금기시되었다는 사실에 비추어 환경단체들의 경직성이 사태를 더 악화시킨 것은 아닌가 한다.

반면, 환경단체와 함께 반대운동을 한 지역민들 역시 전폭적으로 환경단체를 지지했음에도 아쉬움을 느낀다. 진정으로 우리를(지역을) 이해하지 못한다는 것이다. 위도 방폐장 반대운동에 동참했던 권영만씨도 위도의 섬문화에 기반을 둔 반대운동이 없었다는 점을 아쉬워한다. 권영만씨의 생각을 정확히 판단하기는 어렵지만 다음과 같이 추론해볼 수는 있을 것 같다. 부안사태 이후 위도에서 우리 연구소에 조그마한 용역의뢰가 들어온 적이 있었다. 취지는 위도의 발전방안에 대한 연구인데, 우선 위도에 대한 객관적인 자료를 취합정리하고 섬문화에 대한 사례들을 조사해달라는 것이었다. 추측건대 권영만씨를 비롯해 위도주민들은 방폐장 반대운동을 위도주민들의 생활이나 문화적 특수성과 연관시켜보고 싶었던 것 같다. 지역주민의 관점에서 볼 때만이 주체적이고 능동적인 운동이 가능할 뿐 아니라, 찬성했던 주민들의 문제의식도 반영할 수 있다고 본 듯하다. 이것은 매우 중요한 점인데, 주로 서울에서 활동하는 환경단체들은 번번이 놓치는 문제의식이라고 할 수 있다.

환경단체 입장에서 보면 위도든, 영광이든, 울진이든 그 지역의 특수성이 중요한 것이 아니라 방폐장이 들어서지 못하게 하면 되는 것이다. 지역주민들에게 핵의 위험성을 선전하고 조직해서 반대운동에 나서게 하는 것이 궁극적인 목적이다. 물론 이런 운동을 통해 친근해지고 가까워지면서 많은 것을 공유하는 사례도 적지 않지만 본질적인 목적은 방폐장 설치를 저지하는 것이다. 하지만 지역주민들은 삶의 터전을 보전하는 것이 목적이다. 결국 주민들은 대대로 살아왔고 앞으로 뼈를 묻을 공동체의 역사, 문화, 발전이 관심사이자 목적인데, 환경단체가 이를 헤아리지 못하거나 도외시한다는 것이다. 실로 타당한 얘기다.

또다른 비판도 있다. 환경단체가 일관성 있는 반대운동을 한 것이 아니라 지역이나 대상을 선별하여 반대운동을 했다는 것이다. 새만금사업을 찬성하는 사람들은 환경단체가 다른 지역의 사업은 반대 안하고 왜 우리 사업만 반대하느냐며 불편한 심기를 드러냈다. 극단적으로 얘기하면 반대운동에도 지역차별이 있다는 주장이다.

왜 J프로젝트, S프로젝트[7] 있잖아요. 말하자면 남해안 개발, 동해안 개발 계획. 그것은 기업의 개발사업인데 새만금은 국책사업이란 말이야. 나 앞으로 눈뜨고 볼라고 합니다. 전라남도 X프로젝트, Z프로젝트 하려고 하는데 그 사업들 다 바다 막아야 하는데 과연 환경단체들이 그것을 용인할 것인가. 왜냐하면 그건 안 지어졌으니까. 이 새만금은 다 돼가지고 공사중에 얼마 남지 않은 상태에서부터 반대가 나오기 시작했지만.(김재영, 17면)

사실관계를 확인해본 결과 환경단체가 새만금만 반대하고 전라남도 해남 등에서 추진하는 프로젝트는 반대하지 않았다는 주장은 오해인 것으로 밝혀졌다. 노무현정부가 서남해안 프로젝트를 발표하자 서울에 있는 환경단체들과 전라남도 환경단체들은 이에 반대하는 운동을 펼쳤다. 2003년 이 문제와 함께 기업 규제완화, 골프장 건설 규제완화, 새만금과 천성산 문제 등이 도화선이 되어 환경단체들은 '환경비상시국'을 선포하고 단식, 농성에 나섰다. 그리고 J프로젝트와 S프로젝트 대상지는 갯벌을 새로 간척하는 게 아니라 기존 간척지를 개발하는 것으로 알려져 있다.

그러나 오해에 대해 사실관계를 밝혀 설명한다고 해서 불신이 해소될 것 같지는 않다. 환경단체에 대한 근본적인 불신이 자리 잡고 있기 때문에 여간해서는 해결방법을 찾기 어렵다.

우리시대 희망찾기

3장

갈등은 무엇을 먹고 자라나

갈등의 씨앗은 누가 뿌리는가

부정확한 정보를 부정직하게 흘리는 사람들

갈등이 이해관계의 충돌이라면 이를 해결하기 위해서는 이해 당사자들의 폭넓은 의사소통이 필수이다. 국책사업을 시행하는 데 계획을 수립하고 정보를 제공하며 이를 논의하는 과정에서는 국가가 주도적인 역할을 해야 한다. 그런데 지역주민들에게 충분한 정보를 제공했는지, 그리고 주민들의 의견이 정부측에 충분히 전달되었는지를 둘러싸고 그간 많은 문제점이 지적되었다.

우선 지역민들은 사업의 존재 자체를 언제 어떻게 알까? 새만금이나 방폐장을 포함하여 상당수 지역사업은 정부의 공식 발표가 아닌 비공식적인 경로로 주민들에게 처음 전달된다. 소위 '카더라'식 소문이나 언론의 비공식 확인에 근거한 기사들로 지역주민의 반응을 알아보는 것이다.

그런 기사나 소문에 대해서 정부측의 확인을 요구하면 항상 아직 확정된 바 없다거나 사실무근이라는 답이 돌아온다. 그러나 대부분의 정보는 이미 정부에서 발주한 용역보고서 등에서 나온다. 정부측의 정보보안에 문제가 있거나 고의적인 유출이라고 볼 수 있다. 어쨌든 이런 식으로 제공된 정보는 정확하지 않다. 하지만 주민들은 막연한 기대나 불안감을 갖게 된다.

> 처음에는 잘사는 프로그램이 있다고 해서 나도 막 가슴이 뛰어 그냥. 아 우리 지역도 이제 드디어 뭔가 큰 변화가 있는가보다 했어요. 나중에서야 알게 됐지. 터무니없는 공사였구나 하는 걸.(손일환, 6면)

> 저희들도 처음에 몰랐는데, 한 2년 지나서 새만금의 실체를 알기 시작한 거죠. 알면 알수록 너무나 허황된 사업인 거고 별것도 없는데 정치적으로 이용하기 위해서. 이 사업은 정말 중단되어야 한다고 생각하게…….(황민규, 6면)

특히 방폐장의 경우 보상할 수 있는지 없는지에 대해서 정부가 공식 발표하는 게 아니라 누군가를 통해서 주민들에게 몇억을 준다느니 하는 소문을 퍼뜨리는 식이다. 지역주민들은 이런 정부의 태도에 분노를 터트린다.

정확한 정보에 근거하지 않은 인식은 과대포장된다. 그 결과 사실에 직면했을 때에도 쉽게 현실을 인정하지 못하고 부작용을 낳는다. 정부는 계획 단계의 사업에 대한 주민들의 인식을 어떻게 책임지느냐고 항변하지만, 사업 자체를 주민들에게서 끌어내는 방식은 문제가 있다. 우선 사업 필요성을 인식해야 하지 않겠는가. 만일 이 지역에 쓰레기처리장이나 방폐장, 지역경제를 회생시킬 동력이 필요하다면 그 사실부터 이야기해야 한다. 정부는 그 필요성을 알리고 지방의회나 지역단체들에 도움을 요청해 공론장을 만들어야 한다.

계획이 수립되고 정부가 이를 공식적으로 국민에게 알리는 장은 설명회, 공청회 등이다. 이는 지역주민들에게는 해당 계획을 소문이 아니라 사실에 근거하여 정확히 인식할 수 있는 유익하고 필수적인 자리이다. 그런데 많은 지역주민들은 사업 관련 설명회나 공청회를 열지 않았거나, 열었다 해도 요식행위에 지나지 않았다고 한다. 새만금의 경우는 당시 환경영향평가법[1]상 설명회나 공청회를 개최하는 것이 법적인 의무가 아니었기 때문에 안했을 수도 있다. 하지만 최소한 보상금 지급과 관련해서라도 설명을 했을 것이다. 방폐장 역시 정부에서는 공식적인 자리에서 충분히 설명했다고 주장한다. 그런데 왜 주민들에게는 이런 설명이 피부에 와 닿지 않았을까?

굉장히 큰 문제가 있는 것이 사실은 말이죠. 심의적인 의사결정이 중요하다고 얘기하는 게, 아주 현혹적으로 그런 방식을 쓰면 제대로 의견을 못 듣습니다. 무슨 얘기냐면, 많은 경우에 이해 당사자들은 한번도 생각해보지 않은 경우가 많아요. 의견을 수렴한다고 해놓고, 아주 전략적인 방법으로 그 제도를 이용해서, 예컨대 주민들 중에서 찬성의견을 가지고 있는 분, 자기를 대변할 수 있는 사람들만을 중심으로 참석하게끔 하고, 환경단체측에 있는 사람들은 제외하는 방식들 그리고 그 사람들의 의견이 마치 그 지역주민의 모든 의견인 양 대입시키는 경우가 많습니다. 자기 의견을 뒷받침하기 위해서.(오상헌, 8면)

설명회나 공청회는 환경영향평가법이나 행정절차법 등에서 절차상의 과정에 불과하다. 다시 말해 정부나 사업자 입장에서는 실제 내용과 질은 중요하지 않으니 절차에 따라 하면 그만인 것이다. 그러다보니 형식적으로 구색을 갖추는 자리가 된다. 공청회나 설명회는 지역주민들이 정부 관계자에게 많은 이야기를 듣고 또 묻는 자리이다. 여기서 충분하고 올바른 정보를 얻지 못하면 주민들은 정부의 어떤 말에도 귀 기울이지 않는다.

언론인 출신다운 예리한 분석력을 입증이라도 하듯 김명호씨는 인터뷰 중 이런 이야기를 한 적이 있다. 방폐장과 관련해서 부안에서 환경단체가 이겼고 경주에서는 '정부가 이겼다'라는 해석이다. 그 이유는 부안은 환경단체가 '선점'을 했고 경주는 정부가 '선점'했기 때문이란다. 의제를 선점한 쪽이 이겼다는 것이다.

> 양 진영으로 본다면 새만금 같은 경우는 정부 추진단이 대다수 주민들을 빨리 설득을 했고, 방폐장 같은 경우에는 반핵단체에서 지역주민들을 재빠르게 설득을 한 거예요. 제가 이제 관찰자 입장에서 보니 선점했죠.(김명호, 19면)

> 경주시장이 시민들을 사전에 먼저 설득을 했다는 거. 경주는 이런 조언들은 잘 읽은 거죠.(김명호, 25면)

어떤 의미의 '선점'이었을까? 방폐장에 대해 부정적인 정보를 먼저 접한 곳과 긍정적인 정보를 먼저 접한 곳이 다른 결과를 낳았다는 의미일까? 환경단체의 방폐장은 체르노빌 사건의 처참한 사진 몇장이 웅변하는 재앙인 반면, 정부의 방폐장은 이 시설이 들어선 후의 발전된 지역의 청사진일 것이다. 그게 다일까?

소통과 합의를 하는 과정에는 이해 당사자이든 지역주민이든 간에 상대방이 진지하게 대답할 수 있도록 충분한 정보를 주고 이야기해야 한다. 단지 사업에 대한 정보를 주고 의견을 묻는 것이 아니라, 상대방에게 유리한 정보뿐만 아니라 불리한 정보를 포함한 모든 객관적 정보를 제공하고 이야기해야 한다. 그래야 진정한 소통이 이루어진다. 예를 들어 정부가 지역주민을 상대로 '만일 이 사업이 추진되면 이러이러한 문제가 생길 수도 있습니다'라고 하면 지역민들은 그럼 이 문제를 어떻게 해결할 것인지를 물어볼 것이다. 이후 정부가 내놓는 대안은 무게가 실린다. 그런데 정부가 말하지 않고 있는 문제를 환경단체가 먼저 밝혀내고, 그제야 정부가 변명을 하거나 문제해결을 위한 방안을 제시한다면 이제 주민은 정부의 말을 듣지 않는다. 환경단체가 말하는 것만 믿는다. 이게 선점이다.

상당한 지식이 필요한 부분이란 말이에요. 핵과 관련된 부분은. 예를 들어서 방사능이 뭐냐? 방사능이 뭐예요. 방사능이라고도 하고 방사선이라고도 하는데 이것이 뭐냐? 정확하게 설명할 수 있는 사람이 몇명이나 되겠는가? (…) 예를 들어서 감마선, 알파선, 베타선 들어가면 더더욱 모르는 거야. 그러면 알파는 투과력이 약해서 못 뚫지만, 감마는 90센티미터를 하는 이유가 90센티미터를 못 뚫기 때문에 그러는 거야. 그 안에서 40센티미터나 50센티미터는 뚫는단 말이에요. 여기에서 차이가 나는 거죠. 그런데 그런 부분들이 왔을 때, 나한테는 어떤 피해가 있느냐. 막연하게 '아 죽는다' 이것뿐이잖아요. (…) 관련 전문가들이 나서줘야 되잖아요. 그런데 관련 전문가들이 한 사람도 이쪽으로 나와 있지 않다는 겁니다. (…) 그러니까 지역에서 싸움을 하는 겁니다. 모르니까. 한마디로 말해서 안전성이나 사회적인 부분들이 검증이 돼야 하는데 그 사회적 검증체계가 없다는 겁니다. (서인교, 11면)

해당 사업의 문제를 정확히 인식하기 위해서는 이해 당사자들이 충분히 자기 입장을 개진할 수 있어야 한다. 그래야 문제의 성격이 드러난다.

지역주민, 어민, 농민, 도시민, 공무원, 환경단체 관계자 들이 모여 앉아 대개 원론을 이야기하지만, 환경으로 인한 모든 갈등에서 항상 부족한 것은 소통 이전에 대화이다. 그러나 이제까지의 방식을 보면, 정부가 주관하는 공청회에 이해 당사자는 청중석에 앉아 있고 전문가들이 전문용어를 동원하여 사업의 경제적 분석, 환경적 분석 등만 이야기한다. 마지막에 시간관계상 주민대표 한두 사람의 이야기만 듣는다. 그러다보니 주민들은 우리 이야긴 하나도 안 듣는 이게 무슨 공청회냐는 불만을 터트리고, 결과적으로 사업 자체에 대한 신뢰성이 떨어지는 것이다.

> 몰랐어요, 저는 원자력발전소인 줄 알았어요. 그런데 나중에 1986년도에 체르노빌 사건 터지니까 핵발전소가 난리가 난 거예요. (…) 소수민들이 싸움을 하고 난리를 하니까, 원자력발전소, 핵발전소 똑같다는데 말이에요…….
> (서인교, 17~18면)

공청회, 이는 말 그대로 대중의 이야기를 듣는 자리이다. 대중의 말을 귀담아 들어야 해당 사업의 문제를 정확히 이해할 수 있다. 대중이 흔히 말하는 전문가는 아니지만 그 지역에서 수십 년을 살아온 지역 전문가이다. 그 지역의 지질이나 해수의 흐름, 역사, 향후 발전방향을 누구보다 잘 알고 있는 현장 전문가들이다. 공청회 목적이 일방적 의사전달이 아니라 쌍방 의사소통이라면, 무엇보다 이들을 존중하고 현장의 목소리를 듣기 위해 노력해야 한다.

어쩌면 공청회를 연 다음 주민들의 만족도를 그 자리에서 바로 조사하여, 정부의 설명이 충분치 않았거나 의견수렴이 미흡하다는 결과가 나오면 공청회를 다시 열도록 하는 제도가 필요할지도 모른다. 공청회는 단지 절차에 불과하다고 치부하여 일단 열기만 하면 된다는 사고방식은 차라리 안하느니만 못한 결과를 가져오기 때문이다.

또하나의 문제는 정부가 과연 주민들의 속내를 읽어보려는 시도는 했는가 하는 점이다. 의견수렴이란 해당 사업에 대한 찬반뿐 아니라 제3의 대안 등 다양한 의견을 듣는 것을 포함한다. 그러기 위해서는 지역주민들의 진실한 의사가 반영되어야 할 터인데 사실 그게 쉽지만은 않다. 예를 들어 원자력발전소 인근 주민에게 낯선 사람이 와서 '원자력발전소 옆에서 사시기에 위험하지 않습니까? 생활하는 데 불편은 없습니까?'라고 묻는다면, 아마도 '아, 무슨 소리입니까? 여기 사고난 적 한번도 없고 농사도 잘되고, 개도 새끼 잘 낳고 사람 사는 데 전혀 문제 없습니다'라고 이야기할 것이다. 이는 물론 사실일 수도 있지만, 그 사람은 자신의 불안감을 쉽게 내보이지 않을 수도 있다는 사실을 알아야 한다. 왜냐하면 자존심이 허락지 않을 뿐 아니라 자신의 삶을 그렇게 폄훼하고 싶지는 않을 것이기 때문이다. 따라서 그 사람의 본심을 끌어내기 위해서는 현재 어떤 의견이 있다는 것을 먼저 알려주어야 할 것이다.

마지막으로 소통의 문제로서 진실성을 빼놓을 수 없다. 해당 정보의 양과 질의 문제를 떠나 정보 자체가 거짓이라면 소통은 아예 불가능하다. 특히 정부는 방폐장과 관련하여 왜곡된 정보, 심지어는 주민들을 속이려는 정보를 흘리기도 했다. 고준위, 중·저준위, 이제 이런 말은 어느 정도 익숙하지만 언제부턴가 정부는 전문가도 이해하기 힘든 '중간저장'이라는 말을 던졌다. 정철수 변호사는 이것이 '의도적인 용어제작'이라고 보았다.

방사능폐기물이라는 것이 고준위가 있고 중·저준위가 있는데, 경주를 포함해서 4개 지역 동시 주민투표를 할 때는 양자를 정확히 구분했거든요. 그런데 부안 같은 경우에 처음에는 고준위 중간저장이다, 그랬어요. 주민들은 고준위 중간저장이 이게 무슨 말이냐. 그러니까 한편으로는 중간저장이니까 괜찮지 않느냐 이렇게 말하고, 한쪽에서는 중간저장이라는 자체가 저장하는 것이고 그다음에 이동해서 여기다 저장하지는 않는 것 아니냐, 이렇게 되니까 주민들 사이에서 혼란이 왔죠. 그런데 중간저장이라는 용어를 저도 사전에서 찾아보니까, 고준위를 중간저장이라고 한다, 글쎄 이런 개념 자체가 없는 것 같더라고요. 발전소에서 그냥 임시저장하는 형태는 있어도 중간저장하는 형태는 없거든요. 그런 경우도 대표적으로 정보 자체가 투명하지 않다. 제공되는 정보가 불신을 만드는, 실제로 제가 보기에는 중간저장 자체가 의도적으로 만들어낸 말이지 않느냐.(정철수, 17면)

비근한 예로 정부는 방폐장 또는 핵폐기장을 '원전수거물센터'라는 명칭을 사용하고 광고까지 한다. 원전수거물이라는 말이 과연 적절한 용어일까? 대단히 모호한 말이다. 방사능폐기물 또는 핵폐기물이라는 말은 단어 자체가 이미 위험성을 경고하기 때문에 안전한 관리나 보관을 먼저 생각하게 한다. 그러나 '원전수거물'이라는 용어는 그런 의미를 배제한다. 국민들의 불안을 누그러뜨리기 위해 그런다고 할 수도 있다. 그렇다고 유해물질을 유해물질로 표기하지 않고 독극물을 독극물로 표기하지 않을 수 있는가?

지역주민에게 적극적으로 왜곡된 정보를 제공하는 것은 그야말로 최악의 행위이다. 과거 중고등학교 때 배웠던 것들이 사실과 달리 심하게 왜곡되었음을 알고 난 많은 대학생들이 제도권보다는 운동권의 주장에 귀 기울이지 않았던가. 교실에서 학생들에게 정권홍보 차원의 역사교육을 했던 사람들의 책임이 없다고 할 수 있을까? 이처럼 정부가 지역개발 현안에 대해 왜곡된 정보를 제공한 결과 지역주민이 결국엔 정부를 신뢰하지 않게 되었고, 이에 대해 정부는 입이 백개라도 할 말이 없을 것이다.

갈등이 깊어져 싸움이 되는 이유들

문제는 심각한데 심도 깊은 대화가 없다

새만금문제 같은 경우도 관료들은 당연히 뭐. 우리나라의 원래 관료주의적 관성이 토론하는 걸 싫어하잖아요. 토론하는 걸 싫어하는 게 아니라 토론할 줄 모르죠. 토론하는 방법도 잘 모르고 배운 바도 없고 굉장히 두려워해요. 그 사람들은. 어떻게 보면 토론회할 때 제일 부르기 힘든 사람들이 그 사람들인데, 그 사람들이 무시해서 안 나오는 게 아니라 관에 들어가서 이야기해보면 무서워서 안 나와요. 그러니까 토론회 하는 거를 굉장히 두려워하더라고요. 상명하달 이런 거에 익숙해져 있으니까. 제가 볼 때 시민운동측에서도 별로 토론회를 잘 못하는 것 같아요. 왜냐하면 선험적인, 자기가 옳다고 생각하는 가치체계가 너무 분명해가지고 역시 이념적 경향이 너무 강하다는 거죠. 그런데 상대 앞에서 그러니까 당연히 토론이 안되죠. 토론이라는 게 자기만 옳으면 절대로 토론 못하거든요.(이승우, 21면)

대학에서 동양철학을 가르치는 이승우 교수는, 문제를 해결하기 위해서는 토론이 필요한데 공무원은 훈련되어 있지 않고 환경단체 활동가는 이념에 사로잡혀 자신의 주장 이외에는 받아들이지 않는다고 한다. 상황이 이렇다면 해결의 실마리를 찾기가 쉽지 않다. 주제보다는 절차나 형식을 더 배워야 할 것 같다는 얘기다.

H신문사의 오상현 기자가 흥미 있는 이야기를 해주었다. 한 지역에 낡아서 위태로워 보이는 채석장이 있다고 하자. 지역주민들은 다들 그 채석장 때문에 많은 고통을 받아왔다. 채석장 자체가 위험할뿐더러 흉물스러워서 땅값도 떨어지고, 아이들은 채석장을 놀이터로 삼아 뛰어놀다

가 넘어지거나 하여 크고작은 부상을 입었기 때문이다. 그런데 채석장 소유주에게는 이 채석장이 세상에서 하나밖에 없는 소중한 재산이다. 왜 냐하면 자신의 아버지가 채석장을 개발해서 집안을 일으키고 자신들을 가르쳤으며, 그곳에서 돌아가셨으니, 자신에게는 정말 세상 어느 곳보다 아름답고 가치 있는 장소인 것이다. 그런데 지자체에서 여러 문제로 채석장을 허물어야겠다고 설득을 하러 왔다. 지역주민 100명 중 99명이 채석장을 없애줬으면 한다며 채석장 주인에게 보상을 해줄 테니 희생해달라고 이야기한다. 하지만 채석장 주인은 세상 무엇을 준다고 해도 안된다고 버틴다.

이 문제를 어떻게 해결할 것인가? 아마도 양측 입장을 객관적으로 입증할 자료를 찾고 전문가를 동원할 것이다. 예를 들어 공학자가 와서 채석장의 위험성을 판단하고, 경제학자를 동원하여 채석장의 채산성과 보상비용 등을 따져서 양측에게 답을 제시할 것이다. 그 전에 양측 주장을 객관적으로 판단하기란 불가능할지도 모른다. 왜냐하면 무엇이 '참'인지 어떻게 알 수 있단 말인가.

문제를 해결할 수 있는 가장 좋은 방법은 채석장이 있어 불편한 사람들과 채석장이 너무나 소중한 사람들이 지긋지긋할 때까지 함께 이야기하면서 서로의 입장을 충분히 이해하는 것이다. 이야기를 하다보면 채석장 주인도 한 엄마의 아이가 채석장에서 놀다가 떨어져 골절상을 당해 마음이 아팠던 사연을 알게 되고, 지역주민 역시 채석장에 얽힌 한 집안의 소사를 듣다보면 이 채석장이 점점 달리 보이기도 할 것이다. 서로 이해하고 마음을 나누다보면 결국은 합의에 이르게 된다. 예컨대 채석장을 없애되, 채석장 한 모퉁이에 기념관을 지을 수도 있을 것이다. 이 대안은 이해관계자가 판단하고 만들어가는 것이지 소위 전문가라는 제3자가 내놓는 것이 아니다.

문제는 노출시켜야 해결됩니다. 문제는 잠수시켜놓으면 커지기만 합니다. 이게 조그마할 때 빨리 노출시켜버리고 빨리 해결방안을 모색해야지. 그런 의미에서 같이 논의하면서 이렇게 한다는 전제. 환경단체에 계신 분들이랑 그런 얘기를 해보면 조직적인 콘셉트가 안 맞기 때문에, 이해가 안 맞기 때문에 어려움이 있어요. 충분히 이해가 가는 부분이거든요.(이지훈, 13면)

현재 농림수산식품부로 개칭된 농림부에 근무하면서 새만금간척사업의 실무를 담당했던 이지훈씨는 사업을 추진해야 하는 입장에서 환경단체와의 대화가 어렵다고 호소한다. 서로 다른 전제에서 출발하기 때문에 대화가 어렵다는 것이다. 이럴 때는 옛말이 생각난다. 역지사지이다. 상대편의 처지나 입장에서 먼저 생각해보고 이해하라는 뜻으로 자주 회자되는 말이다. 그 기원을 살펴보면 흥미롭다. 『맹자(孟子)』「이루(離婁)」에 나오는 '역지즉개연'(易地則皆然)에서 유래한 말로 처지나 경우를 바꾼다 해도 하는 일이 서로 같다는 뜻이다. 중국의 전설적인 성인(聖人) 하우(夏禹)와 후직(后稷)에 대한 얘기인데, 맹자는 '하우는 물에 빠진 백성이 있으면 자신이 치수(治水)를 잘못하여 그들을 빠지게 했다고 여겼으며, 후직은 굶주리는 사람이 있으면 스스로 일을 잘못하여 백성을 굶주리게 했다고 생각했다'는 것이다. 모두 백성의 입장에서 문제를 봤다는 것이다.

오래전에 읽었던 스티븐 코비의 『성공하는 사람들의 7가지 습관』이라는 책이 떠오른다. 어린 여자아이가 엄마와 함께 승객이 많은 지하철을 탔다. 아이는 지하철 안에서 줄곧 소리내어 울었다. 같이 탄 승객들은 짜증을 냈고, 왜 아이 엄마는 아이의 울음을 그치게 하지 않는가 하는 불만이 쌓였다. 아이가 너무 많이 울자 아이 엄마는 미안한 마음에 주변 승객들에게 '사실 제 아이가 심하게 아파서'라고 말했다. 승객들은 '그럴 수도 있겠구나, 얼마나 아프면 울겠는가' 하는 측은한 마음이 들었다. 상대방의 사정을 충분히 듣고 나면 패러다임이 바뀐다는 것이다.

환경운동가가 개발을 먼저 생각하고 개발론자가 환경을 먼저 생각할 수 있을까?

요즘은 그런 문제가 있기 때문에 전문가들 얘기를 한번 검증해보자. 그래서 보다 더 일반인들이 검증할 수 있는 '시민배심원제도'라든지 아니면 과학법정이라든지 이런 얘기가 같이 논의가 되고 있는 거 같아요. 제가 생각하기에는 아마 공동조사단이 결성이 돼서 나름대로 서로간의 논쟁과정을 거치면서 상당히 많은 부분들에 대해서 그 뭔가 새로운 방향을 찾고, 상대방에 대해 배운 측면도 많은 거 같아요. 이쪽에서 새만금을 반대하는 전문가들이 내놓은 여러가지 우려와 이런 것들이 투영이 돼가지고, 그 이후에 지속적으로 새만금 환경대책위원회를 만들어가지고 환경과 관련된 여러가지 것들을 관리하는 것도 결국 이런 반대의견이라든지 정보가 있었기 때문에 가능한 게 아닌가, 그런 생각을 좀 하는 겁니다. (김성조, 7면)

A대 김성조 교수는 새만금민관공동조사단에서 합의를 끌어내지는 못했지만 이런 숙의과정을 통해 긍정적인 효과를 얻었다고 본다. 만약 민관공동조사단이 꾸려지지 않았다면 새만금간척사업은 상당한 환경문제를 야기했을 것이다. 환경에 대한 반대측의 객관적이고 과학적인 우려를 받아들여 관리한 측면이 있다는 것이다.

숙의(熟議)는 깊이 생각하여 충분히 의논한다는 뜻이다. 그러니까 머리를 맞대고 논의한다는 얘기다. 이 과정은 민주주의의 대안으로도 활용되고 있다. 사회적 갈등이 증폭되면서 그간의 민주적인 제도나 형식의 한계를 극복하기 위해 고안된 것이다. 숙의민주주의(deliberative democracy)라고도 하는데 국가나 지방의 핵심정책에 대하여 국민들이 학습과 상호토론을 기초로 직접 참여하는 제도이다. 세계 여러나라가 이미 실행하고 있는데 합의회의, 공론조사, 시민배심원, 온라인 시민포럼 등이 있으며, 참여자들은 합리성과 형평성에 기초한 합의를 바탕으로 정책을 결정하고, 정책추진자들은 이를 통해 정당성을 확보하는 것이다.

독일은 30년간 방폐장 논의를 하고 있다, 우리는?

논의를 좀더 넓혀서 우리가 알고 있는 선진국들은 환경문제로 인한 갈등에서 숙의하는 과정을 어떻게 밟고 있을까? 선진국이라고 해서 환경문제나 갈등이 발생하지 않는 건 아니다. 우리보다 많으면 많았지 적지 않다. 과거의 경험과 교훈을 통해 그들은 숙의과정의 가치를 배웠고 이를 귀중히 여긴다. 숙의가 진행되기 위해서는 이해 당사자들이나 관련자들의 깊이 있는 대화가 필요하고 그러기 위해서는 충분한 시간이 필수이다. 독일의 '폐기물 영구처분장 선정을 위한 위원회(AkEnd: Arbeitskreis Endnagerstandort) 보고서'를 보면 과학자가 장소를 정하고 시추를 할 때도 주민투표를 하고, 정밀조사 들어가면 또 주민투표를 하는 등 주민들이 처분장을 받아들일 때까지 굉장히 긴 절차를 밟고 있다. 고준위방폐장 설치 문제로 대규모 시위가 발생하고 갈등이 심화되자 정부는 설치를 전면 중단했다. 그리고 이해 당사자와 전문가들로 구성된 프로그램을 가동한 것이다. '아켄트(AkEnd) 최종보고서'에는 사용후핵연료 처분 문제를 30년 기한으로 논의하고, 주민투표 등으로 결론을 내지 못하면 의회에서 정하도록 했다.

위험성이 높은 핵물질 처리에 심사숙고한다는 의미도 있지만, 정부와 지역주민의 갈등이 현존하기 때문에 이를 충분히 논의하고 검토하는 시간을 갖고자 하는 것이다. 우리로서는 상상할 수 없는 시간 동안 관련 내용을 공유한다. 핀란드에서는 세계에서 유일하게 고준위방폐장을 건설하고 있다. 원자력발전소를 둘러싼 큰 갈등이 없긴 하지만, 그렇다고 정부가 일방적으로 추진하지 않는다. 원자력발전소를 건설하기 시작한 해부터 폐기물 처리와 방폐장에 대한 사회적 고민을 시작했으니, 지금부터 무려 40년 전에 사회적 숙의과정이 시작된 것이다. 그렇게 오랫동안 충분한 대화와 정보 공개를 통해 주민들의 우려와 고민을 공유해왔기 때문에 세계에서 유일하게 고준위 방폐장 건설을 추진할 수 있는 것이다.

사업을 진행하려는 측에서는 많은 예산이 들어가고 시간은 축박하기 때문에 갈등 없이 사업이 추진되기를 바란다. 그러나 갈등이 발생하면 사업 자체에 막대한 영향을 주므로 결국에는 일이 원활하게 진행될 수 없다. 갈등 발생을 전제하고 엄밀하게 진단하여 충분히 숙의한다면, 갈등으로 인한 사회적 비용을 줄일 수 있기 때문에 오히려 사업자측에 유리하다. 그런데 우리사회는 이런 해결방법을 모색하지 않고 기피한다. 어떻게 하든 사업만 추진하거나 끝내면 된다는 관행과 의식이 여전히 남아 있다.

'과학'은 결코 만능이 아니다

환경갈등을 해결하는 데 과학적인 접근방법, 과학적으로 풀어가려는 자세 자체는 여전히 중요하다. 하지만 이를 전적으로 과학의 시각으로 보고 풀어가려는 것은 정답이 될 수 없다. 이제까지 환경갈등을 풀어가는 방식 자체가 전문가, 특히 과학기술자들의 전문지식을 바탕으로 한 대책을 무지한 대중들은 따르기만 하면 된다는 식이었다. 이런 방식은 이제 버려야 하는데도 정부는 여전히 문제를 객관화하여 과학적으로 해결하려는 태도를 고수하고 있다. 정부의 시각 자체가 협소할 뿐 아니라

편의적이라고 볼 수밖에 없다.

미래의 불확실성을 가지고 위험하다, 위험하지 않다, 결론 내는데 누가 그걸
장담해요. 결국은 주장이 있어야 하는 거죠. 왜? 미래에 관한 얘기니까. 내일
또 해는 동쪽에서 뜬다는 얘기하고는 차원이 다른 거죠. 검증되지 않은 예측
이기 때문에 (…) 사고가 나봐야 피해자를 보아야 검증이 되는 거죠. 그 어떤
안전성 논쟁도 1986년에 체르노빌 사고 같은, 한번 터지면 논쟁이 필요 없죠.
그건 위험한 거죠. 사실 상당히 비과학적이죠. 그것이 어떻게 보면 사회심리
학적인, 정치학적인 이슈죠. 그걸 다 기술적인 이슈로 설득해서 해결할 수 있
다고 생각하는 것이 초기의 방폐장 정책 추진 방식이죠.(이재영, 13면)

방폐장 안전성을 예로 들어보자. 정부는 방폐장의 안전성에 대한 여
러 과학적인 데이터를 국민에게 제공했다. 맞다, 안정성은 과학적으로
입증될 수 있다. 하지만 사회심리학적으로 보면 안전성에 관한 주민의식
은 반드시 과학의 문제는 아니다. 심리적인 문제이다. 왜 정부는 주민들
의 심리는 고민하지 않고 과학적으로만 이해시키려 드는 걸까? 손쉬워
서 그런 걸까? 실제로 원자력발전소 주위에 사는 주민들은 내심 두려워
한다. 아무리 발전소측에서 매달 '원전뉴스'를 통해 과학적 데이터를 제
공한다 하더라도 불안감을 떨쳐버릴 수 없다. 발전소 주위의 위압적인
담장을 걷어내고 발전소 직원들이 주민들 속에 들어와 함께 공동체를 이
룰 때 주민들은 마음을 연다. 과학만을 내세우고 심리적인 문제를 외면
하면 외면당한다. 정부측 입장, 즉 사업을 반대하는 측의 과학적 지식이
왜곡됐다거나 부족하다는 전제하에서 '만일 반대측이 정부측 정보를 이
해한다면 사업을 이해하고 찬성할 것'이라는 생각은 일방적인 소통관에
근거한 것이다.

더욱 두려운 것은, 해당 정보를 충분히 과학적으로 설명했음에도 계속 반대한다는 것은 반대를 위한 반대라고 보아 진지한 대화 상대자로 인정하지 않는다는 것이다. 문제를 서로 이해하고 노력하는 의사소통 과정에서(정부가 강조하는 "위에서 아래로"가 아닌) "아래에서 위로"의 의사결정을 찾아볼 수 없다는 것이다. 의사소통에서 성찰이 동반되지 않는다면, 환경을 둘러싼 갈등은 해결은 고사하고 논의 자체가 어려울 것이다.

소속감에 따라 갈립니다. (…) 딱 갈려요. 그래서 갈등관계를 조사하거나 쟁점을 조정하려면 찬성쪽, 반대쪽에서 추천하면 안됩니다. 그러면 중간에서 누구냐. 그것도 판단하기 어려울걸요. 그래서 갈등 문제를 해결하는 이해 당사자가 서로 동수를 추천해서 하부를 둔다(위원회 산하에 분야별 전문 그룹을 구성하는 것을 말한다). 이건 불가능하다고 봐야죠. (…) 전문가 자문 형태를 놓고 자문 결과를 가지고 토론에 참여하는 형태는 괜찮다. 그러나 위원회 참여해갖고 거기서 찬성 반대, 동그라미, 가위표 치는 건 난 바람직하지 않다.(이지훈, 9면)

이해 당사자간의 숙의도 중요하지만 입장이 정해진 상태에서는 논의가 진척될 수 없다는 것이다. 제3의 입장이나 순수한 과학자 내지는 전문가 입장에서 의견을 내는 것은 필요하지만 찬반입장으로는 정리가 안된다는 이야기다. 그러나 과연 누가 순수하게 학문적인 입장에서 문제에 접근할 수 있는가, 하는 점에서 이에 대한 반론도 만만치 않다.

경주에 있는 교수, 대학교만 해도 몇개고, 거기 총 있는 교수들만 해도 엄청날 거고, 쪽수로 치면, 그죠. 거기에 경실련이나 YMCA나 등등 이런 단체들.

이런 것들이 찍소리 못해요. 실제로 본게임 들어가기 전인데 8월달 그때에 모 교수가 관광객들을 대상으로 해서 설문조사를 했어요. 경주에 방폐장 들어오면 영향이 어떻게 미칠 것 같으냐. 관광학과 교수가. 관광객을 대상으로 교수가 나서서 직접 만나가지고 1500명이 넘게…… 발표를 못했어요. 왜? 경주에서 살아가기 위해서! 밥줄 떨어진다고.(장준호, 13면)

정치적 압력도 있고 용역관계도 있고 지역 여론도 고려해야 하는 상황에서 어떤 간 큰 전문가가 자신의 입장을 소신 있게 주장할 수 있겠느냐는 것이다. 결국 이 문제는 특정 전문가나 과학자가 소신을 갖고 있느냐 없느냐의 문제로 진단할 수만은 없을 것 같다. 진실을 추구하거나 소신껏 발언할 수 있는 사회적 풍토를 어떻게 조성할 수 있을까, 이런 점이 더욱 중요하다고 할 수 있다.

그들만 이해하는 '전문용어'로 말한다

소통하기 위해서는 언어가 같아야 한다. 너무나 당연한 말이지만 과학적 소통에서는 서로의 이해 수준이 다를 수밖에 없다. 전문지식을 갖고 있는 정부관리나 전문가들과 일반대중의 격차는 너무나 크다.

정보의 비대칭성이라는 용어가 있다. 어떤 사안의 이해 당사자가 갖고 있는 정보량이 지나치게 차이가 나는 것을 말한다. 미국에는 이런 말이 있다. 한 집안에 의사, 변호사, 자동차수리공 한명씩은 있어야 한다고. 의사나 변호사는 이해가 가는데, 자동차수리공은 왜일까? 땅이 넓은 미국에서 없어서는 안되는 것이 자동차이고, 고장날 때마다 정비소를 찾아가야 하는데 혹시 바가지를 쓸지도 모르니까 하는 말이다. 의료써비스, 법률써비스, 자동차수리써비스 모두 우리 생활에서 반드시 필요하다. 그런데 의사나 변호사, 자동차수리공 앞에서 우리는 한없이 작아진다. 왜? 나는 그들만큼 모르기 때문이다. 이렇게 정보의 비대칭성이 큰 분야에서는 한쪽이 잘 설명해주어야 한다. 의료분쟁 소송에서 흔히 나타나는 고지의무가 이에 해당한다.

굴업도나 안면도 그리고 위도에 방폐장을 설치하는 과정에서 정부는 지역주민들에게 방폐장의 안전성에 대하여 설명하게 된다. 정부가 제공하는 정보의 진실성 여부를 떠나, 지역주민들의 이해도를 고려한다면 일반인이 이해할 수 있는 쉬운 용어로 설명해야 한다. 지역주민이 설명을 들을 의무가 있는 게 아니라, 정부가 설명하고 고지해야 할 의무가 있는 게 아니겠는가.

지역주민의 한결같은 불만은 항상 전문가들이 전문용어를 쓰는 통에 무슨 소린지 모르겠다는 것이다. 그렇다보니 설명은 항상 '외국의 예를 보세요, 안전합니다, 책임집니다' 이런 식이라는 것이다. 그러니 지역주민은 자신들과 눈높이를 못 맞추는, 아니 안 맞추는 정부를 불신할 수밖에 없다.

이것은 기본적인 공공관계, 즉 공중과의 관계를 유리하게 이끌어나가기 위해 수행하는 일체의 활동 또는 기술의 문제이다.

부안 방폐장을 취재한 기자는 다음과 같이 설명했다.

그래서 제가 그분들한테 방법론적인 차원에서 그랬어요. 여러분들이 정말 정책적으로 옳다면 주민들과, 아니 일반 국민들과 커뮤니케이션이 필요하다. 그런 것에 대한 전문가들이 필요하다. 과학자들이 앉아서 연구할 게 아니라 국민과의 소통에 힘써야 한다. 전문적 과학 분야는 대중화가 안되었다면 전문가로서 책임의식을 느끼고. 자기네들은 수용성이라고 하더라고요. 원자력에 대한 우리나라의 수용성이 낮다고 하는데 같은 이야기죠. 우리 용어가 그쪽 용어와 다른데, 그렇다면 과학이 대중들에게 가까이 다가가는 노력을

해야 하는데, 부안 같은 경우는 과학자들이 과학자 용어로만 얘기를 하거든
요. 과학을 전문용어로만 자기들끼리만 커뮤니케이션을 하면서 일반대중들
은 자신들이 보기에 답답하다는 거예요. 왜 부안주민들이 그러는지 답답하
다. 여러분들이 답답하듯이 주민들도 답답할 것이라고 그랬죠.(김명호, 20면)

답답하다고 하면 다행이다. 어려운 내용을 주민에게 제대로 이해시키
지는 않고 "모르면서 왜 떠들어"라고 얘기하는 것은 얼마나 무책임한가.

결정은 이미 다 내려놓고 의논하자고 한다

의사결정과정은 하향식이 아니라 상향식이어야 한다고들 한다. 일리
있는 말이지만 모든 일에 이 원칙이 다 적용되는 건 아닐 것이다. 어떤
경우에는 하향식일 수밖에 없을지도 모른다. 중요한 것은 의사소통의 구
조가 상하로 뚫려 있느냐이다. 의사소통구조가 막혀 있다면 원인은 무엇
일까? 누가 막아놓았을까? 정부가 막기도 하고 국민이 막기도 한다. 문
제는 서로 신뢰하느냐이다. 정부가 제시하는 정보의 핵심은 품격인데,
앞선 정보와 내용이 품격을 보장한다. 정부가 국민에게 가능한 한 빨리
정보를 제공해야 국민도 미리미리 생각한다. 다 결정하고 나서 제공하는
정보는 통고나 다름이 없다. 정보제공의 시기나 내용뿐 아니라 국민들
사이에서 피드백된 정보가 어떻게 처리되는지 또한 중요하다. 국민들은
자신들의 의견이 의사결정 시스템 내에서 어떻게 합리적으로 처리됐는
지 지켜본다. 이 두가지 기준을 만족할 경우, 의견수렴이 실질적이냐 형
식적이냐를 판단하고, 만일 형식적이라고 생각하면 스스로 소통의 문을
닫는다.

방폐장은 소통의 부재를 극명히 보여준 사례이다. 1986년 원자력법[2]
개정으로 방사성폐기물 관리에 관한 법적 기반을 마련하면서 시작되었

던 방폐장 부지 선정은 무려 17년이라는 세월이 소요된 것이다. 이렇게 길어진 가장 큰 이유는 핵에 대한 정부의 이중적 태도 때문이라고 볼 수 있을 것이다. 핵 자체가 원자력이라고도 불리고 핵이라고도 불린다. 다 아는 이야기지만 원자력이라고 할 때는 평화적인 사용을 의미하지만, 핵이라고 할 때는 군사적으로 전용될 개연성을 인정한다고 볼 수 있다. 소위 핵주권을 염두에 둔 과거 정부는 방폐장을 다른 목적으로 이용할 심산이었다는 것이다. 최근 북한 영변 핵시설을 통해 잘 알려진 것처럼, 정부는 핵물질을 재처리해 언제라도 핵무기를 개발할 수 있는 능력을 갖고자 했다. 그런 차원에서 방폐장을 종합 핵시설센터로 만들려 했던 게 사실이다.[3]

안면도가 대표적인 예일 것이다. 그러다보니 사업 자체를 보안에 붙이고 국익을 이유로 주민과의 소통은 부차적인 문제로 치부했다. 이렇게 시작한 사업이니 처음부터 불신의 싹이 움트고 있었다.

> 예전에는 원자력사업 자체가 상당히 극비에 해당되는 상황이 많았어요. 그러다보니 초기부터 참여하신 분들은 관행적 습관적으로 그게 몸에 배어버린 것이지요. 지금 우리가 보는 입장에서는 왜 그걸 숨기느냐, 오픈하면 되는데 그렇게 생각을 하지만, 그분들은 숨기는 것이 아니라 그냥 이때까지 해왔던 대로 하는 것뿐이거든요. 그러니깐 시대가 굉장히 많이 변하고, 이런 것들에 대해서 너무 전문 분야에 몰두하고 있었기 때문에 사실 적응을 못한 것 같아요. 시대 흐름에 적응을 못하신 것이죠.(한영진, 6면)

방폐장설치사업의 상식적 절차는 안전성을 위해 지질학적으로 안전한 곳을 찾고, 그다음에 지역주민들과의 대화에 나서는 것이다. 그런데 이미 불신이 쌓여 있다보니 정부에서 안전성 검사를 시작하면 의심을 한다. 정부를 믿지 못하는 주민들에게 아무리 조사차원에 불과하다고 이야기해도 씨가 먹히지 않는다. 막연한 불신은 아닐까?

> 그것을 막연한 불신이라 생각하지 마시구요. 정부가 이때까지 90퍼센트 정도는 그렇게 사업을 해왔기 때문에 그건 막연한 불신이라고만 생각할 수 없는 거죠. 그게 확신 있는 불신이죠.(권영만, 10면)

정부 관계자는 이렇게 이야기한다.

> 그래서 정부가 방법을 바꿔서 신청을 받아서 한다고 했어요. 신청해라, 신청하면 지질조사한다 그랬더니, 이제는 정부가 무책임하다. 그 땅이 어떤 땅인지도 모르고 군수가 가서 신청한다고 무조건 하겠다고 하는 것은 국민들의 안전성을 무시하는 것이다. 시민단체는 양날의 칼을 가지고 있어요. 선안전성 검사를 할 때는 주민수용성이란 칼을 쥐고, 선수용성을 하면은 안전성이란 칼을 들이댄다고요. 물론 그런 의도는 아니었겠지만.(박흥식, 6면)

아무리 그래도 정부사업을 추진할 때는 절차와 순서가 있다. 지질학적 안전성 위주로 후보지를 결정하고 그 이후에 주민들의 의사를 묻는 것이다. 주민의 의사를 묻는 과정에서 지역개발 프로그램을 논의할 수 있다. 그럼에도 불구하고 지역주민이 원치 않는다면 다른 후보지를 찾아야 한다. 앞에서 살펴보았듯이 독일 등도 그런 과정을 밟고 있다. 하지만 그 과정을 되풀이하더라도, 실패한다 하더라도 정부는 신뢰성을 얻는 것이다. 최소한 국민이 정부를 불신하지는 않는다. 방폐장을 가능한 한 신속히 건설하는 게 목표라면 오히려 그 과정을 천천히 진행해야 했다. 방폐장사업을 통해 우리사회가 얻을 수 있었던 가장 귀중한 가치는 민주주의의 원칙을 지켜서 향후 국민의 신뢰를 얻는 것이었다.

절차적 민주주의에 대한 비판은, 정보를 공개하지 않고 의사결정 역시 밀실에서 진행되기 때문에 생긴다. 즉 불투명성에 대한 의구심이 가장 크다. 사회가 민주화됨에 따라 국민들의 권익의식이 강화되면서 정부에서 결론을 내려놓고 주민들을 설득하려고 한다, 또는 정부가 형식적으로 대화를 한다는 불만이 잠재해 있는 것이다. 참여란 의사 형성 단계부터 결정을 내리는 전 과정을 함께하는 것인데, 실제로는 다 결정한 상태에서 주민들을 형식적으로 설득하는 것으로 이해하다보니 소통이 될 리가 없다.

정치적 계산이 개입하면 합리적으로 논쟁할 수 없다

새만금사업은 대통령선거에 나선 당시 노태우 후보가 전주 유세에서 선거공약으로 내놓아 세상에 나왔다. 현장에 있었던 김명호 기자는 시위대 때문에 노태우 후보가 모 호텔에서 기자회견을 하면서 발표한 것으로 기억하고 있었다. 물론 그 전에 새만금간척사업과 유사한 사례는 1971년 옥서지구 농업개발사업계획을 들 수 있다. 그러나 이는 초기의 여러 계획 중 하나로 구체적인 검증을 거친 것은 아니었다. 새만금사업은 정치인이 집권공약으로 내세워 차후 실현할 것을 약속함으로써 등장한 것이다. 전북도민들의 인터뷰에서 새만금의 문제가 무엇이냐는 질문에 대한 반응은 무엇보다 환경단체나 소통에 무심한 행정부에 대한 원망이 아닌 정치인에 대한 극도의 반발이었다.

표 대통령과 대통령후보의 새만금간척사업 주요 발언

시기	주요 발언
1987년 11월~12월	대통령선거 공약 : 국토균형개발의 일환으로 전라북도민에게 서해안 시대 도래 약속.
1987년 12월	노태우 대통령 후보, 새만금사업 완공 약속.
1991년 7월	김대중 평민당 총재, 노태우 대통령에게 새만금사업 적극 추진 요청.
1995년 2월	김영삼 대통령, 새만금사업 현장을 방문하여 산업 거점기지로 개발 지시.
1997년 11월	제15대 대통령선거를 앞두고 김대중 대통령 후보, 새만금 내부개발 특별법 제정 및 제4차 국토계획 반영을 통해 새만금 지역을 아태환황해권의 생산·교역·물류 전진기지로 개발할 것을 공약.
	이인제 후보, 새만금특별법 제정 및 새만금 지역을 복합기능을 갖춘 신산업지대로 개발할 것을 공약.
	이회창 후보, 새만금 신항만 건설, 방조제 조기 완공, 복합개발 등 새만금 관련 공약 발표.
2002년	노무현 민주당 대통령후보 경선자, 새만금 확실히 밀고 나가겠다고 발언.
2003년 2월	노무현 대통령, 새만금간척은 하되 산업단지로의 용도변경 모색을 지시.

■ 자료 정회성·이창훈·김명미『환경갈등 현황 및 정책과제』, 한국여성개발원 2005, 241면.

새만금간척사업은 1987년 이후 대통령선거와 국회의원선거에서 빠짐없이 등장했다. 모두 "전라북도의 발전에 도움이 되는 방향"이라는 명목으로 산업단지나 도시, 관광단지 등이 들어서는 '종합개발'을 공약으로 내세운 것이다. 특히 정치권력의 정점인 대통령이나 대통령후보의 발언은 사업의 향방을 좌우할 수 있을 정도로 막강한 힘을 발휘할 때가 많다.[4] 노무현 전 대통령은 해수부장관 시절에 전북도민이 바란다 해도 국민에게 해가 된다면 새만금사업은 재고해야 한다[5]고 했다.[6] 그러나 대통령선거 때와 대통령이 되고 나서는 새만금사업 추진을 약속하는 등 입장을 바꾼다.

새만금문제는 낙후된 전북의 지역민이 가지고 있는 잘살고 싶은 욕구, 그 당연한 욕구에 정치인들이 지나친 환상을 심어준 것이 문제입니다. 새만금을 통해서 뭔가 잘살 수 있다는 그런 마음을 정치적인 담보(목적)로 사용(이용)하는 것이지요. 그러니까 새만금의 처음 시작이 이런 정치적인 동기에서 심하게 말하면 정치적 이용이거든요. 전라북도가 소외된 지역이니 노태우가 대선에서 전북 표 얻어보려는 속셈으로 새만금 개발론을 갖고 나온 거잖아요. 이런 부분들이 정치적으로 계속 이용된 거지요. 정부가 정말 이런 일을 하려고 할 때는 면밀하게 입안하고, 지역주민의 의견을 듣고 해야 하는데, 그냥 몇명의 정치인과 행정부 사람들이 입안을 해가지고 던지는 식이잖아요.

(강은주, 3, 9면)

공장도 산업단지도 아닌 새만금사업을 전라북도에 준 것은 노태우 대통령의 지역 선심성 공약이라고 보는 사람이 많다. 노태우 대통령이 정치적 계산에 의해 처음 시작했고, 김대중 대통령 역시 사업에 문제가 많다는 감사원의 지적, 재경부가 예산을 삭감하는 등의 문제가 있었음에도 이를 밀고 나간 것도 정치적인 이유 때문이라는 것이다. 그러던 중에 환경단체의 문제제기로 어쩔 수 없이 민관공동조사단을 만들어 2년간 심사하는 등 우여곡절 끝에 사업이 계속된 것이다. 객관적인 사업타당성을 면밀히 판단해 진행한 것이 아니라 정치적으로 출발하여 정치적으로 진행했다는 것이다.

애초에 정치적인 동기에서 나온 새만금간척사업은 이제는 대통령뿐만 아니라 지역주민이 선출한 전북도지사, 국회의원, 지방의회 의원까지 빠뜨리지 않는 공약이 되었다. '새만금＝정치'라는 공식이 성립된 것이다. 누구 하나 이 사업에 이의를 제기할 수 없는 상황이 되었고 이를 정치인들은 철저히 이용했다는 것이다.

전(前) 전라북도지사 강현욱씨를 우리는 강만금이라고 불러요. 지금까지 강 도지사가 새만금 가지고 얼마나 많은 것들을 우려먹었어요? 그런데 이제 와서 그걸 포기한다는 것은 자기의 정치적 생명을 포기한다는 것과 마찬가지거든요. 그래서 강 도지사는 무조건 자기가 새만금으로 인해서 전라북도의 재앙이 오든 어떻든, 무조건 진행할 수밖에 없는 것이 강 지사의 정치적인 입장이었죠.(황민규, 8면)

전라북도에서 선거에 출마한 사람이, 새만금을 진지하게 다시 한번 생각해보자고 이야기한다면 당연히 낙선이다. 오히려 '새만금을 내가 반드시 한다'는 약속이 기본이고 여기에 더해 환상적인 것을 유치하겠다는 후보자는 대환영을 받는다. 그런 분위기에서 정치인들이 반대할 수는 없었을 것이다. 그런데도 지역의원 중 유일한 반대자가 있었다고 한다. 당시 부안군 의원이었던 고영조씨다. 그는 새만금 반대를 선거공약으로 내걸었다가 바로 낙선하고 말았다.

2006년 지방자치선거에서 새만금은 여전히 전라북도의 뜨거운 쟁점이었다. 쟁점은 쟁점이되 찬성과 반대가 있는 게 아니라 찬성만 있으니 좀 이상한 쟁점이다. 그야말로 새만금은 신격화된 상징물인 셈이다. 그렇다면 전북도민은 어떤 이유로 이 신화적 프레임에 갇힌 것일까? 도민들도 새만금이 전라북도 경제발전의 커다란 버팀목이 될 것이라고 생각한다. 그렇다면 전라북도에서는 새만금에 반대하거나 그 문제점을 인식하는 사람들은 전혀 없는 것일까? 필자가 다른 목적으로 전라북도에 있는 대학을 방문하여 학자들을 만나본 결과, 양식 있는 학자들로 이름이나 있는 분들은 새만금사업에 부정적이거나 문제의식을 갖고 있었다. 그렇다면 왜 이분들은 그런 얘기를 공공연히 하지 않을까? 그럴 분위기도 아닐뿐더러 용기도 나지 않는다는 것이다. 정치인, 지자체와 공무원들, 언론, 지역 관변단체의 여론몰이 앞에 적극 반대하거나 대응할 수 없다는 얘기다. 이렇듯 지역에서 획일화된 여론이 조성되어 도민들이 다른 의견을 전혀 접해보지 못했다는 점도 새만금사업 우상화에 한몫했다고 볼 수 있다.

경제적인 측면에서 살펴보면 전라북도에는 새만금사업 이외에 규모가 큰 다른 사업안이 제시되거나 거론되지 않았다. 2006년 기준으로 서울을 제외하고 전국의 국책사업과 그 비용을 산출하여 비교한 문건이 있어 흥미롭다. 이에 의하면, 전라남도 6개 사업에 104조원의 자금 유치, 제주도 29조 5000억원, 경기도 18조 8000억원, 대전과 충청남도 20조 3000억원, 부산시 21조 6000억원에 달하지만, 전라북도는 1991년에 유치한 새만금 3조 4000억원과 2005년에 유치한 무주의 태권도공원 1조 2000억원을 합해 총 4조 6000억원에 불과하다는 것이다.[7] 전라북도 지방자치단체의 무능력에 기인한 것인지, 중앙정부가 새만금만을 강조하는 전라북도에는 다른 국책사업을 주지 않는 것인지, 추측이야 할 수 있겠지만 그 원인을 알지 못하는 도민의 입장에서 볼 때 전북에는 새만금 이외에 다른 사업은 없다는 결론을 내릴 수밖에 없다. 새만금 말고 희망을 걸 만한 그 무엇이 없다는 것이다. 결국 순수하게 농지조성 목적으로 추진된 새만금사업은 전라북도를 구원하는 신화로, 메시아로 승격되어 집단 이데올로기를 낳고 만다.

이번 선거 때도 새만금을 어떻게 코디하느냐에 따라서 당락이 달라졌어요. 현 전라북도지사 김완주씨도 '10년 희망 전북 대포럼'이라고 토론회가 열렸는데, 그 자리에서 '실질적으로 새만금이라는 것이 전북을 발전시킬 것도 아

새만금을 반대한 것도 아닌데 이런 결과가 나오자 놀란 김완주씨는
이후 선거공약으로 '완주에서 새만금까지' 자기부상열차를 놓겠다고 발
표했다. 실현 가능성은 아예 고민거리조차 안된다. 그냥 새만금에 무엇
을 하겠다고만 하면 되는 것이다. 그런데 자기부상열차를 놓으려면 1킬
로미터에 4000억원이 들어간다고 한다. 새만금 자기부상열차를 건설하
는데 대략 20조원의 예산이 필요하고 이 엄청난 예산을 어떻게 확보할지
도 알 수 없다. 한마디로 가능성이 전혀 없는 사업인데도 도민들은 마냥
환영한다. 돈을 마련할 방법과 자기부상열차의 타당성 검토는 전혀 의미
가 없다는 얘기일까. 강현욱 도지사가 수백억원을 투자해서 골프장을 새
만금에 짓겠다고 하니까 전라북도는 축제 분위기였다고 한다. 정치인들
은 오로지 표를 얻기 위해 새만금에 오색찬란한 색깔을 칠하기만 하면
되는 것이다.

새만금사업 반대는 고사하고 약간이나마 다른 의견이 제시되면 여지
없이 언론의 집중포화를 맞는 경우도 있다고 한다. 이 지역의 17대 국회
의원은 전북대학교 초청 강연회에서 새만금 방조제를 완성하지 말고 다
리를 놓아 해수를 유통시키고 관광지로 조성하는 방안, 정확히 말하면
그런 아이디어를 얘기했는데, 다음날 지역신문 사설에 '즉각 사퇴하라'
는 글이 실렸다고 한다. 기존 새만금사업에서 한 줄이라도 벗어나는 주
장이나 의견을 내면 여지없이 비판의 도마 위에 놓여 혼쭐이 난다는 것
이다. 일종의 집단 이데올로기이다. 20여년 전에 정치적으로 시작한 새
만금은 오늘날까지도 철저히 정치적으로 이용되고 있다.

'객관적이고 순수한' 전문가라는 신화

지금 우리는 갈등이 해결되지 못하고 심화되는 여러 구조적인 문제를 이야기하고 있다. 인터뷰 중 많은 이들은 갈등을 해결해야 할 책임이 있는 집단이 제 역할을 하지 못하고 심지어는 문제를 악화시키고 있다고 질타했다. 그중 하나가 새만금이나 방폐장을 포함한 대형 국책사업의 본질을 가장 잘 이해하고 있는 각계의 전문가들에 대한 비판이었다. 중립적이고 객관적인 입장에서 사회에 고언을 하지 못한다는 것이다.

정부출연 연구소에서 일하고 있는 김경식 연구원은 당시 배경에 대해 이렇게 설명했다.

2000년인가, 2001년인가 그때쯤에 해양학회에서 회원들한테 새만금에 대한 설문조사를 했어요. 새만금에 대한 입장과 대안 등에 대해 설문조사를 통한 학회의 공식 의견을 표명하기로 했는데, 그 당시에 판단 자료의 수준이 민관 공동조사단 자료의 수준을 넘지를 못했어요. 그렇다보니 당시에는 원론적인, 개념적인 판단밖에 할 수 없어서 솔직히 저는 그 설문에 응하지 않았거든요. 판단할 수 있는 근거가 없었기 때문에. 아무튼 그 당시에도 관련 학계에서 움직임이 없지는 않았는데, 실질적인 문제는 새만금을 둘러싼 사회적 논란과 갈등이 워낙 크다보니 사실 내부의 어떤 앙금이랄까, 반발, 내부에서 분란이 일어나는 것도 걱정이 되고…… 이제 어느 정도 시간이 지나 차분히 이야기할 시간이 이제는 생긴 것이죠. 당시는 프레스센터에서 워크숍했던 2003년인가 2004년, 그때 한차례 외에는 그런 시도조차 조금 어려웠던 상황이거든요. 토론할 수 있는 장을 만들려고 했었는데 여하튼 여러가지 이유로 그런 것들이 쉽지 않은 상황이었습니다. (김경식, 6면)

김경식 연구원의 얘기를 들어보니 전문가로서 판단에 필요한 객관적

자료와 정보가 부족했고, 워낙 갈등이 격화되다보니 객관적으로 의견을 개진하기 어려웠던 듯하다. 사실 새만금이 사회의 모든 이슈를 압도할 당시에는 중립적인 입장에서 이야기하기가 불가능했는지도 모른다. 우리사회에는 간혹 흑백론에 근거하여 중간지대에 있는 사람은 회색분자처럼 여기는 성향이 있으니 말이다. 민간 환경연구소의 이재영 소장은 다른 각도에서 좀더 시니컬하게 전문가들이 제 역할을 하지 못하는 이유를 제시했다.

우리는 가끔씩 보면 전문가는 중립적이라는 환상을 갖고 있어요. 그런데 굉장히 상대적이잖아요. 갈등이 발생하고 있는 분쟁 자체가 내 밥그릇이 달려 있다면 중립성이 확보될 수 있겠어요? 예를 들어 새만금공동조사단에서 농촌공사, 농림부가 추천한 전문가들은 누구입니까? 전부 그것으로 밥 먹고 사는 농업경제학 전문가죠. 또, 반대하는 환경단체 쪽에서 추천한 전문가들 역시 환경으로 밥 먹고 살고, 생태로 밥 먹고 살고, 해양으로 밥 먹고 사는 전문가들이라는 거죠. 공동조사단에 참여한 사람뿐 아니라 밖에 있는 학자도 결과적으로는 자기 파이가 커지느냐 하는 것을 지켜보고 있다는 것이죠. 자신의 직업 이기주의와 관련이 있는데 거기에서 중립적이고 객관적인 입장이 어디 있습니까?(이재영, 6면)

학자는 명예와 존경을 받는다. 요즘 들어 교권이 떨어졌다고 해도 대학교수들은 어디 가서 명함 주고받을 때 박대는 안 받는다. 우리는 교수들이 최소한 학문적 진실과 공익을 위해서는 담대하고 공정한 자세를 취해주기를 바란다. 그것이 동서고금을 떠나 학자가 할 일이다. 그런데 학자가 자신의 분야에서 대외업무를 하다보면 전문가로서 일하게 되는 경우가 있다. 정부나 기업, 심지어 NGO 쪽에서 일을 하더라도 불러준 쪽의 입장을 무시하지 못한다. 무시하면 다신 부르지 않는다. 그래서 교수들 사이에서는 목적성이 다분한 연구용역은 일부러 하지 않는 분들이 많다. 이런 존경스러운 학자들도 흔들릴 때가 있다. 성품이 좋다보니 해당 분야 학회장으로 봉사해달라는 요청을 받아 학회를 운영할 때다.

한국학술진흥재단[8]에 공식 등록한 학회는 1500개가 넘으며 이중 40퍼센트에 달하는 660여 학회가 회원 300명 이하 소규모이다. 회원수가 1000명이 넘는 대형 학회도 200여개나 되지만 재정난에서 자유로운 학회는 그다지 많지 않다. 학회의 재정은 회비로 운영되지만 회원들이 이름만 올려놓거나 학회에서 독촉하지 않는 이상 회비를 내지 않는 경우가 많다. 필자도 부탁에 의해 이름만 걸어둔 학회가 둘 있고 꼬박꼬박 나가는 학회는 2~3개 있는데, 부끄럽지만 이중 회비를 내는 학회는 1~2개밖에 안된다. 필자 같은 회원이 있는 학회가 소규모 학회라면 재정난은 더욱 심해진다.

이렇게 열악한 학회 재정에서 1년에 3~4번 학술대회를 개최하고 그중 한번은 국제학술대회를 열자면 후원이 필수이다. 정부 후원기관인 한국학술진흥재단의 지원이 미흡하다보니 학회는 외부기관의 도움을 받아야만 한다. 외부기관도 1년 예산은 미리 짜놓고 있어 당장 지원해달라고 하면 자금이 한정되어 있어 여의치 않다. 그래서 많은 학회의 경우 차기 회장을 미리 뽑아놓는다. 업무의 연속성 등을 고려한다고 하지만 사실 차기회장을 미리 확정해놓아야 그가 미리미리 인맥을 넓혀 후원기관을 확보할 수 있기 때문이다. 사회공헌기금을 확보하고 있는 대기업에 후원을 요구하자면 그동안 대기업 눈 밖에 난 학회장들은 곤혹스럽다. 학회를 위해 지원을 받자니 앞으로 학회장 그만두고 글 쓸 생각 말아야 한다.

그나마 공정성을 확보하자면 정부 유관기관에 후원을 요청해야 한다.

환경 관련 학회는 환경부나 환경정책평가연구원 등의 후원을 받는다. 그러다보니 정부가 발주하는 연구용역을 맡아서 그 일부를 학회 기금으로 사용하는 것이 관행이다. 환경 관련 학회는 그나마 낫지만, 예를 들어 건교부의 연구용역을 맡으면 토건사업의 합리성을 인정하는 방향으로 연구가 진행된다. 이러하니 학회가 순수한 중립성을 갖기 어렵다.

민간 환경연구소의 김중기 박사는 학회를 비판하며 나름의 대안을 제시한다.

> 학회라고 하면 최소한 사회적 논란이 있는 이슈에 대해 전문가 의견을 제시하는 공정한 역할을 해줬으면 좋겠는데, 우리나라 학회는 대사회적인 발언을 거의 안해요. 그 이유는 자기들이 이익집단과 관련이 있기 때문에 그렇습니다. 수자원학회 그러면 당연히 수자원공사의 지원을 받고 있고 그 회원들이 다 수자원공사 프로젝트 해본 사람들이죠. 환경 관련 학회는 그 회원들이 환경부 연구비를 받다보니 환경정책에 대해선 입도 뻥긋 안하고. 그래서 내 생각에는 정부의 지원을 안 받는 씽크탱크가 만들어져야 돼요. 정부의 지원을 안 받는 미국의 무슨무슨 재단과 같은 것이죠. 삼성에서 지난번에 사회에 8000억을 냈어요. 그런데 교육인적자원부가 그것을 다 교육 차원에서 쓰겠다고 가져갔어요. 난 그때 우리사회에서 대통령이나 누가 결정을 해가지고 이것은 공익 목적에 쓴다라고 밝혔으면 했어요. 공익. 그 돈으로 대학에서 장학금 뿌리고 연구비 대고 하는 그런 시대는 지났어요. (김중기, 13면)

필자의 까칠한 성격 때문인지 김중기 박사의 말도 결국 연구소를 운영하는 본인의 입장과는 무관하지 않은 듯했다. 공익 분야에 쓴다고 다가 아니다. 이후 재정을 사용하는 문제, 이 기금으로 삼성을 비판하는 활동을 할 수 있느냐 하는 문제 등이 여전히 남아 있다.

말도 많고 탈도 많은 관료주의

막스 베버에 따르면 관료주의란 성문화된 법규에 의해 합법적으로 임명된 공직자와 하위 관료의 위계적 관계를 말한다. 관료주의적 관직관계는 권리와 의무의 배분에 관한 규정이 있고, 계약에 의해 임용, 승진, 보수, 훈련 등에 관한 조건이 결정되며, 공과 사의 엄격한 분별을 지키는 등의 내부 씨스템이 작동된다. 관료주의의 긍정적 측면은 업무처리의 능률성, 공평무사한 원칙에 따른 합리성, 임용과 보수에서의 능력주의, 통제력의 집중과 위계적 질서에 의한 능률성 등을 들 수 있다. 그러나 우리는 흔히 관료주의를 말할 때 베버가 이론적·기술적 용어로 사용한 것과는 달리, 부정적 측면에서 행정조직이나 사회조직에서 나타나는 기능적 장애를 비판한다. 관료주의의 폐단으로 많이 지적되는 것은 조직이기주의, 비능률성, 보수주의, 책임전가, 비밀주의, 파벌주의 등이다.

조직이 확대되고 나아가 비대해질수록 조직의 목적 달성보다는 조직 내부의 질서유지를 더 중요시하게 된다. 특히 행정부가 관료주의에 길들여진 경우 행정써비스의 최종 고객인 국민보다는 조직 자체에 충성하는 경향이 크게 나타난다. 파킨슨의 법칙(Parkinson's Law)이라는 것이 있다. 1950년대 영국의 역사학자 파킨슨 시릴 노스코트(Parkinson C. Northcote)의 이론으로, 공무원 조직은 업무량에 관계없이 스스로 증식하는 경향이 있다는 것이다. 예컨대 1914~28년에 영국 해군의 함정수는 64퍼센트 줄고 수병 숫자는 31퍼센트 줄었는데도 해군본부의 관리자수는 오히려 78퍼센트가 늘어났다고 한다. 파킨슨의 법칙은 '공무원들은 자신의 이익을 위해 일부러 일을 만들어낸다' '공무원들은 세금이 걷히는 한 계속해서 자리를 늘리려 한다' '예산심의에 필요한 시간은 예산액에 반비례한다'는 행정관료주의의 맹점을 꼬집었다.

필자가 몇차례 정부의 용역사업에 참여한 경험을 돌이켜보면 행정부는 법을 만들기를 좋아한다. 사실 필자는 법률가임에도 법률을 새로 만드는 것이 탐탁지 않다. 법이 많으면 많을수록 법률의 적용자인 국민들은 혼란에 빠진다. 반드시 필요한 법률이라면 수십개라도 만들어야겠지만, 기존 법률을 다소 수정함으로써 추구하는 목적을 달성할 수 있는 경우가 많다. 그럼에도 매년 수십, 수백건의 법률안이 만들어지고, 그중 입법부와 코드가 맞아 매 국회 회기 마지막 날 법률이 양산되는 이유는 법률의 수요자인 국민보다는 그것을 운용하는 행정부의 이해관계 때문이다. 새 법이 만들어지면 행정부의 일이 늘어 해당 조직에 필요한 인적·물적 지원이 필요해진다. 일도 증가하지만 권한도 커진다. 인허가권이나 재량권이 많이 부여되는 경우 담당 공무원은 어깨에 힘이 들어간다. 간혹 어떤 법률로 해당 부서가 관리감독하는 협회나 심지어는 공공법인을 만들기도 한다. 그렇게 만들어진 단체는 공무원들의 은퇴 후 안식처가 된다.

우리나라에서는 성공한 정책으로 훈장을 받고 특별 승진하는 공무원이 많다. 그런데 실패한 정책으로 책임지고 물러나는 공무원은 있을까? 새만금이나 방폐장을 담당했던 공무원들은 사업 성공과 함께 영전했다. 물론 부안 방폐장을 담당했던 공무원은 어느 정도 견책은 받았겠지만, 확실히 책임지는 사람은 못 보았다. 조직내의 온정주의도 있겠지만 명백히 책임을 추궁할 만한 상황이 안되었던 것도 한 이유일 것이다. 책임을 밝히려면 정책을 입안하고 시행하는 단계의 투명성을 높여야 한다. 정부에서 누군가 공공의 이익을 위해, 투명성을 높이기 위해 어떤 사실을 밝혔다고 하자. 그 순간 그는 내부고발자가 된다. 홍인철 전 국회의원은 행정정책의 익명성과 그로 인한 불투명성이 아무도 책임지지 않는 구조를 만든다고 말한다.

대형 국가정책은 입안자들을 실명으로 해서 누가 입안했고 그후 어떻게 이어지고 마무리되었는지 책임자가 명확해야 합니다. 그런데 보통 국책사업은 1년, 2년마다 계속 담당자가 바뀌어요. 한탄강 같은 경우도…… 그런 과정들을 보고 실명제가 필요하다고 느꼈어요. 그래서 제가 국회에서 제안했습니다. 500억원 이상의 국책사업은 정책기획 입안자, 다시 말하면 그 예산을 신청한 공무원을 실명으로 해야 한다고 말입니다. 그런 것이 되지 않으면 관료들은 익명성에 숨어버려요. 나중에 민원인이 물어보면 '담당자가 바뀌었는데요' 하는 소리만 나오지요. 그래서 정책실명제를 도입해서, 해당 공무원이 다른 부서로 갈지라도 자기가 제안한 것에 대해서 끊임없이 책임감과 부담감을 가질 수 있게 하는 것이 필요하다는 차원에서 기획예산처장관한테 정책실명제 도입을 요구했어요. 당시에는 적극적으로 검토하겠다고 했지만 아직까지 검토를 안 한 것으로 알고 있어요. (홍인철, 8면)

관료들은 익명성 뒤에서 책임은 안 지려 하지만 자신의 부서에서 성과를 거두려고 노력하기도 한다. 열심히 하려는 것은 바람직하다. 그런데 때로는 성과주의에 급급해 장기적으로 접근하기보다는 단시간내에 끝을 보려 한다. 방폐장 사건에서도 그러한 경우가 많이 나타났다. 방폐장 부지를 선정할 때는 지질학적, 환경적 안전성 등을 고려해 후보지를 선정하고 절차에 맞춰 진행해야 한다. 또 지역개발을 할 때도 해양문화나 여러 주변문화들을 사회적으로 분석해야 한다. 그런데 다들 시간에 쫓겨 빨리빨리 처리해버린다. 물론 방사능폐기물의 수요공급에 따라 시급하게 처리해야 했다고 변명할지도 모르지만, 정부의 독려도 있었을 테고 자신의 임기내에 끝내려는 욕심도 작용했을 것이다.

서울에서 공무원생활을 하다가 2~3년 전 지방으로 옮겨간 공무원은, 중앙정부와 마찬가지로 지방정부도 관료주의가 극심하고, 이 점이 지역

개발사업과 관련하여 갈등을 심화시키는 데 일정한 역할을 해왔다고 한다.

> 중앙 행정관료조직이 있고 지방 행정관료조직이 많이 다르다고 봅니다. 지방행정조직 같은 경우는 지방자치제가 되기 전만 해도 중앙정부에서 하달된 사무만 처리하던 말단조직 비슷해서, 수직적이고 하향적인 의사전달에 익숙한 조직이었죠. 그런데 민선 자치제가 되다보니 인사권을 가진 지방 군수의 의사가 바로 전달되는 시스템 속에서 서기형 공무원을 만들어버린 것입니다. 지금 시대는 지방자치단체에서 요구되는 정책이나 행정이라는 것이 서기형이 아니라 소위 참여유발형, 그러니까 지역주민 참여를 이끌어내는, 주민들과 같이 소통해서 의사결정을 하는 시스템이어야 하는데 이런 것이 전혀 안되고 있는 상황이죠.(정철수, 15면)

그래도 중앙정부의 행정주의는 변화의 기미가 보이지만 지방정부의 행정주의는 여전히 해결될 조짐이 안 보인다는 것이다. 관료주의에서 벗어나 주민들의 참여를 활성화시키는 데 공무원의 역할이 큰데도 기존 상명하달체제에서 업무를 처리한다. 심지어 자신의 업무와 무관하더라도 상부지시로 동원되어 주민들과 갈등을 빚는다는 것이다. 실제로 경주 방폐장 사건 현장에서도 반대하는 사람들은 왜 공무원이 자기 일 안하고 군수가 시키는 일을 홍보하러 다니느냐고 말이 많았다고 한다.

> 공무원이 일은 안하고 군수 이야기만 전달하러 다니니 우리는 관조직이 개입해서 밀어붙여 문제가 더 커진다고 보는 것이지요. 찬성하는 주민들은 관에 붙어 있는 기생적인 존재로 보게 돼서 주민들 사이에서도 갈등이 일어나요. 사실 주민들간의 갈등은 주민들의 의견대립만 있을 때에는 그렇게까지 심해

지지 않고 합의점을 찾을 수 있는 가능성들도 있는데, 그게 관조직이 개입하면 이제 걷잡을 수 없게 되죠.(정철수, 15~16면)

우리나라뿐 아니라 다른 나라 역시 행정조직은 기본적으로 상하가 존재하는 위계적 조직문화가 자리 잡고 있다. 서구에서는 합리적 토론을 앞세운다고 하지만, 그 나라 토론문화가 발달하여 행정조직에서도 그렇게 논의될 뿐이지, 조직의 명운을 가르는 문제에서는 일사불란한 체제로 전환되어 행정의 합리화와 효율화를 최우선으로 한다. 우리나라의 행정조직 자체가 위계적이라고 불만을 갖기보다는 행정부와 국민의 관계가 원래 위계적인지를 따져볼 문제이다. 우리 주위에는 막연하게 행정은 주민보다 우위에 있다고 또는 그래야 한다고 생각하는 사람이 많다. 그러나 초등학생도 다 알다시피 행정은 주민에 봉사하는 것이지 행정공무원의 권위를 과시하는 수단이 아니다.

실질적으로 거기에서 발전소라든지 이쪽에서 돈을 내서 주민들에게 혜택을 주는데, 지역주민들이 왜 이리 우리를 거리감을 갖고 뭔가 자꾸 반대운동을 하고 수용성이 지역주민 내에서 지역공동체에서 왜 낮을까? (…) 실질적으로 지역주민들이 원자력발전소 직원들에 대해서 거리감을 가지고 있더라. 그렇게 한 이유는 지역주민들도 문제겠지만, 원자력발전소 직원들도 뭔가 좀 적극적인 노력이 부족했다. 원자력발전소 가보시면 아시겠지만, 일반 직원들은 따로 사택이 있어요. 이게 원자력발전소 처음 지을 때, 외국인 기술자들이 왔고 그 사람들을 위해 지은 건물인데. 그 이후로 그게 하나의 경계가 된 거죠. 지역주민들 따로, 이 사람들 따로. 굉장히 지역내에서 보게 되면…… 그 직원들 같은 경우에 엘리뜨적이고 이런 것들이 있기 때문에, 지역주민들하고 섞이지 못하는 거죠. 전 그걸 경험적 감정이란 용어를 써서 표현했는데. 기존의 정책은 편익을 많이 주는 정책이었는데, 그 정책뿐만 아니라, 지금 필요한 건 뭐냐면 지역주민들을 위해서 다가가는 거, 뭔가 좀 접촉을 하고 공동체 내에서 편입되는 것도 좀 필요하다……(김성조, 11면)

지역사회에서는 아직도 행정이 주민보다 우위에 있다고 한다. 특히 관주도 개발의 경우에 수도권이 아니라 주로 지방에서 많이 시행된다. 지역주민의 이해관계가 걸린 사업의 추진과정에서 소통이 안되다보니 주민들은 저항하고, 그 과정에서 서로 불신이 생기는 것이다.

지역이기주의를 생각해보자

새만금이나 방폐장을 포함한 지역사업에는 여러 이해관계가 얽혀 있어서 추진과정에서 자칫 지역이기주의로 흐를 개연성이 높다. 방폐장에 반대했던 부안주민에게 방폐장 반대운동을 타 지역에서 님비주의라 비난하는데 그걸 어떻게 생각하느냐고 물어봤다.

님비라고 욕을 하기 위해서는 정당한 프로세스를 다 밟고 나서 말해야 할 것 같아요. 투명하고 합리적인 프로세스가 진행되고 있으면 말 그대로 내 뒷마당이 아니라 내 앞마당도 뭐라 못해요. 저희는 정부가 저희에게 던지려는 방폐장이 안전한지 물어보는데, 정부는 이건 선물이다, 안전할 뿐 아니라 너희 지역의 발전에 도움이 된다고만 이야기하지요. 그래서 우리는 한번 열어보자는 것이지요. 정말 선물이 들었는지 폭탄이 들었는지 확인해야 될 것 아닙니까. 확인하려고 뚜껑을 여는 것이 님비주의라면 할 말 없지요.(이한우, 20면)

말을 부드럽게 했지만 이한우씨는 부안 방폐장 반대가 결코 님비주의가 아니라고 단호히 주장한다. 님비주의가 아니라 절차적 민주주의를 무시하는 정부에 대한 싸움이라는 것이다. 민주주의 문제라는 것이다.

님비주의. 가만히 생각해보자. 내가 살고 있는 뒷마당에 혐오시설이 들어오는 것 말이다. 나부터도 싫다. 만일 공익을 위해 참아야 한다면 충분한 설명과 보상이 있어야 한다. 그렇지 않고 다수를 위해 무조건 소수가 희생해야 한다는 논리는 폭력이나 다름없다. 우리는 가끔 사회적인 형평성은 생각하지 않고 지역이기주의라는 이름으로 지역민의 요구나 주장을 매도한다. 원자력발전소에서 나오는 전력은 모든 국민이 사용한다. 하지만 전력생산의 부산물인 방사능폐기물에 대한 위험성과 두려움은 방폐장 인근 주민만이 떠안는다. 순익은 분산되는 반면에 비용은 집중되는 불공평한 문제는 외면하고 지역이기주의라는 딱지를 붙여버린다. 과거에는 국책사업이고 공익을 위한 것이기 때문에 사익이 양보해야 하고 대를 위해 소가 희생해야 한다는 전체주의 논리가 먹혀들었다. 지역주민들에게 돈 몇푼 쥐여주면 끝났다. 그러나 이제는 세상이 달라져서 특별지원금으로 지역주민들이 느끼는 상대적 박탈감이나 위화감을 해소해주어야 하는 세상이다. 누군가는 가면 갈수록 사람들이 영악해져서 사회적 비용만 높아진다고 하는데, 이거야말로 이기주의적인 발상에서 나온 말이다.

형평성을 어떻게 적용할 수 있을까? 이익도 함께 고통도 함께 나누는 것이 형평성의 근간이 될 것이다. 예를 들어 발전소가 들어서는 지역주민들이 자신의 권익을 찾는 것은 이기주의고, 발전소 하나 없는 서울에서 부담은 전혀 지지 않은 채로 동일한 전기요금 내며 전기를 사용하는 것은 당연한 걸까? 만약 서울 근교에 원전이나 방폐장을 유치한다면 어떤 반응이 나올까? 정신 나간 정책, 미친짓이라고 매도할 것 같다. 그런데 부지가 적정하다면 안될 이유도 없지 않는가? 방폐장도 부지 적정성이나 안정성으로 판단해 유치한다. 단지 서울에는 많은 사람이 살고 있고 지역에는 소수의 사람만이 살고 있기 때문이라고 한다면 너무나 궁색한 논리가 아닌가. 서울에 가장 많은 사람들이 살고 전기도 제일 많이 쓰니까 환경정책의 원리인 '오염자 부담 원칙'을 적용하면 서울사람들의 책임이 크다고 할 수 있다. 비슷한 사례로 한강을 상수원으로 이용하는 시도별로 '물이용 부담금'을 내고 있는데 서울시민이 내는 돈이 가장 많다. 하물며 물 못지않은 공공재인 전기에 이런 형평성을 적용하지 않는다면 문제가 있다.

좀 극단적으로 표현해서 서울 한복판이나 인근에 방폐장을 유치하지 않고 외딴 지역에 짓는 이유는 무엇인가? 서울보다 훨씬 싸게 먹히기 때문이다. 그렇다면 그런 경제적 비용을 방폐장을 유치하는 지역에 분배하는 건 당연하다. 요즘은 상수원보호구역에 사는 주민들에게 보상하기 위한 물 부담금이 다소 올랐지만 과거에는 여긴 서울시민이 사용할 상수원이니 지역주민들은 개발을 자제하라는 취지로 일관했다. 전기요금도 마찬가지이다. 원자력발전소나 방폐장 인근 지역에는 킬로와트당 100원, 서울이나 대도시는 킬로와트당 500원으로 정해서 차별을 두면 안되는가? 우리는 시장주의를 지향한다. 모든 것이 시장에서 합리적으로 결정되어야 한다는 것이다. 모든 비용은 다 내부화되어 가격에 반영해야 진정한 시장주의가 통한다. 원자력발전소나 방폐장 지을 때 드는 사회적 비용 역시 가격에 반영되어야 한다. 서울이랑 영광, 울진 주민이 똑같은 전기요금을 내는 것도 어찌 보면 가격 왜곡일지도 모른다.

경제학에서 공공이익을 지향하면서 나타나는 부정적인 영향, 소위 외부효과(external effect)[9]를 사업계획 수립시에 고려해야 시장주의에 부합하는 것이라고 한다. 특히 오랫동안 지속되는 사업의 경우 사업에서 발생하는 이익과 외부의 비경제적 효과를 미래지향적 관점에서 '비교형량'을 해야 한다는 것이다. 환경이라는 공공재는 누구도 자기소유를 주장하지 않아 그 비용을 지불하지 않아도 된다. 그래서인지 우리나라에서는 환경을 파괴하는 일에 경제적인 부담을 지우는 데 인색하다. 자연에 빚진다고 생각하지 않더라도 자신이 원하는 전기를 얻기 위해 지역주민에게 끼치는 외부효과에 대해서는 비용을 부담해야 한다. 단지 다수의 이름으로 또는 공공이익이란 이름으로 다른 입장은 고려하지 않거나 가벼이 여기는 것이야말로 또다른 이기주의가 아니겠는가.

갈등이 폭발하다

응답하지 않으면 과격해진다

지난 80년대의 시위는 화염병과 최루탄으로 상징된다. 당시의 시위문화는 폭력적이라고 비난받았지만, 정상적인 소통구조가 없는 권위주의 체제에서 갈등의 표출을 강제로 억압했던 시절이니 시위대가 과격해질 수밖에 없는 측면이 있었다. 사회가 어느 정도 민주화되면서 화염병과 최루탄은 서서히 모습을 감추었다. 그러나 몇몇 시위에서는 화염병이 다시 등장했는데 부안에서 방폐장을 둘러싼 정부와의 극한 충돌에서도 마찬가지였다. 국민들은 신문이나 텔레비전에 나오는 시위현장에서 화염병 등 물리적 충돌을 보는 순간 그 시위를 부정적으로 판단한다. 폭력을 옹호하는 것은 아니지만, 왜 주민들이 과격한 모습을 보이는지를 차분하게 생각해볼 필요가 있다.

지역개발 프로젝트의 논의과정에서 소란스러운 장면은 정부의 설명회나 공청회 등에서 나타난다. H신문사 오상현 기자는 자신이 경험한 주민들의 과격성이 표출되는 두 시점을 얘기했는데, 설명회가 시작되기도 전에 주민들이 이를 막는 순간과 설명회가 끝나기 직전이라고 한다.

하여간 일반대중이라든가, 지역주민이라든가 이해 당사자들이 논쟁에 참여할 수 있는 기회가 거의 봉쇄가 됐고, 이 사람들이 참여할 수 있었던 것은 연구조사가 끝나고 정부가 그 결과를 가지고 상당히 통제에 들어갔을 때, 결과를 조작하고 이런 단계에서 아주 한시적인 걸로 대책위라든가, 토론회라든가, 공청회라든가 이런 거. 그래서 그렇게 너무 짧은 기간밖에 의사소통할 기회가 없었기 때문에 그 기회에 사람들이 얘기하기보다는 빨리 자기를 표현해야 되니까, 공청회에서 극단적으로 자기표현하고 하는 게 당연하다. 우리나라 공청회가, 흔히 한국 사람들 공청회하면 난장판이 된다. 이렇게 비난하는데, 저는 그게 우리나라 사람들 자질이 안돼서 그렇다기보다도, 그건 그 사람들 의견을 들을 기회가 없었기 때문에 그거 하고 나면 다시는 없고, 어떤 방식으로 자기를 표현하겠어요? 그런 의문밖에 없는 거예요. 단상에 집어던지고. 그렇게 본다면 새만금에서의 치명적인 문제는 바로 그런 이해 당사자의 의견을 수렴하는, 말하자면 합의되는 그런 방식이 없었다.(오상현, 7면)

설명회라는 것이 정부가 주민들에게 일방통행식으로 설명하고 주민들의 의견은 귓등으로 듣는 자리라는 것이다. 이미 연구조사가 끝났고 정부는 그저 결과를 가지고 대책위라든가, 토론회, 공청회 같은 자리에서 설명하다보니까 당위성과 주민보상 이야기만 한다. 그런데 주민들도 그동안 주변에서 들은 이야기도 많고 정보도 갖고 있다. 시작이 이렇다더라, 중간에 누가 어떻게 해서 바뀌었다더라, 그리고 앞으로도 이런저런 가능성이 있고 게다가 이장이 누구랑 만나서 무슨 이야기를 했다더라 등 상당한 정보를 갖고 있다. 주민들이 듣고 싶어 하는 것, 아니 바라는 것은 사업 내용에 대한 설명보다는 사업이 진행되어온 과정과 앞으로 어떻게 진행될지에 대한 얘기다. 그러니까 진실성과 투명성을 원하는 것이다.

　주민들은 정해진 자리에서 듣는 만큼 말하고 싶어 한다. 자신들이 어떻게 느끼는지, 어떤 두려움을 갖고 있는지, 무엇이 불편한지를 표현하고 싶어 한다. 그리고 정부가 이를 해소시켜주기를 바란다. 그러나 정해진 자리는 짧고 말하고 싶은 내용은 많다. 짧은 시간에 빨리 자기 의사를 표현해야 하니까 극단적이 된다. '의사소통할 기회가 흔치 않기 때문에 이 기회에 사람들은 가능한 방법을 모두 동원하여 자신이 느끼는 감정을 전달하고 싶은 것'이다. 지역민들이 정치적으로 훈련이 안돼서 그렇다고 이야기하는 것은 오만한 태도다. 평상시에 순조로운 의사소통구조가 자리 잡았고 그 틀 내에서 모든 주제를 얘기했다면 단상에 뭘 집어던지는 일은 없을 것이다.

　설명회 자리가 주민들의 반발로 아예 무산되는 일도 많다. 일단 이야기라도 해봤으면 하는데 주민들이 자리 자체를 막는다. 왜 그럴까? 해봤자 뻔하다는 것이다. 주민들은 그동안 진행되어온 상황을 나름대로 정치적으로 판단한다. 이것은 우리가 아무리 반대하고 대안을 내놓아도 원안대로 간다,라고 생각되면 할 수 있는 일은 무조건 반대밖에 없다. 사업의 배경에서 가장 중요한 역할을 하는 군수나 지역 국회의원과 만나고 싶어도 얌전하게 요청하면 만나주지 않는다고 생각한다. 일단 과격하게 나가야 들어준다는 것이다. 이처럼 면담 진행과정뿐 아니라 면담시에도 군수나 정치인이 뻔히 보이는 거짓말로 자신들을 무시한다고 느끼는 순간 이들의 감정은 폭발한다.

　부안방폐장 민관회의에서의 부안 대표의 말이 기억난다. 부안 사람들이 부안 방폐장 싸움에서 처음부터 폭력시위를 계획한 것은 아니라는 얘기다. 그런데 주민들이 그만큼 반대하면 정부나 군에서 무슨 해결책을 내놓아야지 시간만 질질 끌고 있으니까 주민들이 화가 나기 시작한다는 것이다. "자극까지 합니다. 한수원에서는 수만원이나 하는 주방세트를 무슨 견학을 다녀오면 주고, 주민들은 계속해서 불안한 것이죠. 같은 동네에 사는 사람끼리 얼굴 붉히는 경우도 생기고, 휴가철이 다가오는데 관광객을 유치할 준비도 할 수 없고요. 생계문제도 걸립니다. 화가 나죠." 정부는 문제가 발생하면 문제를 해결하기 위해 노력하기보다는 주민이 반대하는 사업을 그냥 추진하려고만 한다는 것이다. 이러면 감정이 쌓일 수밖에 없다.

초기에 거리행진을 하는데 전경은 가지 못하게 해서 대치하면서 약간의 실랑이가 벌어졌다고 한다. 이때까지만 해도 지도부는 신중했다고 한다. 보통 집회에서는 젊고 힘있는 사람들이 앞장서는데, 예상치 못한 충돌이 벌어질까봐 젊은 사람들을 아예 부안군 외곽으로 보내서 홍보활동을 하게 하고, 시위대열 앞에는 나이가 든 여성들을 배치했다. 행진을 하네 못하네 하다가 싸움이 일어나고, 시위대가 밀리자 각목을 들고 나옴으로써 폭력화되고 말았다는 것이다. 대체로 계획된 폭력시위는 요구 자체가 완전히 차단당하고 상대가 이를 인정하지 않을 때 발생한다. 부안에서 발생한 대표적인 폭력시위는 11월 19일에 발생했다. 당시 정황을 보면 정부와 부안주민들로 구성된 '부안지역 현안 해결을 위한 민관공동협의회'가 난항을 거듭한 끝에 회의 자체가 무산되고 만다. 문제가 해결될 것이라는 일말의 기대가 무너진 것이다. 더는 참을 수 없다는 분노가 전체 분위기를 지배하고 폭력시위가 계획된다. 야간시위에서는 가스통을 태울 정도로 격렬한 양상을 띠었고, 정규 뉴스에서는 불타는 부안군 거리 모습을 내보냈다. 다음은 대책위 간부의 말이다.

한번 보여주자는 것이었죠. 아무리 얘기해도 정부가 응답을 하지 않으니까 과격한 모습을 보여주자는 것이었죠. 생각을 해봅시다. 인구 7만 정도가 사는 지역에서 촛불 시위에 3만여명이 참여했죠. 주민들의 의사가 확연하게 확인된 것 아닙니까? 그런데도 부안군에 방폐장 건설 추진을 중단하지 않는 것은 주민들의 의견을 무시하겠다는 것이죠. 정부가 주민들의 의견을 무시하는데 주민들은 고분고분할 수만은 없었던 것이죠.

당시 부안의 시위 진행경과를 잠깐 살펴보자.

2003년 7월 22일, 대책위 주체로 '핵폐기장 백지화와 군수퇴진 결의대회'를 개최했다. 방폐장 백지화와 더불어 군수퇴진운동이 시작된 것이다. 1만여명이 참석하는 등 방폐장 반대 시위 이후 최대 규모였다. 이날 시위로 100여명의 주민들이 부상을 입고, 30여명이 입원했으며 경찰도 다수 부상을 입었다. 경찰의 과잉진압 논란이 벌어졌지만 책임 있는 기관의 조사는 없었다고 한다.[10]

대다수 부안주민들은 방폐장문제가 발생한 이후에도 이 정책이 실행될 것이라고는 생각하지 않았다고 한다. 그래서 초기에 적극적인 반대운동에 동참한 주민수는 적었다. 그러나 시위대와 전경의 대치가 장기화되면서 폭력사태가 빈발하고 경찰의 과잉진압 현장을 목격하면서 주민들이 더 가세했다고 한다. 특히 부상자가 주로 노인과 여성들이어서 경찰에 대한 분노가 극에 달할 수밖에 없었다는 것이다. 한 고등학생은 '자기 부모들이 맞고 있는데 그걸 보고 가만있는 자식이 어디 있느냐'고 항변했다고 한다.

청와대의 대응 또한 상황을 악화시켰다. 노무현 대통령은 부안주민의 시위를 불법으로 규정, 엄정 대처를 지시하고, 김종규 부안군수에게 직접 격려전화를 한 것이다. 경찰의 과잉진압 논란과 노무현 대통령의 발언은 부안주민들을 격분하게 했다. 집회는 더욱 조직적으로 이루어졌고, 젊은이들은 파이프 등으로 무장했다. 시위 형태도 다양해져 촛불시위에서부터 상경시위, 해상시위, 차량시위, 서해안고속도로 점거시위 등이 계속 진행되었다. 방폐장 반대집회가 매일 열리면서 경찰과 주민들의 감정은 더 악화되고 구속자와 부상자가 계속 늘었다.

이러한 상황에서 산자부는 부안 방폐장을 기정사실화하려 했다. 우선 2003년 8월 3일 "원전수거물(방사성폐기물)관리시설 부지 선정위원회 평가결과" 위도가 "원전수거물관리시설의 부지로 적합하다는 종합평가"를 받았다며 보도자료를 냈다. 그러나 부지선정위원회(위원장 장인순 한국원자력연구소장)의 평가는 매우 짧은 기간[11]에 조급하게 처리했다는 문제제기와 함께 부안주민을 자극하는 결과를 낳았다.

정부는 방폐장 건설의 시급함을 국민들에게 홍보하는 한편 부안주민들의 반대를 무력화하는 데 주력했다. 당시 윤진식 산자부장관은 2003년 9월 8일, '원전수거물 관리시설'의 필요성과 절차적 타당성에 대한 대국민홍보문을 발표하고, 이후에도 두차례 더 국민홍보문을 발표했다. 또한 부안에서 발생한 물리적 충돌에 대해 "불법 폭력시위에 대해서는 법과 원칙에 따른 대응"이 참여정부의 원칙이라고 밝히면서 강력 대응을 주문했다. "시위대 일부가 쇠파이프를 휘두르고 차량을 돌진시켜 경찰에게 부상을 입히는" 등 불법 폭력시위에 대한 치안질서유지 차원의 진압 대응이 불가피하다고 주장한다.

이 과정에서 2003년 9월 8일, 부안 내소사에서 김종규 군수 폭행사건이 발생하여 이 사건으로 주민 다수가 수배되거나 구속되었다.

2003년 10월 1일, 고건 국무총리와 부안 대책위 대표가 만나 대화기구 구성을 합의했지만 50일가량 서로 입장차이만을 확인했을 뿐이었다. 11월 17일 4차 회의에서 정부는 연내 주민투표 실시를 거부하여 대화는 중단되었다.

　11월 19일, 주민 63명, 경찰 28명이 부상당하는 격렬한 시위가 다시 발생했다. 이에 대한 정부의 대응은 매우 강경하여 총 75개 중대, 약 8000여명의 경찰력을 투입했다. 부안군 인구수를 고려할 때 주민 8명당 경찰 1명이 배치된 것이다. 이리하여 '제2의 광주' '계엄 상태'라는 말이 나왔고, 주민들은 관공서와 건물에 방화하는 등 더욱더 과격해졌다.[12]

　부안 방폐장사태로 인한 기소자는 총 157명이고 구속자는 43명이다. 단일 사건으로는 대단히 많은 사람들이 구속되거나 처벌받았다. 그런데 특이한 점이 있다. 이렇게 많은 사람들이 처벌받았고, 183일 동안 촛불집회가 계속되었으며, 수차례 폭력시위가 발생했지만 주민이나 경찰 모두 심각한 불상사는 일어나지 않았다는 것이다. 왜 그랬을까? 사실은 집회에 참여한 사람들을 지도부가 잘 통제해서 돌출 행동이 발생할 여지가 별로 없었다고 한다. 대책위가 주민들의 신뢰를 받고 있었고 지역이라는 특성상 학연이든 혈연이든 끈끈하게 연결되어 있어 상호 신뢰가 높았다는 점도 빼놓을 수 없다. 마을별 대책위가 사전 교감하여 당일 행동통일을 주문했고, 나이가 많은 어른들이 집회에 주로 참여했기 때문에 폭력에 대해서는 대단히 경계했다고 한다. 그러나 상황이 장기화되면서 어떤 일이 일어날지 알 수 없게 되었다.

　당시 대책위 간부는 방폐장문제가 장기화되고 표류하면서 폭력 등 예측을 불허하는 상황이 예상되어 이를 막기 위해서 주민투표를 실시했다고 설명한다. 주민투표를 통해 방폐장에 대한 주민의견을 확인하는 것이 근본 취지이지만 폭력적인 상황 발생을 방지하자는 의미도 있었다는 것이다. 주민투표 결과를 발표한 이후에도 촛불집회는 계속되었지만, 이후 폭력적인 상황은 현저히 줄어들었다.

삼보일배[13], 숭고한 헌신이냐, 극단의 선택이냐

새만금과 관련하여 일반시민들의 관심을 모은 사건은 뭐니뭐니해도 '새만금갯벌 생명평화연대'가 이끈 삼보일배였다. 삼보일배는 새만금 외에도 부안 방폐장사태에서도 나타나는데 이제는 항의시위의 하나로 자리 잡은 듯하다. 전북 부안의 해창 갯벌에서 서울까지 305킬로미터를 세번 걷고 한번 절하는 삼보일배는 시민들에게 새만금을 돌아보게 한 계기였을 뿐 아니라 많은 종교계와 시민단체들이 새만금사업 반대운동에 동참하는 계기가 되었다.

> 제가 여성운동을 하고 있기 때문에 새만금문제는 하면 안되는데 (사업인데) 왜 저걸 하고 있지 하는 정도였고 직접 참여하진 않았었거든요. 그런데 문규현 신부님을 어느 모임에서 만났는데 삼보일배를 하신다는 거야. 부안부터 서울까지. 내가 보니까 이건 죽는 거지, 이건 죽는 거라고 생각을 한 거야. 이 분들이 죽을 각오를 다 하신 거야. 그 순간에 내가 인제 이건 안되겠다 생각이 들었죠. 그때까지는 제3자로 있었는데 내가 가만있으면 안되지 않느냐 이런 책임감이 조금은 들기 시작한 거예요. 그래가지고 이제 틈 나는 대로 삼보일배도 가서 동참하고 하면서, 정말 이분들이 이렇게까지 새만금문제를 가지고 본인들의 목숨을 던지는데 그렇다면 정말 뭔가를 해야 하지 않겠느냐 그런 생각이 들면서…….(강은주, 2면)

삼보일배가 양측의 입장을 더 첨예하게 만들었다는 평가도 있다. 의도하지는 않았지만 새만금사업을 둘러싸고 상생의 길을 막았다는 평가 역시 받았다. 왜일까? 2003년 3월 28일 시작한 삼보일배는 5월 들어 참가자들의 탈진 등 극한 상황으로 이어져 삶과 죽음의 문제로 비화되었다. 5월 22일 과천 남태령을 넘어 서울로 입성하기 직전 수경 스님이 쓰러져 병원에 입원하는 사태가 발생하기도 했다.

문화일보의 5월 24일자 기사는 이렇게 전한다.

차가운 바닷바람을 맞으며 삼보일배 첫발을 내디딜 때만 해도 이들이 서울까지 가리라고 믿는 사람은 별로 없었다. 매일 5~6킬로미터에 이르는 거리를 8시간씩 절하며 300킬로미터를 가는 것은 60세가 되어가는 문 신부와 수경 스님에게 불가능한 일로 보였다. 5월에 접어들며 이상고온 현상으로 날씨가 더워지고, 아스팔트에서 뜨거운 열기를 뿜어내자 이들의 고행은 강도를 더해 갔다. 삼보일배하는 성직자의 체력은 바닥으로 떨어졌다. 특히 초기부터 무릎 관절에서 수건 하나가 흥건해지도록 물을 빼내가며 악전고투해온 수경 스님은 급기야 지난 21일 오후 극심한 두통과 탈수로 탈진해 의식을 잃고 병원으로 긴급 후송됐다. 그러나 그는 "오랜 삼보일배 고행으로, 근육세포가 죽어가고 있는 데다, 피로가 계속 누적될 경우 녹내장을 앓고 있는 눈을 자칫 실명할 위험도 있다"는 의료진의 경고와 우려에도 불구하고, 도망치듯이 병원을 빠져나와 이날 삼보일보단에 동참했다. 24일에는 휠체어마저 버렸다. 약 30년 전 불문에 든 뒤, 전국의 선원을 전전하며 오로지 화두 하나 타파하기 위해 '은산철벽'에 도전하던 그가, 새만금 갯벌의 생명을 살리기 위해 다시 자신의 생명을 건 것이다.

다시 강은주씨의 말이다.

그러니까 너무나 극단적인 방법. 사람들이 볼 때는 목숨까지 버리는 극단적인 방법이라고 생각하고…… 너무나 극단적으로 날을 세우다보니 이제 더이상 이 양쪽 사이를 중재하기 힘들 정도로 돼버린 거예요.(강은주, 2면)

삼보일배에 직접 주도하고 참여했던 분은, 예기치 않게 극단의 상황으로 치달았지만 원래 취지는 '죽음'이 아니라 '살림'이었음을 강조했다.

기본적인 취지는 그야말로 생명의 소중함, 자연에 대한 가치에 사회적인 인식을 확대하는 것이었어요. 세상이 너무 경제논리에 휩싸이다보니 돈만 된다고 하면 뭐든지 훼손하는 사회가 되는 것에 대한 불안감, 두려움. 기본적으로 종교인이니까 생명이라는 것에 대해 다시 한번 생각하자는 것이었지요. (손일환, 8면)

약 300킬로미터, 65일 동안 36만 걸음, 12만번의 절, 1600개의 구멍 난 장갑, 연인원 2만 5000명 참여, 하루 7킬로미터가량의 이동 기록을 남긴 2003년 삼보일배에 대해서 시민들은 무엇을 기억하고 어떻게 생각할까?

환경법 강의시간에 학생들에게 물었다. 20대 초중반 학생들은 대부분 "왜 저런 고생들을 할까?" "저렇게 힘든 고생을 할 만큼 새만금 갯벌이 중요한가?" 그리고 아무래도 법을 전공하는 학생들이다보니 "법원에서 해결할 수 있도록 차분히 기다리면 될 텐데" 하는 반응들이 가장 많았다. 어떤 학생은 삼보일배운동 자체는 언론에서 매일 중계를 해주었으나, 그 운동을 시작한 원인과 새만금사업 자체의 타당성에 대해서는 언론이 피상적인 보도만을 했다고 말했다.

새만금 삼보일배가 사회적으로 반향을 일으킨 이유 중 하나는 서로 다른 종교를 가진 분들이 함께 운동을 했다는 것이다. 언론보도를 통해 항상 로만 칼라의 가톨릭 사제복을 입은 신부와 스님만 보여서, 그리고 이분들을 중심으로 인터뷰를 해서 다른 분들의 존재를 모르는 분들도 있지만, 삼보일배운동에는 가톨릭의 문규현 신부님, 불교계의 수경 스님, 개신교의 이희운 목사님, 원불교의 김경일 교무님 등 네 분이 주축이 되어 4대 종단 종교인들이 함께한 운동이었다. 기존 종교계의 반목에 개탄하던 사회에 신선한 충격을 주기도 했지만 혹시 네 분이 아닌 종교단체에서의 갈등은 없었을까?

어떤 분들은 그러시더라고요. 새만금 이슈를 만들어서 생명평화에 대한 가치를 드러낸 것에 대해서 고맙다 하시는 분들도 있지만, 종교간에 연합해서 어떤 일들을 함께 해내기가 어려운데 어떻게 네개의 종단이 이 문제에 대해서 끈끈한 결속력을 가지고 운동을 해냈느냐. 그것이 오히려 가치가 있다고 이야기하시는 분들도 있어요. 근데 저는 새만금문제를 정치적으로 접근하고 이야기했다면 이렇게 결합을 못했겠죠. 그런데 종교인들의 기본적인 마인드는 이제, 우리가 이렇게 사는 것 자체가 세상의 소중한 생명가치에 대해서 그런 마인드를 가지고 사는 사람들이기 때문에, 그런 이유로. 그래도 말하자면 뭔 문제가 생기더라도 우리가 삼보일배하는데도 중간중간에 문제가 많아. 갈등도 있었고. 말하자면 예를 들면 개신교에서는 왜 들러리냐. 너는 죽었다 깨어나도 신부님과 스님 들러리밖에 안된다. 정치적으로 이용당하는 거다. 그러니까 정치적으로 해석하는 사람들은 끊임없이 그렇게 해석하는 거예요. 그런데도 우리 이희운 목사님이 그것을 끝까지 관대하게 받아들이고 참여를 했죠. 중간에는 왜 신부님하고 스님하고만 앞에 가고 너는 뒤에 가느냐 그런 말도 있었어요. 그래서 어디선가 한번 바꾸기도 하고 그랬어요. 그런데 이 사안을 어떤 사람들은 정치적으로 해석을 해요. 그냥 순박하게 정말로 생명이 왜 소중하지 않냐. 그런 생각만 가진다면 갈등이 없는데도 불구하고 신앙인이 아니라 종단인으로……(손일환, 9면)

수업 말미에 격한 토론을 이끈 다른 복학생은 종교인들이 나선 이상 이제 '대화는 끝났다'고 느꼈다고 한다. 군대를 갔다 와서 졸업을 앞두고 있던 28세 학생은, 우리사회에서 종교 지도자들은 자신의 원칙에 대해서 타협하는 것 자체를 종교적 신념을 버리는 것으로 여겨 한번 대립하면 영원히 갈 수밖에 없는데, 종교인들이 목숨을 담보로 한 극한의 도전을 시작한 이상 아무도 말릴 수 없어 새만금은 이제 끝장을 볼 수밖에 없다는 주장을 이어갔다. 이에 대해 다른 학생들은 종교인의 사회적 책임을 제기했고, 4대 종단 이상의 종교인들이 함께 운동한 것 자체가 종교간 화해를 의미한다는 반론을 내놓기도 했다. 또한 단지 생명존중이라는 차원에서 종교인이 나선 데 대해 너무 종교적으로 예민하게 접근할 필요는 없다는 반론도 나왔다. 토론은 길게 가지 못했다. 왜냐하면 양측의 공방이 가열될수록 종교인과 비종교인으로 갈려 논쟁이 진행되었기 때문이다.

서로 다른 신앙을 가진 종교인들이 힘을 모아 새만금의 생명을 살리기 위해 노력했으나, 목숨을 담보로 한 운동이었기 때문에 새만금의 생명 살리기 운동과는 상반된다는 주장도 있어 이채로웠다. 많은 사람들은 종교인들이 자신을 희생하면서까지 자연의 뭇생명을 살리려 한 운동으로 새만금 삼보일배를 기억한다. 삼보일배는 불교의 수행방법 중 하나이다. 가끔 텔레비전에서 보여주는 티베트인들의 '오체투지(五體投止)'[14]와도 유사하며, 그들은 이러한 수련을 통해 불심을 더욱 심화시키는 것이다. 육체의 고행을 통해 영성을 체화하는 것이지만 우리나라에서는 이러한 수련방법이 흔치 않아 대단히 고통스럽게 보일 수밖에 없다. 종교인들이 새만금운동에서 삼보일배라는 방법을 택한 까닭은 사라져가는 생명의 소중함을 자신의 육체적 고통으로 받아들이고 통합하기 위해서이다. 일종의 생명존중사상의 발현이다. 그러나 삼보일배가 일반 시위

수단으로 채택되거나 사용될 경우 극한적인 저항으로 해석될 수 있다. 마치 단식처럼 말이다. 경부고속전철 천성산 관통에 대한 반대운동을 하면서 100일이 넘게 단식을 했던 지율 스님의 모습도 이와 유사하다고 할 수 있다.

삼보일배에 대해서는 여러 해석과 평가를 내놓을 수 있다. 어느 환경단체에서는 종교인들이 환경운동에 참여하고 영향력을 확대하면서 합리적인 해결책이 사라지는 부정적인 영향도 나타났다고 평가하기도 했다.

그런데 삼보일배 같은 방식의 운동이 없었다면 새만금문제가 더 합리적인 방안으로 해결되었을까?

우리시대 해방찾기

4장

문제해결을 위한 새로운 시도

갈등을 해소하는 지름길은 없다

인간사에 갈등이 생기는 것은 자연스러운 일이다. 그렇다면 갈등의 해소 역시 자연스러워야 할 것이다. 새만금사업과 방폐장사태에서 우리는 어떤 방법을 선택했을까? 새만금의 경우 종국에는 법원에서 결정이 났지만 1998년에 처음으로 민관공동조사단을 구성했으며, 방폐장의 경우에도 주민투표제를 도입했다.

주민투표[1]

주민투표는 말 그대로 주민들이 지역 현안에 의사를 표명하고 충분한 토의를 거친 후 투표를 통해 문제를 해결해가는 제도이다. 이는 주민들의 참여를 활성화하고 간접민주주의의 단점을 보완하자는 취지에서 도입된 제도라고 할 수 있다. 우리나라에서 기본적인 의사결정과정은 소위

대의민주주의 방식을 취하고 있어, 중앙정부의 경우 국민이 선출한 대통령과 국회의원이 행정적·정치적으로 중요한 사안에 대해 결정을 내린다. 지방정부의 경우 단체장과 지방의회가 이를 결정하도록 하고 있다. 그런데 왜 선출된 대표자들이 아니라 주민들이 직접 결정하는 투표제가 필요한 것일까? 방폐장 같은 사안을 보자. 지역 대표의 임기는 대부분 4년밖에 안되는데 방폐장이 미치는 영향은 수십 년을 간다. 뿐만 아니라 대통령도 국가의 중대 사안은 국민투표에 부치듯이, 지역의 운명을 결정하는 중대 사안인 경우 주민들의 의사를 직접 물어 결정하는 것이 정당성을 확보한다는 측면에서 타당한 듯하다.

우리나라에서 주민투표제를 도입하자는 논의는 꾸준히 있었으나 주민투표법이 제정된 것은 참여정부가 들어선 이후인 2004년 1월 29일이다. 주민참여를 활성화하자는 취지에서 도입되었다고 믿고는 싶지만, 2004년 1월은 정부가 부안 방폐장 관련 격렬한 반대운동에 부딪친 시기였다. 그래서 어떤 이들은 본 법이 제정된 배경에는 국책사업을 시행하는 데 주민투표를 활용할 의도가 개입되었을 거라고 믿는다. 즉 방폐장 같은 국책사업 유치를 합리화하는 수단으로 사용되었다는 것이다.

사실 국책사업의 주민투표라는 것은 우리나라에서도 논의된 바가 없고, 일본에서도 주민투표라는 것은 제도화에서 아예 논의 자체가 안되었던 것입니다. 그것을 끼워넣어가지고 주민투표를 만들었고, 실제 거기에 대한 과정에서 주민투표법에 대해서 반대하는 목소리들이 정부내에 있었는데, 그걸 설득하는 논리가 이게 있으면 국책사업을 지역에 집어넣을 때 훨씬 편하다. 이런 비공식적인 이야기가 있지요. 결과적으로 일종의 주민참여라는 거하고는 조금 거리가 있는 의도에서 국가적으로 법을 제정했던 것이고, 실제로 그게 아시겠지만 4개 지역을 묶어서 동시에 방폐장을 가지고 한 것이지 않습니까? 2005년에는 그 의도가 확실하게 관철된 것이죠. 정부에서는 성공한 것이죠.
(정철수, 8면)

그래도 주민들이 스스로 투표해서 내린 결정인데, 정부가 이를 이용했다는 주장은 지나친 비약이 아닐까. 그러나 부안 주민투표 당시 선거관리위원회에서 활동했던 정철수 변호사는 다음과 같이 덧붙였다.

주민투표가 주는 장점과 단점이 있는데 장점은 지역주민들이 참여해서 좀더 민주적으로 의사결정을 한다는 거지만, 단점이 뭐냐면 다수의 횡포가 될 개연성이 있다는 것입니다. 선거가 승자의 독식이듯이 투표라는 형식 역시 그렇게 될 수 있죠. 더욱 중요한 것은 주민투표 이전에 충분한 토의 과정이 생략되었을 때의 문제입니다. 실제로 2005년 방폐장 유치로 4개 지역에서 동시 주민투표를 하는데 소수 목소리는 완전히 지역사회내에서 꺼내지도 못할 정도의 분위기가 형성되었는데요. 이런 경우 진정한 주민투표제였는가 하는 어려움이 있지요.(정철수, 8면)

또다시 절차적 민주주의라는 문제에 봉착했다. 투표결과에 승복하는 것은 민주주의의 기본이다. 그러나 결과에 정당성을 부여할 수 없는 흠결이 있다면 이는 진정한 민주주의가 아니다. 경주에서는 공정하지 않기 때문에 투표결과에 승복하지 않겠다는 말이 많이 나왔다고 한다. 그러나 다수의 목소리에 묻혀버렸다. 주민투표제도는 어찌 보면 도입의 동기도 의심스럽고 운용도 실패했다는 주장도 나온다. 그래서 주민투표제를 통해 민주적인 의사결정을 하기가 더 어려워졌다고 볼 수 있다는 얘기다. 무슨 일이든 첫 단추를 잘 꿰야 한다.

경주에서는 부재자투표자가 전체 투표자의 38퍼센트가 넘었다. 부재자투표는 군복무나 학업 또는 기타 사유로 자신의 주소지를 떠나 투표를 정상적으로 할 수 없는 주민들에게 사전에 거주지에서 투표를 할 수 있도록 하는 제도이다. 일반선거에서 부재자투표자는 전체의 2~3퍼센트 내외이다. 그런데 경주에서, 군산에서 부재자투표자의 수가 30퍼센트를 넘었다. 이를 어떻게 해석해야 하나?

방폐장 부지 선정을 위한 2005년 11월 2일 주민투표에서는 부재자 신고의 요건이 완화되었다. 기존의 군복무, 유학 등의 이유 외에도, 여행을 간다거나 몸이 불편한 경우처럼 해당일에 투표가 어려운 사람 역시 신고하면 부재자투표를 할 수 있도록 했다. 정부 말대로 모든 사람들의 투표권을 보장하여 참여율을 높이기 위해서였다면 좋았을 텐데 부정선거, 관권선거의 도구로 활용되어버렸다.

투표를 지켜본 경주 주민은 이렇게 이야기했다.

실제로 9월까지 해갖고 호구조사는 끝났어요. 아파트를 딱 보면 팀 회의를 합니다. 그룹회의. 공무원하고 이통장하고 이 사람들 여기 누가 살고 있고, 찬성 반대가 다 나왔어요. (…) 이건 나온 게임이었다는 거죠. 이것을 투표라고 하고 민주주의라고 하면, 참 경주시 내부를 보면 앞으로 선거나 투표를 이 따위로 진행했기 때문에 그 치유하는 부분들은 민주적인 측면을 보면 어떻게 해결해야 할지 까마득한 부분들이 있어요.(장준호, 7면)

각 지자체가 투표율과 찬성률을 끌어올리기 위해 불법적인 방법을 동원한 것이다. 심지어는 투표 전인 2005년 10월 11일 당시 산자부 오영호 자원정책실장은 주민투표를 앞두고 일부 지자체에서 행정력을 동원해 부재자 신고를 독려하는 등 탈법행위가 이뤄지고 있다는 지적이 있자 선관위에 이를 엄격히 감시해줄 것을 요청하기도 했다.

현재의 주민투표제도에 대해 다음과 같은 세가지 절차적 문제점을 지적할 수 있다. 하나는 부재자투표이고, 둘째는 주민투표 발의를 지역주민뿐 아니라 중앙정부에서도 요구할 수 있다는 점, 그리고 주민투표에 참여하는 주민 대상(주민투표 범위와 주체)의 문제이다. 두번째 문제는 앞서 언급한 중앙정부가 국책사업을 원활히 시행하기 위한 수단의 연장선으로 이해되었다. 그러나 중앙정부 역시 주민들의 갈등이 증폭될 경우 이를 해소하기 위해 주민투표를 발의할 필요성은 있다. 그러나 마지막 문제는 깊이 생각해보아야 할 문제다.

> 전라북도라는 지역을 보자면 새만금에 관해 여론조사를 했을 때, 전라북도를 대상으로 여론조사를 했을 때하고 전체 국민을 상대로 여론조사를 한 것이 달라요. 그리고 전라북도 내에서도 새만금 인근에 사는 어민들은 나중에는 반대 여론이 높았는데, 전체 전북의 의견은 일관되게 압도적으로 찬성 의견이 많았다는 것은 주민 의사 결정시 참여하는 범위의 문제는 정말 생각해볼 대상으로……. 새만금을 할지 말지를, 새만금에 굉장히 많이 떨어져 있는 남원에서는 새만금으로 인해 직접적 피부에 와 닿는 부정적 영향이 전혀 없잖아요. 그것은 결국 형평의 문제 아닐까요?(정철수, 11면)

이는 환경피해 예상지역을 설정할 때 매우 엄격한 규정을 두는 것과는 이율배반적이다. 예를 들어 서울에서 쓰레기소각장을 건설하고 그 피해지역, 다시 말해 보상지역을 설정할 때는 반경 300미터 이내로 엄격히 제한한다. 최근 건설중인 마포소각장의 경우에도 이 문제로 상당한 논란이 일었다. 소각장에서 나는 악취가 이 라인 안에서만 발생하는 것도 아닌데 이 규정을 바꾸는 것을 서울시는 용인하지 않는다. 그런데 만약 소각장 관련 주민투표를 한다면 이 라인 안에 거주하는 주민들만 하는가?

그렇지는 않을 것이다. 기초지자체인 구 단위로 할 것이다. 이런 이율배반성이 존재한다는 것이다.

그렇다고 주민 의견을 묻지 않을 수도 없는 노릇이다. 현재 제주도에서 논란이 되고 있는 해군기지 유치건과 관련하여 일부에서는 주민의 거주지에 따라 의견수렴에 가중치를 두는 제도의 도입을 주장한다고 한다. 인근에 사는 주민들의 표를 다 합쳐서 49퍼센트로 설정하고, 그 외 지역의 표를 51퍼센트로 설정하자는 등 여러 제안이 나오고 있다.

민관공동조사단

새만금사업을 둘러싼 논란이 가열되자 정부는 이 사업에 대한 찬성과 반대 입장을 듣고 결정하겠다는 차원에서 찬성 진영 10명, 반대 진영 10명, 그리고 관련 부처 공무원 10명, 총 30명의 조사위원으로 구성된 민관공동조사단을 만들었다. 새만금을 둘러싼 여러 과학적 논쟁을 해결하기 위해 만들어진 기구다. 이 민관공동조사단이 구성될 당시 획기적인 일이라면서 환경단체를 포함한 시민단체들은 환영했고, 정부 역시 이 기구에서 합의한 의견을 존중하겠다고 밝혀 '우리도 대화를 통해 문제를 해결할 수 있겠구나' 하는 희망을 품게 했다.

1990년대 초반 화성 산업폐기물처리장[2]으로 인해 환경피해가 발생하고 주민들이 반발하자, 이를 해결하기 위해 전문가들이 참여하는 협의기구를 만든 사례는 있지만 '민'이 '관'과 대등하게 위원회에 포함되어 사실상 결정권을 부여받았던 적은 없었다. 소위 공식적으로 과학기술 논쟁의 장이 열린 셈이다. 그런 면에서 새만금민관공동조사단은 환경갈등을 풀어나가는 데 역사적인 의미가 있다고 평가할 수 있다. 국민들은, 말로 먹고사는 사회과학자들이 아니라 객관적인 증거와 수치로 이야기하는 자연과학자들이니까 분명 공동의 답을 내놓으리라 기대했다. 그러나 1

년 반 이상 운영되었으나 과학자들은 서로 공감하지 못했을 뿐 아니라 정면으로 충돌했다. 마치 두 사람이 같은 줄자를 들고 안방에서 거실까지 거리를 재는데 두가지 서로 다른 치수가 나온 격이었다. 1년 8개월 남짓 활동한 공동조사단은 결국 실패했다.

조사단 구성 단계에서부터 관여한 정부관계자인 이지훈씨는 민관공동조사단이 실패한 가장 큰 이유가 조사단의 구성 때문이라고 했다.

여기에 참여한 김중기 박사는 어떻게 평가할까?

우선 시작부터 찬성 진영과 반대 진영에서 추천한 사람들이 들어갔잖아요. 그럼 들어가는 사람들은 자기 등에다가 자기 색깔을 딱 칠하고 들어가는 거예요. 엑스(X)냐 오(O)냐. 결과적으로도 끝날 때까지 그것을 못 바꾸는 것인지 몰라도, 안 바꾸는 거예요. 중립적인 인사들이 나서서 하는 것이 아니라 양쪽의 전혀 반대되는 사람들이 포진하고 앉아가지고는 싸우는 것과 다름이 없지요. (김중기, 2면)

실제로 민관공동조사단이 초기에는 즐거운 분위기에서 식사도 같이 하고 조사과정에서 많은 논의를 했다고 한다. 그러나 최종적으로 의견조율이 안되었다. 그게 꼭 자신을 추천한 진영의 입장 차이였을까? 대부분의 조사단 위원은 전문가였다. 전문가는 전문적인 지식을 바탕으로 의견을 개진하는 사람들이다.

새만금 민관공동조사단의 활동을 사회학적 측면에서 연구한 A대학교의 김성조 교수는 다음과 같이 분석했다.

민관공동조사단에서 쟁점이었던 수질과 관련해서 수질악화 문제를 강하게 주장하신 서울대 김정욱 교수님과 별 문제가 없다고 주장한 건국대의 윤춘경 교수님이 각기 계산한 결과가 상당히 달랐는데요. 제가 논문을 쓰면서 연구한 것은 왜 그리고 어떤 측면에서 차이가 발생하고 있는지를 그분들이 쓰신 논문이나 공동조사단에서 했던 것들을 정리해봤는데요. 해보니까 그렇게 틀린 이유는 결국은 보면 두 분들이 생각하시는 가치관이 서로 다르다는 것이죠. (김성조, 5면)

'가치관이 다르다고 수치도 다르게 나온다.' 일반인으로서는 어리둥절할 수밖에 없다. 환경과학은 물리학과 달리 주로 불확실한 사실, 특히 미래 사실에 대해서 예측하는 경우가 상당히 많다. 예측하기 위해서는 특정 모델을 구성해야 하는데 이 과정에서 많은 변수가 발생한다는 것이다. 그런 변수와 관련한 자료가 없을 수도 있고, 가정(가설)에 의존해야 되는 경우가 생긴다. 결국 학자들이 어떤 식으로 가정하느냐에 따라 다른 결론이 나온다.

실질적으로 중요한 것인데, 과학기술적으로 처리를 하면 얼마나 해결할 수 있을까라는 문제에서도, 윤춘경선생님 같은 경우는 과학기술을 통해서 충분히 처리가 가능하다. 즉 오염물질은 있지만 처리과정을 통해 해결할 수 있다는 것이고, 김정욱 교수님은 오염물질을 과학기술로 처리하는 정도가 그렇게 효율적이지도 않다. 그뿐 아니라 정부가 이야기하는 정화시설이 과연 그대로 될 것인가 하는 부정적인 생각, 만일 확대하자고 하면 정책적인 수단을 통해서 실질적으로 문제해결이 가능할 것인가와 동시에 정부에 대한 믿음의 문제도 같이 내재되어 있는 것 같구요. (김성조, 6면)

실제로 민관공동조사단의 3개 분과인 수질, 경제성평가, 해양환경영향평가 분과위원회 중 수질 분과위원회에서 논란의 핵심이었던 '인'(P)

성분의 농도와 관련해서도 과학자들은 '인' 자체가 비료 성분이기 때문에 농도가 높다 할지라도 새만금의 수질은 농업용수로 사용될 수 있는 수준이라서 무방하다는 판단을 했다. 당시 수질 관련 법규에서의 '인' 농도 기준이 0.05ppm이었는데 이보다 더 높은 0.3ppm을 함유한 물을 자신의 실험실에서 벼에다 줬더니 벼가 잘 자랐다는 것이다. 이에 반해 반대하는 쪽에서는 '인' 자체를 수질오염을 상징하는 요인으로 보고 '인'이 법정 수치를 뛰어넘는 정도로 높아지면 전반적으로 물의 건강성이 떨어진다고 주장하는 것이다. 마치 최근에 수도권에 공장을 증설하는 과정에서 구리 성분의 문제를 둘러싸고 벌어진 논쟁과 유사하다. 구리 자체의 문제만이 아니라 수도권 상수원에 대한 전체적인 접근의 문제라는 주장이 제기되었던 것이다.

이는 결국 양측의 과학적 방법이나 소양의 차이가 아니라 과학을 이용해서 문제를 규정하고, 해석하고, 대안을 내놓는 방식이 전혀 다른 데서 나온 문제임을 알 수 있다. 과학적인 양면성의 문제였던 것이다. 그리고 모델링을 할 때 변수의 차이, 과학기술에 대한 믿음의 차이, 정부정책에 대한 믿음의 차이. 이런 것 때문에 양쪽의 차이가 컸던 것이다. 가치관에 따라 과학적 결과가 다를 수 있다는 사실이 확인되었고, 결국 일반인들이 과학의 객관성, 독립성을 의심하는 계기가 되었다.

김경식 연구원은 당시에 조사위원들이 검토할 자료가 충분치 않았다는 점도 지적했다.

조사단이 가지고 있던 가설을 이론으로 만들기 위한 과학적인 증명의 과정에 필요한 자료가 90년대말만 해도 거의 없었다고 해도 과언이 아닙니다. 일부 자료가 있긴 있었죠. 사실 농림부 쪽에서는 80년대말부터 조사를 했기 때문에 어느 정도 자료가 있었고. 그런데 대부분의 사람이나 일반적인 학자들이

접근할 수 있는 자료가 거의 없었습니다.(김경식, 4~5면)

충분하지 않은 자료에 과학자들의 개인적인 성향, 연구방법 차이 등에 기인한 조사단의 의견불일치는 과학 차원의 문제로 돌릴 수도 있을 것 같다. 그래도 소속감이라는 단어가 인터뷰 내내 등장했다. 자신을 추천한 단체에 대한 소속감이라기보다는 자신의 믿음에 대한 소속감. 이것은 어쩔 수 없는 문제인 듯하다. 당시 새만금에 반대했던 진영에서 추천한 인사들은 그동안 환경단체가 자문을 구해왔고 단체와 어느 정도 공감대를 형성했던 인사들이 대부분이다. 새만금에 찬성하는 입장을 취해왔던 전문가들 역시 정부나 공공기관과 인연을 맺어온 학자들이 대부분이다. 인간적인 정리를 떠나 이것은 자신의 문제이기도 한 것이다. 어떤 이에게는 신념의 문제이고 어떤 이에게는 밥벌이의 문제이기도 하다. 어쩌면 이들은 객관적인 제3자가 아닌 이해 당사자이다. 갈등을 해결하는 데 이해 당사자가 동수로 모여 앉아 합의를 볼 수 있을까.

자신을 추천한 진영의 입장을 번복한 사람이 있었을까? 세간의 평은 여러가지이지만, 김중기 박사는 환경단체의 추천을 받고 조사단에 참여했으나 결국은 중립을 취하여, 찬성 10 반대 9 중립 1 또는 찬성 10.5 반대 9.5의 결과를 만들어낸 장본인이다. 그러나 김중기 박사 스스로 중립적인 태도를 취했다는 주장과는 다른 반론도 있다. 민관공동조사단 이후 김중기 박사는 정부 입장을 대변하는 역할을 했고 법정에서도 정부 증인으로 참여하기도 했다. 따라서 스스로 중립이라고 말은 하지만 정부 입장을 대변했기 때문에, 처음에는 환경단체의 추천으로 민관공동조사단에 참석했지만 이후 태도를 바꿨다고 봐야 한다는 것이다.

김중기 박사는 입장을 바꾼 이유를 다음과 같이 이야기했다.

저도 처음에는 잘 몰랐어요. 그런데 한 1년 정도 조사단에서 문제를 들여다 보고 나니까 문제의 실체가 서서히 드러나기 시작하는데 이제 입장이 자꾸 바뀌는 거예요. 제일 처음에 시작할 때는 정부는 새만금사업을 해도 전혀 문제가 없습니다. 수질오염도 문제없고, 경제성도 있다고 주장을 하고, 반대 진영에서는 새만금사업을 벌이면 수질오염이 심하고, 경제성도 없다고 이야기 했지요. 한 10개월, 1년 지나면서 정부가 수질오염을 개선하기 위해서 우리가 상류에 이러한 시설을 하겠습니다. 돈도 이만큼 1조 7000억원을 더 들이겠습니다. 그러한 대안들을 내놓기 시작하는 거예요.(김중기, 2면)

처음에는 아무 문제가 없다던 정부가 여러 개선책을 내놓았기 때문에 긍정적으로 바뀌었다는 것이다. 상황이 바뀐 만큼 생각도 바뀔 수 있다. 처음에는 반대했지만 찬성할 수 있고 그 반대의 경우도 가능하다는 것이다. 노사문제도 그렇다. 임금협상의 경우 처음에는 차이가 확연하다가도 막상 협상테이블에 앉으면 타협과 절충이 이루어지는 경우가 많다. 물론 서로 입장차를 확인하고 자리를 박차고 나가는 경우도 있기 때문에 무엇이 정답이라고 할 수는 없다. 그러나 생각의 차이를 좁히는 것, 좁히도록 노력하는 것이 대화이다. 새만금 민관공동조사단에서 유일하게 생각을 바꾼 사람은 김중기 박사다. 반대 입장에서 찬성 입장, 환경단체 입장에서 정부 입장으로 (조건을 달았지만) 바뀌었다. 그 반대의 경우는 없었다. 의견은 바뀔 수 있다. 그런데 의견이 바뀌는 경로를 찬찬히 들여다볼 필요가 있다.

결론적으로 대개 힘있는 쪽으로 변한다. 정부나 기업의 생각으로 바뀌는 경우가 일반적이지, 정부나 기업을 대변하다 주민을 대변하는 쪽으로 바뀌는 경우는 극히 드물다는 것이다. 왜 그럴까? 정부는 여러가지로 힘이 있고 다른 선택지를 갖고 있기 때문이다. 새만금의 경우처럼 정부는 수질에 문제가 없다고 하다가 나중에 보완책을 들고 나오면 된다. 수정할 권한도 있고 예산도 있기 때문이다. 입장변화를 유도할 만한 강한 흡입력이 있다는 것이다.

김중기 박사는 자신에게 쏟아진 배신자라는 비난에 대해 변명은 하고 싶지 않다고 했다. 단지 앞으로 동일한 문제를 해결하기 위해서는 자문결과를 가지고 토론에 참여할 수는 있지만, 위원회를 구성할 때 갈등관계에 있는 양측에서 추천하는 방식은 절대 안된다고 강변했다.

사회는 조금씩, 시행착오를 겪으면서 발전한다. 우리는 새만금사업과 관련해 민관공동조사단 구성방법에 대해서도 시행착오를 통해 더 나은 모델을 찾을 수 있다. 만일 양측의 입장을 견지한 동수의 전문가들로 위원회를 구성하는 것이 문제라면 중립적인 인사들로 위원회를 구성하는 것은 가능할까? 소위 법원의 참심단*처럼, 전문가로 인정하는 사람들로 구성된 풀에서 양측에서 (무작위 또는 몇번의 거부권을 인정하여) 한명씩 뽑아 참심단을 구성하는 것. 또는 전문가가 아니더라도 해당 사업이 시행되는 지역주민들로 시민 배심단을 구성하는 것은 어떨까?

울산시 북구 음식자원화시설 사례는 시민배심원제가 성공한 사례로 많이 언급된다. 울산 북구청은 이 시설을 북구 중산동에 설치하려고 했다. 그러나 중산동민들은 대책위원회를 구성, 반대운동을 시작하여 촛불집회, 등교거부, 대책위원장의 구속, 기소 등 새만금이나 방폐장처럼 극한 대립구도가 만들어지고 말았다. 근 2~3여년 동안의 싸움 끝에 탈진한 양측은 북구청장이 제안한 '정책배심원제'를 변형한 '시민배심원제'를 2004년 12월말 해결책으로 받아들였다. 양자의 차이는 전문가로 구성된 배심단과 일반시민으로 구성된 배심단의 차이였다. 양측은 배심단 구성

---

* 배심제는 일반시민들이 유무죄를 판단하고 형량을 판사가 결정하는 제도이며, 참심제는 일반시민들로 구성된 참심단이 유무죄 판단과 양형 결정에도 직접 참가하는 제도이다.

에 합의했는데, 13개 단체에서 추천한 중립적인 인사 39명과 성직자 6명 등 45명으로 구성하기로 했다. 그러나 사실 가장 중요한 합의는 배심단의 결정에 무조건 승복한다는 것이었다.

찬성도 반대도 아닌, 중립적인 배심원단이 한달 동안 현장에 가보고, 증언도 청취하고, 충분히 토론한 후 구청이 당초 계획했던 그 장소에, 그 규모로, 그 방식 그대로 음식 자원화 시설을 설치하는 것으로 결론이 났다. 반발이 없지 않았으나 주민들은 결국 승복했다. 시민배심원단을 구성할 때 무조건 결정에 승복한다는 데 합의했기 때문이다.

정부와 협상테이블에 마주 앉은 경험이 많은 환경운동단체 대표는 이렇게 말했다.

대화를 하기 전에 밖에서는 굉장히 서로 다른 주장을 합니다. 그러다가도 협상테이블에 앉으면 오해되는 부분도 있고 정보가 잘못되었다는 것도 확인됩니다. 문제는 처음부터 가졌던 생각을 끝까지 밀고 가느냐, 아니면 일정한 양보를 하면서 대화를 지속하여 유의미한 결론을 내리느냐 하는 것입니다. 이점은 정부도 마찬가지이지요. 대화에서는 극단적으로 입장이 오락가락하는 경우는 드뭅니다. 다만 대화를 하다보면 제3의 길도 있다는 것을 드문 경우지만 확인할 수 있지요. 새만금의 경우에 보면 처음부터 서로 완강했지요. 그러나 환경단체 입장에서 보면 모 아니면 도라는 식으로 볼 것이 아니라 개도 있고, 결과 윷도 있다는 것을 인정할 필요가 있지요. 새만금 논란이 일어났을 때 좀더 빠르게 이렇게 논의를 하지 못한 것이 아쉽지요.

새만금의 민관공동조사단의 경우 서로 다른 입장이 사회적 갈등의 씨앗이 될 수 있는 상황에서 공론장을 만들어 논의했다는 점에서 의미를 찾을 수 있다. 그러나 논의 후 어떻게 할 것인지에 대해서는 양측 모두 준비 없이 임했던 것 같다. 특히 정부측에서는 사실상 환경단체들이 민관공동조사단의 의견을 무시하고 공론장에서 떠났다고 비난한다. 환경단체들은 조사단의 결론은 과학적으로 보아 신뢰할 수 없다고 주장한다. 그러나 공동조사단이 결성되어 논쟁을 거치면서 새 방향을 찾고 상대방에게 많이 배우기도 했을 것이다. 실제로 새만금사업을 반대하는 전문가들이 내놓은 여러가지 우려와 문제점을 반영해 새만금환경대책위원회를 만들어 지속적으로 보완책을 세우고 있다. 이것 역시 성과라면 성과일 것이다.

법의 판단

사회가 민주화된 이후 많은 환경분쟁이 법원으로 갔다. 새만금도 예외는 아니었다. 사법부는 사회의 최후의 보루라고 한다. 긍정적인 의미도 있지만 말 그대로 최후의 수단으로 활용되어야 한다는 의미도 있을 것이다. 환경법을 전공하는 필자도 환경사건이 법원에서 다루어질 때의 장단점을 비교해본다면 소송 전에 해결되는 것이 바람직하다고 생각한다. 그리고 국책사업이 법원으로 가는 것 자체에 대해서도 논란이 많았다. 소송을 진행한 환경운동연합에서도 이러한 문제를 논의했다. 소송에 관여했던 환경단체 상근 변호사인 이완배 변호사(현 H대학교 교수)는 당시 상황을 이렇게 말했다.

저는 당시 상근은 아니고 비상근이었지만, 새만금 소송을 제기할지의 여부에 대해 법률센터의 운영위원들과 변호사들 사이에서 진지한 토론이 있었습니다. 크게 입장은 두가지였습니다. 하나는 사법부가 이런 국책사업을 진지하게 검토하겠느냐,라는 의문에서 시작하는 회의론과, 그렇다 할지라도 결과를 떠나서 이 사건을 정리하고 기록해야 한다는 차선론. 결국 지배적인 의견은 사법부가 대형 국책사업을 진지하게 고민하지 않는다? 마치 사법부에 대한 불신으로 들릴 수도 있지만, 그보다는 사법부뿐 아니라 우리나라 법률구조 자체가 환경친화적 구조가 아니라는 의견으로 이해될 수 있다. 사법부가 정치적으로 독립되어 있지 않아서가 아니라, 사법부의 보수적인 생리상 공공이익을 반영하는 국책사업에 제동을 걸겠는가 하는 우려를 사법부 구성원들도 한다. 과연 국책사업이 갖는 공공성과 국책사업에 내재된 국민 공공성을 침해하는 해악성을 편견이나 예단 없이 심리할까, 그런 심정이다. 정의의 여신은 눈을 감고 정의를 판단하지만, 추구하는 정의 자체가 사회의 안정성 유지에 기반을 두고 있다는 말이 있다. 아마도 우리나라뿐 아니라 다른 나라 역시 그러한 법원의 보수성을 비꼬는 모양이다.

결국 새만금은 법정으로 갔고 일시적이나마 새만금 방조제 물막이 공사가 본안 판단을 위해 중단되기도 했다. 그러나 최종적으로 사업은 진행되었고 물막이 공사는 완료되었다. 환경운동단체는 결국 법정소송에서 패했다. 하지만 이완배 변호사는 이 문제를 법원으로 끌고가 새만금을 이슈화했다는 점 외에도 다른 긍정적인 면을 찾는다.

법리적인 측면에서도 환경영향평가와 관련된 원고적격[3]의 문제를 대법원에서 정리를 했다는 점을 꼽고 싶어요. 종전에는 영향평가지역 안의 주민들에 대해서만 원고적격을 인정하던 것에서, 확실히 밖에 있는 주민들도 입증을 하면 원고적격 인정을 받게 되는 것으로 정리가 완전히 되었고, 두번째로 사업이 가지는 경제성도 이제 사법심사의 대상이 될 수 있다라는 것을 밝힌 점이죠. 처음에 행정적 권한 안에 있는 사업의 경제적인 부분이 사법심사의 대

원고적격심사는 소송을 제기한 사람들이 소송 당사자로 합당한가, 그렇지 않은가를 따진다. 환경영향평가법에 의하면 환경영향 범위가 정해져 있기 때문에 이 범위 안에 있는 사람들만이 소송 당사자가 될 수 있다고 본다. 새만금 소송인들은 3000여명으로, 이들 중에는 환경단체 사람들도 있고 새만금간척사업 영향권 밖의 사람들도 있었기 때문에 피고측인 농림부에서는 원고적격에 문제가 있다고 주장했다. 원고자격이 없다는 것이다.

새만금사업에 명시된 환경영향 범위는 새만금사업 지역, 즉 방조제를 건설하고 있는 안쪽 지역만이 해당되고 방조제 바깥쪽인 외해지역은 환경영향 범위에 포함되지 않았다. 부안군만 보더라도 방조제 안쪽에 있는 계화도 등은 환경영향 범위에 속하지만 방조제 바깥쪽인 위도 등은 영향 범위에 포함되지 않는다는 것이다. 환경영향 범위만을 놓고 보더라도 이 점은 논란이 발생할 개연성이 큰데, 새만금 방조제 공사로 인해 방조제 바깥쪽에도 환경문제뿐만 아니라 연안 생태계나 어류 생태의 변화가 일어날 수밖에 없기 때문이다. 최근에는 주로 방조제 외해 쪽에 있는 지역들, 변산해수욕장 등에 생태계 변화에 따른 피해가 발생하자 이곳 주민들이 소송을 준비하는 실정이다. 피고측인 농림부의 주장대로라면 원고 소송단 3000여명 중에 부안읍에 거주하는 사람들도 원고적격이 될 수 없다는 것이다. 같은 사건에 대해서 녹색연합에서는 청소년과 어린이들을 중심으로 '새만금 갯벌지킴이 미래세대 소송'[4]을 제기했지만 원고적격에 걸려 각하되었다.

대법원은 새만금 최종재판 '원고적격 관련 상고이유에 대하여'에서 먼저, 환경영향평가 대상 지역 주민에 대해서는 "(…) 공유수면 매립과 농지개량사업으로 인하여 직접적이고 중대한 환경피해를 입으리라고 예상되는 환경영향평가 대상 지역 안의 주민들이 전과 비교하여 수인한 도를 넘는 환경침해를 받지 아니하고……, 환경상의 이익에 대한 침해 또는 침해우려가 있는 것으로 사실상 추정되어 공유수면매립면허처분 등의 무효확인을 구할 원고적격이 인정된다"고 했다. 다음으로 환경영향평가 대상 지역 밖의 주민에 대해서는 "(…) 그 처분 전과 비교하여 수인한도를 넘는 환경피해를 받거나 받을 우려가 있는 경우에는, 공유수면 매립면허처분 등으로 인하여 환경상 이익에 대한 침해 또는 침해우려가 있음을 입증함으로써, (…) 원고적격을 인정받을 수 있다"고 했다. 이에 따라 방조제사업이 진행되고 있는 군산시, 김제시, 부안군 주민들은 원고적격 판정을 받았다. 마지막으로 서울 등지에 거주하는 원고소송단에 대해서는 "(…) 환경영향평가 대상 지역이 아닌 데다 (…) 그 처분 전과 비교하여 수인한도를 넘는 환경피해를 받거나 받을 우려가 있다는 점을 입증하지 못하고 있으며 (…) 이 사건 각 처분의 무효확인을 구할 원고적격이 있다고 할 수 없다"고 했다.[5]

정리해보면 환경영향평가 대상 지역 주민들만 원고적격 대상자라는 기존 관행에서 벗어나 실제로 사업의 영향을 받는 지역 주민으로 대상이 확대되었다는 데서 의미를 찾을 수 있다. 그렇다고 논란이 완전히 사라진 것은 아니다. 환경영향이나 피해 범위를 인위적으로 계산하기가 사실상 매우 어렵기 때문이다. 피해 범위가 명확하지 않으면 원고적격 논란은 계속될 수 있다. 2008년에 발생한 태안 기름유출 사고에 따른 피해 소송에서도 이 문제는 상당한 논란거리로 등장할 개연성이 높다.

또한 대법원은 새만금간척사업이 현재처럼 진행될 때, 경제적 손실과 환경피해 등을 원고측이 충분히 입증하지 못했기 때문에 원고 패소 판결을 내린 것이지, 새만금간척사업이 경제성이 높다거나 환경영향에 문제가 없다고 명시한 것은 아니다. 판결문 끝머리에서 "다수의견은 현재 원고측의 입증부족을 이유로 이 사건 새만금사업의 취소청구를 받아들이지 않지만, 장래에 예상하지 못한 위와 같은 여건 변화, 특히 수질문제나 해양환경상의 영향으로 이 사건 사업을 계속 시행함이 적절하지 아니할 정도의 사정변경이 발생할 가능성도 배제할 수 없다"[6]고 판시했다. 특히 대규모 국책사업은 행정부의 영역으로 간주해 3권분립의 원칙에 입각해서 사법부가 관여하는 것을 꺼렸던 관례에 비추어, 대법원이 새만금간척사업의 경제적 타당성을 검토했다는 것은 중요한 의미를 갖는다. 향후 이와 유사한 사건에 중요한 영향을 미칠 수 있고, 하나의 기준으로 해석될 수 있기 때문이다.

새만금 소송은 5년이 걸렸다. 재판과정도 엎치락뒤치락했다. 1심에서는 원고승소, 2심에서는 원고패소, 그리고 대법원에서는 원고패소 판결이 났다. 그 과정에서 1심 재판부는 중재안을 내놓기도 하는 등 사건의 중대성을 방증하듯 다양한 시도가 있었다. 대법원 판결문에도 원고패소 결정의 다수의견과 소수의견이 개진되었고, 13명의 대법관 중 11명은 원고패소 다수의견을, 2명은 이에 반대하는 소수의견을 제출했다.

우리시대 희망찾기

5장

절반의 성공, 절반 이상의 실패

신뢰가 깨지면 미래도 없다

정부는 무엇을 얻고, 무엇을 잃었나?

　새만금 물막이 공사가 끝난 지도 벌써 3년이 되어간다. 중·저준위방폐장 역시 경주시 양북면에서 부지 정지공사가 2007년 7월부터 시작되었다. 정부에서는 오랫동안 끌어오던 두가지 사업을 일단락지은 셈이다. 두 사업의 담당자들은 영전했고 관련 사업에 도움을 준 사람들도 훈장을 받았다. 자신의 임기내에 이러한 사업을 해냈다고 업적으로 내세우고 대선을 기웃거리는 사람도 있다. 오직 해냈다는 관점에서 보면 잔치 분위기다. 잔칫집에 뭐라 하기는 그렇지만 얻은 만큼 잃은 것도 많다. 아니 잃은 것이 더 커 보인다. 정부가 잃은 것을 하나만 이야기한다면, 신뢰이다. 반드시 사업을 마무리하겠다는 욕심에서 민주주의의 가치를 훼손하면서까지 일을 매듭지었으니 어찌 보면 상처뿐인 영광이다.

현장에서 정부와 많이 싸웠다고 토로하는 지역민에게 그 당시 극단적
이고 감정적으로 대하지 않고 정부와 대화로 풀 수 있지 않았을까라고
물었더니 놀랍게도 이런 대답이 나왔다.

그건 기본적으로 안된다고 생각을 해요. 정부가 개입이 되면 일단 그쪽이 개
입이 되면 (반대운동하는 사람들은) 민주적 세력이 아니고 거의 악의 축인
데. 이건 내 얘기지만. 개네들은 사고 자체가 그건데. 주민들의 공동체적 사
고나 문화나 생태적인 거나 개인적인 성향들. 이런 거는 일체 무시하고 들어
오는 거 아닙니까? 대화가 안될 수밖에 없는 거죠. 대화를 하면 어떻게 절차
를 가게 되면 (정부가) 불리해지잖아요. (그래서) 그 방식을 선택을 하지 않
잖아요. 반대쪽에서 절차를 얘기하면. 다르게 되면(다르게 결론나면) 그럼
환경적으로 다시 하자. 안되는 거 아니에요(정부가 인정할 수 없는 것 아닌
가). 대화가 안되는 거죠. 제가 생각하기에는 그쪽은 그때 당시 한수원이나
그 추진세력들은 사람들의 삶의 질보다는 그것을 꼭 유치를 해야겠다는 당위
성만 가지고 있는 거지. 공동체가 파괴가 되든 뭐가 되든 아무 상관없는 거
죠. 말은 그렇게 써놓지만. 실제로 그렇게 행동을 안하잖아요.(권영만, 6면)

'악의 축', 정부가 반대세력을 악의 축으로 본다는 것일까? 좀 심하다
싶은데 왜 그렇게 단정하는 것일까? 정부는 이미 결론을 내려놓고 주민
들에게 접근하기 때문에 정부정책을 반대하는 사람들을 불순한 세력으
로 몰고 가거나 그런 인상을 심어놓는다. 그렇게 극단적으로 몰아붙이지
는 않는다 할지라도 '골치 아픈 사람들'로 여기기 때문에, 정부가 진지한
대화를 통해 주민의 요구를 수용할 개연성은 전무하다고 생각하는 것이
다. 권영만씨의 말처럼 정부가 처음부터 백지상태로 주민과 얘기할 수
있을까,에 대해 근본적으로 회의하는 게 당연한 듯도 하다. 정부의 애초

계획을 반대하는 주민과 대화를 통해 번복할 수도 있다면 대화는 성립할 수 있다. 그러나 '골치 아픈 주민들'은 정부에게 그런 신뢰를 받지 못한다.

정부가 가장 소중히 여겨야 할 덕목은 무엇일까? 국민이 정부에 바라는 가장 큰 역할은 무엇일까? 초등학생도 다 아는 "국민을 위한 국민에 의한 국민의 정부", 이 말은 정부는 국민을 위해 존재한다는 의미이다. 정부에서 일하는 사람은 모두 국민의 공복이다. 그들의 월급도 국민이 준다. 세상 누구도 자신이 믿지 않는 사람에게 월급을 주면서 고용하지는 않는다. 국민과 정부의 관계에서는 신뢰가 우선이다. 무엇에 대한 신뢰일까? 정부가 민주주의라는 가치를 훼손하지 않고, 법에 따라 공익을 위해 행정을 펼칠 것이라는 믿음이다. 이것이 무너지면 국민은 정부가 하는 일에 관심을 두지 않는다. 신뢰가 깨진 부부가 같이 살아도 남처럼 사는 것처럼 신뢰가 깨진 정부와 국민 역시 따로 갈 길을 간다. 이래서는 대한민국에 내일은 없다.

산자부 공무원인 박홍식씨는 부안에서 방폐장설치사업이 실패한 이후 이 사업을 담당했다. 박홍식씨는 우선 왜 부안에서 정부가 처참히 실패했는가를 되짚어봤다고 한다.

간단하게 말씀드리면, 국민과 정부간에 신뢰가 떨어졌다는데 문제가 있습니다. 우선 안전성과 관련하여 정부는 안전하다고 하는데 지역주민들은 불안하다 이거죠. 안전하다는 정부의 얘기를 주민들이 신뢰할 수 있어야 하는데, 그 점에서 신뢰가 많이 떨어졌다는 생각이 들고, 또 한가지로는 경제적 보상 역시 정부가 지역에 방폐장을 짓는 대신 이러한 지원을 하겠다고 하는데, 그것도 정말 줄까라는 경제적인 지원에 대한 신뢰도가 부족했습니다. 이 세가지 점, 안전성, 경제성, 절차적 민주성에 대한 불신. 이것이 근본적인 원인이었다고 봅니다. 부안의 경우에 있어서. 그것은 저희들이 그 이후에 사업을 하면서 기본적인 콘셉트가 되었습니다. 이 신뢰를 어떻게 회복하느냐? 이 신뢰를 회복하는 것만이 사업의 성패를 좌우한다라고 저희들은 보고 있었죠. 그래서 부안에 관해 말씀드린다면, 신뢰의 상실이 가장 큰 원인이었다라고 보고 있습니다.(박홍식, 1면)

궁금했다. 어떻게 신뢰를 회복하고자 노력했는지.

법을 만들었습니다. 안전성과 관련해서 중·저준위와 고준위를 분리해서 덜 위험한 중·저준위만이 들어가는 것으로 법으로 정하고, 경제적인 지원도 법으로 만들어 확실하게 보장한 것이죠.(박홍식, 4면)

정부는 손상된 신뢰를 회복하기 위해 법을 통해 국민과 약속한 것이다. 법이란 사회적인 약속이다. 특히 정부 입장에서 법으로 규정한 이상 반드시 지켜야 하는 의무가 생겼다. 정부는 법을 통해 스스로를 구속함으로써 국민들에게 '봐라 정부가 법으로 약속했다'라고 공포하는 것이다. 그런데 법의 효용성을 그렇게 잘 아는 정부가 왜 이때까지 방사능폐기물 관리에 관한 기본법과 폐기물을 전적으로 담당하는 위원회를 안 만들어놓았을까 하는 의구심도 들었다.

우리나라에는 현재 원자력과 관련된 최고 의사결정기관으로 원자력위원회[1]가 있다. 원자력위원회는 원자력발전소 건설에서부터 폐쇄 그리고 원자력발전소에서 나오는 폐기물의 중·저준위 구분과 처리 등의 결정권을 갖고 있다. 한마디로 원자력에 관한 종합기관이다. 원자력법에 의하면 산자부장관은 단지 방사성폐기물 처리를 맡고 있을 뿐이다. 물론 이런 구조는 일관되고 체계적으로 업무를 수행할 수 있는 장점이 있지만 원자력위원회는 기본적으로 친원자력기구이다. 그러하니 원자력위원회에서 폐기물 처리는 자연스럽게 부수적인 업무, 즉 어쩔 수 없이 따라오는 일이 된다. 만일 원자력위원회 말고 방사능폐기물을 전담하는 별도기구가 있다면 무엇이 달라질까? 그러면 원자력발전소의 운영에 대해 다소 다른 입장이 생길 것이다. 원자력위원회는 원전건설에 적극적일 것이고, 방사성폐기물위원회는 처리하기 힘든 폐기물을 가능한 한 줄이려는 차원에서 원전건설에 소극적인 태도를 보일 것이다. 이러한 관계는 우리나라 원전수급계획에 대한 진지한 토론의 동력이 될 수 있지 않을까?

마지막으로 한가지 짚고 넘어갈 부분은, 부안과 달리 경주에서는 제일기획 같은 굴지의 홍보기획사의 철저한 컨설팅을 받았다는 점이다. 행정기관이 외부의 경영컨설팅을 받는 것은 흔한 일이고, 정부에서는 나오기 힘든 참신한 아이디어를 외부에서 도입한다는 면에서 바람직하게 볼 수도 있다. 그런데 외부에서 작성한 전략계획의 바탕은 일반 사기업이 그러하듯이 철저한 목표달성이다. 부안 이후 정부에서는 방폐장을 건설하기 위한 전략이 필수임을 절감했을 것이다. 혹시 지역주민과 가슴으로 풀어가야 하는 방폐장문제가 지나치게 전략적 사고의 지배를 받지는 않았을까? 부안과 달리 2005년에는 경주, 군산, 영덕, 포항 등 4개 지역에서 경쟁적으로 유치운동이 일어났고, 주민투표제로 결정하기로 했다. 그 사이 안전성문제는 증발해버렸다. 정부에서는 부안과 달리 중·저준위 폐기물만 처리하는 방폐장이라 안전성 관련 문제는 없었다고 하지만, 만일 부안처럼 한군데에서만 논의되었다면 이런 문제가 또다시 불거졌을 것이다. 경쟁의 목표는 이기는 것이다. 그 와중에 다른 쟁점이나 검토사안은 죄다 사라진다. 그러니 참으로 영특한 아이디어다.

산자부 공무원 박홍식씨에 의하면 정부에서는 홍보요원에게 일정액의 활동비를 제공하고 이들이 주민을 설득하는 기존 홍보방식이 오히려 위화감을 조성했다고 반성했고, 이런 차원에서 아예 전체적인 홍보와 기획을 사기업에 맡겼다고 한다.

부안에서는 한수원이 주민 중 홍보요원을 선발하여 홍보비를 주고 홍보활동을 하도록 했다. 나중에 국감자료로 제출한 것을 보면 200억원이 넘는 돈이 홍보비로 지출되었다. 그러나 이런 주먹구구식 홍보활동은 오히려 역효과를 낳아, 경주 방폐장 유치 과정에서는 전문적인 컨설팅 회사에 홍보활동을 일임했던 것이다.

박홍식씨는 아마 홍보요원이 돈을 흥청망청 쓰면서 사람들을 유혹했다는 것과 홍보비 사용의 불투명성을 이야기하는 것 같았다. 불투명성을 제거하기 위해 전체 홍보를 외부에 맡기고 문제를 해결하기 위해 지역주민에 다가가는 방법을 강구했다면 좋았을 텐데, 어떻게 지역주민을 구워삶을지 골몰한 거라면 문제가 있지 않을까? 경주와 군산에서 지역민들은 고도의 전략을 구사한 전문가들에게 당한 느낌을 받았다고 말한다. 이기고 지고가 문제가 아니라 나중에 생각해보니 국가정책이 소비자를 움직이려는 기업의 마케팅 전략 차원에서 논의된 느낌을 받았다는 것이다.

부안과 경주의 방폐장 유치 방식이 크게 다른 것은 아니다. 정부가 부안 방폐장을 추진할 당시에는 몇개의 지자체를 선정하고, 그 지자체 가운데 유치신청이 들어오면 타당성을 검토하여 중앙정부가 최종 결정하는 방식이었다. 이후 경주 방폐장 유치 과정에서도 같은 방식을 도입했는데, 주민투표로 최종 결정하고 그중 가장 많은 찬성표가 나오는 지역을 선정한다는 것이다.

당시 이해찬 총리가 임명되면서 그 전까지는 방폐장 건설에서는 애매하게 표현되었던 고준위폐기물처분장이니 중간저장소니 하는 용어를 삭제하여 중·저준위폐기물처분장으로 명시했다. 주민들의 불안감과 저항을 줄이자는 것이다. 이 과정에서 정부의 사업은 크게 두가지로 진행되었다. 노무현 대통령은 당시 열린우리당 이미경 의원에게 갈등을 당 차원에서 조정하는 역할을 일임했고 방폐장문제도 이에 포함되었다. 열린우리당, 청와대, 산자부, 지속가능발전위원회(이하 지속위)와 환경단체 등이 참여하는 회의를 통해 방폐장문제를 사회적으로 공론화하여 결정하기로 합의했다. 그러나 당시 이해찬 총리는 중·저준위방폐장은 논의의 대상이 될 수 없다며 이 합의를 무시하고 4개 지역 유치작업을 강행했다. 당시 한겨레신문 기사를 보자.

방사성폐기물 관리시설(원전센터) 터 선정을 위한 추진 일정이 전면 중단되고 원자력발전 및 방사성폐기물 정책에 관한 사회적 합의를 얻기 위한 공론화 절차가 시작될 전망이다. 반핵국민행동은 12일 긴급 공동대표·집행위원 연석회의를 열고 정부와 열린우리당이 제시한 '터 선정 추진일정 중단' 방안을 포함한 사회적 협의기구 구성안을 받아들이기로 결정했다. 이에 따라 오는 15일로 예정됐던 방폐장 터 예비신청을 비롯해 정부가 예비신청을 한 것으로 간주해온 부안에서의 터 선정 추진일정은 모두 중지될 것으로 보인다. 앞서 열린우리당 국민통합실천위원회(위원장 이미경 의원)는, 지난 9일 정부와 협의를 거쳐 시민사회단체 쪽에 방폐장 터 선정 추진일정을 중단하고 원전 및 방사성폐기물 정책의 공론화를 위한 사회적 협의기구를 구성해 적어도 1년간 운영하자는 제안을 한 바 있다. 논의의제로 방폐장 터 선정 절차와 방식을 비롯해 신규 원전건설의 적정성과 안전성, 장기 가동중인 원전 처리방안, 중장기 원전건설 로드맵 작성 등을 명시했다.[2]

그러나 당시 특종으로 보도한 이 내용은 결국 이해찬 총리의 거부로 오보가 되고 말았다.

절차적 민주주의

　정부가 가장 많은 비난을 받은 대목은 절차적 민주주의를 무시했다는 것이다. 절차적 민주주의란 민주주의를 구현하기 위하여 법으로 정한 과정을 준수하는 것이다. 우리가 정부에 요구하는 과정은 어떤 것일까? 단순히 법으로 정해진 행정절차를 밟는 게 다가 아닐 것이다. 만일 일을 추진하는 정부가 행정절차법만을 준수하면 할 일을 다한 것이라고 생각해 절차 준수에만 몰입한다면 무책임하다는 비난을 피할 수 없다. 법이란 상식이다. 방폐장이나 새만금이나 모든 국책사업은 상식에 바탕을 두고 추진해야 한다.

　원자력발전소가 멈추지 않고 가동되는 이상 방폐장은 있어야 하고 지금의 방폐장으로도 부족하다면 더 지어야 할 것이다. 새로이 방폐장을 건설하려 한다면 우선 안전성을 확보할 수 있는 부지를 선정하고 해당 지역 주민들과 협의해야 한다. 과학적으로 조사해보니 안전성 차원에서 이곳이 가장 적합하다고 결론을 내렸으면 정부는 이를 입증해야 한다. 그리고 어떻게 보상할 것이고, 어떻게 안전하게 관리할지를 설명하고 합의를 도출하는 것이 순서이다. 그러나 정부에서는 우선 시급하게 지어야 하니 주민수용성이 높은 곳을 찾는다. 아니 주민수용성을 높일 방법을 찾는다. 가장 손쉬운 방법은 물론 금전적 보상을 통해 주민들의 동의를 구하는 것이다. 안전성이 의심스럽다면 이것은 매수에 가깝다. 이러한 방식은 지역주민들의 불화를 조장할 뿐이다.

　어떤 이들은 부안 사람들이 위도에 방폐장이 들어서는 것을 반대한 이유 중 하나가, 위도 사람은 보상받는데 비슷하게 위험성에 노출되는 자기네에게는 보상을 안하니 배가 아파서일 거라고 이야기한다. 하지만 부안주민에게 전국에서 위도가 지질학적 안전성, 보안성 등에서 가장 적절하다고 말할 수 있었다면 상황은 달라졌을지 모른다. 일의 순서조차 잘못되다보니 사태가 악화되는 것이다. 부안에서 17년 동안 농사를 지어온 주민은 단도직입으로 정부가 지역에서 방폐장을 추진하는 방식을 '매수, 그다음에 안되면 지역이기주의로 몰아가고, 마지막으로 국가폭력을 동원'(이한우, 9쪽)한다고 분노한다.

절차적 민주주의의 중요한 요인의 하나는 투명성이다. 모든 과정이 합리적이고 투명하게 공개되어야 한다. 그러나 앞서 이야기했듯이 과거 우리나라에서 핵의 문제는 소수만 알아야 하는 것으로 인식되었다. 물론 핵주권 같은 민감한 사안이야 백번을 양보해서 그럴 수도 있지만, 원자력발전소 짓고 방폐장 짓는 과정에서 주민들에게 설명할 것은 설명해야 하고 공개할 것은 공개해야 한다. 모든 정보나 추진과정 자체가 극비라는 주장은 상식적으로 도저히 이해가 안된다. 김명호씨는 이렇게 말했다.

부안 방폐장 추진은 밀실에서 했고 반대는 광장에서 했다. 결국 광장이 밀실을 이긴 셈이다.(김명호, 19면)

방폐장은 주민이 있는 광장에서 시작되어야 함에도 철저히 주민을 소외시키고 비밀에 부친 후 그 결과만 발표했다. 주민들은 결과를 발표한 이후에야 알았다. 사업을 추진하는 측에서는 사전에 알려지면 반대운동이 일어나기 때문에 불가피하다고 주장할지도 모른다. 그러나 반대하는 사람도 있기 때문에 더더욱 투명하게 진행해야 한다.

당시 정부의 방폐장 선정 공식 절차는 2003년 7월 15일까지 방폐장 유치를 희망하는 지역이 유치청원서를 해당 지방의회에 제출하고, 지방의회의 동의를 거쳐 단체장이 신청하는 것이었다. 그러나 6월에 방폐장 유치공모 방식을 변경하여 지방의회 동의 없이도 청원이 들어오면 지자체장이 신청하도록 바꾸었다. 정부는 지자체장이 그 지역주민을 대표하

154

기 때문에 지역주민들의 의견을 모아서 신청하면 된다는 것이다. 안면도, 굴업도 등 방폐장 유치가 실패로 끝난 역사를 돌이켜본다면 방폐장 유치 과정은 훨씬 더 정밀하고 복잡한 프로세스를 밟아 진행해야 했다. 실패의 역사에서 배운 교훈이다. 그런데도 정부는 절차를 간소화시켜버렸다. 부안군 의회가 7:5로 부결시켰기 때문에 정부는 의회의 반대를 우려하여 의회 동의 과정을 삭제했는지도 모른다. 지자체장은 주민이 직접 선출한 대표지만 지방의회 의원도 주민이 직접 선출한다. 누구에게 더 대표성이 있느냐는 중요한 논점이 아니다. 더 세밀한 논의과정, 의견수렴이 필요하고 더 많은 사람들의 참여할 필요가 있다. 정부는 중·저준위 방폐장을 우여곡절 끝에 처리했다고 의기양양할지 모른다. 그러나 갈등이 훨씬 크다고 볼 수 있는 고준위방폐장의 경우 아직 논의조차 못했음을 상기할 필요가 있다.

환경단체는 무엇을 얻고 무엇을 잃었나?

새만금 갯벌 보전운동은 우리나라 환경운동사에서 분명 의미있는 사건이었다. 부안 방폐장 유치 반대운동 역시 지역민과 함께 이루어낸 결실이라는 점에서 많은 환경단체들은 자부심을 느낀다. 하지만 새만금이나 방폐장 반대운동에서 환경단체들이 자성해야 할 부분은 없을까? 인터뷰를 통해 쏟아져나온 문제점들은 환경단체의 경직성, 대중과의 유리된 모습, 비민주성 등이다.

가장 많은 비난은 대안 없는 반대운동을 한다는 것이다. 환경운동가들은 나름대로 대안을 제시했을지도 모르지만, 문제를 제기하는 사람들은 갈등을 풀어나가는 과정에서 그때그때 필요한 방안이 아니라 본질적인 비전과 방향을 생각하는 듯했다. 누군가는 언론의 역할이 대안을 제시하는 것이 아니라 문제점을 지적하고 대안 마련을 촉구하는 것이듯,

환경단체에 대안까지 제시하라고 요구하는 것은 지나치다고 주장한다. 정말 우리나라 환경단체에 대안제시를 요구하는 것이 무리일까? 많은 시민들이 환경단체도 대안을 제시해야 한다고 생각한다면 그렇게 해야 한다. 그러나 과연 우리 환경단체에 그러한 역량이 있는지 의문이다. 외국 환경단체의 경우 활발한 기부문화에 힘입어 많은 연구조사를 하고 있다. 그러나 우리나라에서 가장 규모가 큰 환경단체도 최근에야 자체 재원 또는 정부 재원으로 체계적인 데이터베이스를 구축하기 시작했다. 불과 4~5년 전만 해도 소위 전문가라고 하는 대학교수나 연구원들에게 부탁하여 그때그때 자료를 만들었다고 한다. 대안을 제시하지 못하는 것이 문제가 아니라 대안을 제시하는 것 자체에 익숙하지 않다는 지적이 더 뼈아프게 느껴졌다.

> 합리적인 대안 도출이라고 하는 것은 그야말로 합리적인 기준이 설정되어야 하는데, 합리적인 기준 자체가 환경단체와 개발론자하고 다른 데서 문제가 있습니다. 다시 말해 서로의 가치관이 틀린 데서는 합의점을 찾을 수 없지요. 그렇다면 도로 중앙선이 양쪽으로 가르는데 상행선과 하행선이 아닌 중간의 중앙선에서 잠시라도 머무르는 것을 인정해야 하는데, 그것을 환경단체가 받아들이지 못하잖아요.(유종오, 12면)

대안을 후퇴와 변절이라고 생각하는 이유는 항상 정부와의 관계를 대립하는 관계로 설정해온 구습이 남아 있기 때문일까?

> 우리가 이제 모 아니면 도 식의 방향에서 탈피를 하고 자체 역량을 키워갈 훈련을 지금부터 해야 한다고 후배들에게도 이야기합니다. 그래서 우리가 골프장 하면 '무조건 안돼'에서 골프장, 그래 이 정도는 해도 돼 하는 그것이 환경

적인 측면에서도 별다른 유해성이 없다면 일정 부분을 양보하는 것이고, 중요한 것은 이러한 선별작업을 할 수 있는 능력을 키워나가는 것입니다. 그래야만 정부와도 국민과도 파트너십이라는 것이 가능하지 않을까라고 생각해요. 단순하게 구호만을 내세웠던 운동성에서 이제는 더 기본적으로 전문적인 검토, 근거를 가지고 싸우는 세련된 방향의 운동이 필요한 시점입니다. 그래서 환경운동도 자료에 데이터베이스랄지 전문인력이랄지 이런 것들이 많이 필요하고요.(강은주, 17면)

우리사회는 환경운동과 환경운동단체를 하나로 묶어서 보는 경향이 있다. 그러나 환경운동단체간에도 다양한 운동방식이 있을 수 있다. 그런데 환경운동단체들은 과연 다양성을 포용할 수 있을까? 새만금이나 방폐장사태 당시 환경단체들은 반핵국민행동이나 새만금갯벌생명평화 연대 등으로 함께 움직였다. 물론 힘을 모으기 위해서였지만 다양한 목소리를 내는 데는 실패했다. 정부측 연구원은 민관공동조사단에서 환경단체가 보인 모습을 강도 높게 비난했다.

갯벌의 경제성에 대해서 논의가 있은 후 환경단체들이 밀리니까 나가버렸잖아요. 그야말로 과학적으로 대처를 하다가 과학적으로 훨씬 우수한 걸로 판명이 나니까. 환경도 물론 있어야 하는데 어떤 대안을 제시하면서 어우러지는, 같이 공생하고 상생하는 쪽으로 가야지, 무조건 안된다는 식으로 극단적으로 가는 것이 문제입니다.(유종오, 10면)

과거 학생운동과도 비교된다.

과거 학생운동하는 패러다임과 현재 환경운동하는 패러다임에서 이런 점에

서는 차이점을 발견하기가 어려워요. 정부가 하는 방식과 우리 하는 방식이
달라야죠. 끊임없이 원칙을 유지하는 것은 좋지만 다른 의견을 듣는 것. 우선
다양성을 인정하는 것. 방폐장 이슈가 됐건, 새만금 이슈가 됐건 간에 그 안
에서도 찬성부터 반대까지 다양한 스펙트럼이 있을 수 있다는 것을 우리가
인정하는 것. 비록 정부는 일사분란을 생명으로 하니까 안되는 거라고 포기
하지만, 우리 시민단체의 의사결정과정에서 서로를 인정하고, 우리 내부에
도 다양한 의견이 있음을 보여주고, 그 속에서 주민들과 함께하는 방향으로
정해나가는 것. 저는 그게 바로 도덕성이라고 봐요. 그게 경쟁력이라고요.
(이재영, 18면)

환경단체 내부에서도 자성의 목소리가 나왔다.

2004년 한창 삼보일배하면서 대립됐을 때는 환경단체가 대안까지 이야기를
해야 하느냐. 그런 이야기들도 있었거든요. 원칙을 가지고 운동을 해야 된다.
그러다가 점점 대립이 격화되고 하면서 일이…… 제가 아는 한 최초의 그런
이야기를 한 분이 00소장님인데 경제적인 거. 그런 거. 취지나 어떤 도민들이
가지고 있는 정서적인 그런 문제를 고려하지 않고 어쨌든 보전운동으로만 간
것에 대한 비판이라고 하면 비판이랄까요. 부족한 부분은 부족한 부분으로
그러한 것들을 지적해주셨는데. 제가 가지고 있는 느낌도 그래요. (…) 말로
는 뭐 환경 가치뿐만 아니라 여러 가치가 있을 수가 있고 그런 것들이 조화되
어야 되고 하지만, 말로만 그렇게 하고 실제로는 이런 가치들을 어떻게 조화
시키며 나갈 수 있는지 방법을 우리도 몰랐던 것 같아요. 여전히 마찬가지고.
실제 경직성 그런 것도 있는 것 같아요. 그게 대안을 이야기하는 것 자체가
원칙론에서 벗어나는 거죠. (…) 물론 그 전에 대안 이야기가 없진 않았는데

이때부터 대안 이야기가 쭉 나왔었고. 그래서 아쉬운 점은 하여튼 그런 이야기들 1심 때 조정권고 나오고. 그 이후부터 같이 상생의 방법이 무엇인가 이런 부분을 활발하게 본격적으로 운동을 하지 못한 것들은 좀 아쉽죠. (이완배, 11면)

환경운동의 방식이 시위나 농성, 단식, 성명서 발표, 서명운동, 퍼포먼스가 다가 아니다. 그것을 하지 말자는 게 아니라 그것만으로는 충분치 않다는 것이다. 대화와 타협으로 협상을 통해서 합의를 끌어내기, 이는 우리 환경운동이 외면하는 가치 중 하나라는 해석도 가능하다. 시민단체의 주요 활동가 상당수는 운동권 출신이어서 정부와의 협상 자체를 부정한다고 믿는 보수주의자들의 믿음을 이제 종식시킬 때가 되었다. 제도권 어용이라는 말을 두려워하지 말고 합리적 시민세력임을 자랑스러워해야 한다. 전주의 강은주 목사는 이렇게 소회한다.

이제 뭔가 원칙적으로 주장하는 사람도 있어야 하고 단계론적인 과정을 이야기하는 사람들도 있어야 한다고 봐요. 두가지가 다 조화를 이뤄야 한다고 보거든요. 왜냐하면 원칙을 주장할 때 방향을 올바로 설정할 수 있어요. 근데 원칙적인 것을 이야기하지 않고 너무 잘되는 쪽으로만 이야기하면 그러면 중간에 방향을 잃어버리고 헤매는 경우가 있거든요. 그렇기 때문에 원칙적으로 강하게 주장하는바가 있어야 하고, 그것에서부터 단계론적으로 이 상황을 인식하고 인정하면서, 거기에 맞는 수준의 대안을 내놓는 쪽도 실제로 있어야 한다고 봐요. 두가지를 겸비할 때 방향을 제대로 잡으면서 제 길을 찾아가지 않을까 그런 생각이 들어요. 그래서 우리 환경운동도 성숙단계에 있어요. 20년 전에 우리가 이런 이야길 할 수 있었겠어요. 못하는 거죠. 지금이나 되니까 이런 이야기를 하는 거고. 또 이야기를 하더라도 서로간의 이해가 공유가 되는 것이고. 그러기 때문에 상황에 따라서 반대가 있다는 것을 상대방에서 인정을 해야 한다는 거예요. 그러한 부분들을 현실적인 상황 속에서 어떤 안들이 나오도록 노력을 해야 한다는 거죠. 그러나 방향이 중요하다. 이 두가지를 어떻게 조화시켜가느냐가 현재 환경단체가 갖고 있는 큰 문제겠죠.

(강은주, 27면)

정부는 환경단체를 포함한 시민단체들이 비록 국민에게 권력을 부여받지 않았지만, 개인의 이해관계를 떠나 지역을 대표하고 민의를 대변하는 역할을 하고 있다고 인식한다.

다시 말해 환경단체의 발언을 환경운동가 개인의 목소리가 아니라 함축된 시민 의견이라고 이해한다는 얘기다. 특히 환경과 관련한 문제에서 국민의 소리를 담고 있다고 보기 때문에 정부는 귀찮아도 듣는 것이다. 그런데 만일 환경단체가 국민과 유리되어 있다면 단체의 존재이유 자체가 없어진다. 현장을 이해하지 못하는 상층의 운동, 심하게 이야기하면 귀족운동의 모습을 보이는 순간 환경단체는 죽어갈 것이다.

전북지역 환경단체의 노평진 사무처장은 중앙의 환경운동과 지역의 환경운동의 괴리를 이야기한다. 현장을 이해하지 못하는 운동 말이다. 새만금은 전라북도에는 단순한 개발 이상의 의미를 담고 있었다. 그럼에도 중앙의 환경운동은 전략전술에만 급급하고 전국의 시민들을 상대로 한 홍보에만 전념했지 전북도민에게 다가가는 운동은 하지 않았다고 한다. 물론 환경운동단체가 새만금 갯벌을 삶의 터전으로 삼아 살아가는 주민들과 동고동락하고 부안을 제 집처럼 여기고 생활해왔지만, 혹여 전체 전북도민을 님비가 아닌 핌피를 주장하는 이기적인 사람들로 인식하고 있지는 않았을까?

환경갈등 사례를 살펴보면 환경단체가 반대한 사안 중에 주민도 반대한 것은 승리했고, 주민은 찬성한 것은 다 패배했다. 새만금과 경주에서는 패배했고, 부안에서는 승리했다. 주민들과 공감대를 형성하지 못하면 환경단체는 설 곳이 없다. 최근 제주도 해군기지 설립과 관련해서는 일부 지역주민들이 환경단체의 도움을 거부하는 상황도 생겨나고 있다.

서귀포시 강정마을 주민들은 2007년 4월 27일 해군기지 유치 선언 기자회견을 가졌다. 서귀포시 안덕면 화순리와 남원읍 위미리 주민들이 반발하고 있는 해군기지 건설에 대해 서귀포시 강정마을 주민들은 유치의사를 밝힌 것이다. 윤태정 마을회장은 도의회 도민의 방에서 가진 기자회견에서 강정마을회는 2006년말부터 해군기지 문제를 논의했으며 2007년 4월에 자생단체와 어촌계 등과 협의를 거쳐 마을총회에서 최종 확정했다고 설명했다. 또 해군기지 유치를 강력하게 추진하겠다며 '마을을 걱정해 도움을 주고자 나설 환경단체와 반대단체의 도움을 거절한다'고 밝혔다.[3]

지금까지 환경단체들은 주민들을 홍보와 계몽의 대상으로 인식해온 것은 아닐까? 마치 정부가 그랬던 것처럼 말이다. 주민의 생생한 감정과 정서를 읽지 못하고 환경보전의 당위성만 역설하는 운동은 이제 외면받고 있다. 방폐장과 새만금을 비교할 때, 똑같은 부안주민들이 왜 방폐장 반대운동은 지지했는데 새만금문제에서는 환경단체를 외면했는지 다시 한번 생각해볼 문제이다. 이재영 소장은 다음과 같은 아쉬움을 토로했다.

과학기술적인 쟁점을 두고 벌어지는 갈등, 갯벌 가치가 더 크다, 아니면 매립장 이용 가치가 더 크다, 이런 과학기술적인 쟁점이 벌어지면, 입장이 찬반으로 갈라지면, 찬성 반대 전문가를 구성합니다. 새만금 법원 소송에서도 그게 그대로 드러났잖아요. 반대쪽 전문가는 왜 매립하면 문제가 있는지, 그 사실만 수집해서 그 논리만 부각시키고. 찬성쪽 논리는 반대로 왜 그것을 매립해야 하는지에 방점을 둬서 사실과 논리만 동원해서, 전문가의 중립성이라는 것이 사안에 따라서 다르다는 것이죠. 제가 아까 새만금에서도 민관공동조사가 실패했다고 하는 것 중의 하나가 그게 과연 과학기술 분야 전문가들만으로 해결할 수 있는 쟁점이냐? 갯벌의 경제성과 논의 경제성을 비교하는 것은 경제학자들이 할 얘기고, 수질오염이 되느냐 안되느냐는 환경공학자, 수질 전문가들이 할 얘기고, 해안의 생태계 변화가 오느냐 안 오느냐는 해안 전문가, 결국은 모두 경제학자, 수질공학자, 해양생태계학자, 과학기술 전문가들 판이 됐잖아요. 그런데 그게 아니라구요. (이재영, 6, 13면)

새만금에서 환경단체가 반성해야 할 점은 새만금을 사회적으로 이슈화하는 데는 성공했지만, 정부와 마주 앉아 문제를 해결하는 과정에서 지나치게 기술적 쟁점만을 부각했다는 것이다. 대표적으로 새만금 민관공동조사단에서는 수질, 해양에 미치는 영향, 경제성, 그리고 갯벌의 가치가 핵심 논점이었다. 즉 새만금이라는 복합적인 문제를 4가지 형태의 대단히 기술 중심적인 문제로 환원했는데, 그 결과 해당 쟁점에 답을 하기 위해 전문가들을 모으게 되고, 논의과정에 지역민들은 철저히 차단되고 말았다는 것이다. 새만금에는 이러한 네가지 문제 외에도 운동하는 사람들이 짚어보아야 할 측면이 많았다. 어민들이 새만금 갯벌을 오랜 세월 지속 가능한 방식으로 일구어왔던 거라든가, 지역사회에서 새만금의 의미, 지역주민들의 전망, 또는 그들이 자식에게 무엇을 기대하는지 등을 들으려고도 하지 않는 정부의 태도를 제기했어야 하는데, 그 네가지 쟁점 때문에 다른 것들이 논의의 장에서 밀려나고 만 셈이다. 새만금 사업 반대운동을 가까이에서 지켜본 오상현 기자는 이렇게 말했다.

우리나라 환경단체는 굉장히 실무 지향적입니다. 특정 사안에 있어서 문제를 어떤 방식으로 해결하느냐보다도, 해결하느냐, 해결하지 않느냐, 이기느냐, 지느냐를 먼저 생각하는 것 같아요. 그러다보니까 상당히 전략적인 판단은 앞서지요. 저쪽이 이런 카드를 들고 나왔을 때, 우리가 이런 카드를 들고 국면을 어떻게 전환시키고 이런 것들에 능한, 이른바 싸움하는 조직이라는 거죠. 그러다보니까 점점 투쟁적으로 가게 되고 싸움 전문가, 협상 전문가들은 굉장히 많은데, 저 바닥에 있는 대중들하고의 거리는 자꾸 멀어지는 것이지요. 지역 사람들하고 소통을 계속하면서 싸움 전략도 나오고 그렇게 해야 하는데, 그것은 없어지고 싸움 전문가들이 이제 정부하고 협상을 하는 것입니다. 자, 새만금문제를 어떻게 할 것인가? 그래서 그때 정부가 '이거 민관 공동조사하자, 그리고 당연히 새만금사업은 여기서 (임시) 중단이다' 하니까 시민단체들이 굉장한 승리감에 들떴던 것 같아요. 왜냐하면 우리나라에서 정부가 그렇게 규모가 큰 국책사업을 정부 스스로 잠시 중단하고 대화를 한 사례가 없었으니까요. 비록 중단시키고 재논의하는 데에서는 승리했지만, 승리감 때문에 그 사안을 지역민이 없는 과학적인 논쟁거리로 전락시키는 결과를 가져오는 실수를 했던 것 같아요.(오상현, 7면)

새만금 민관공동조사단의 공동조사와 협의과정을 비공개로 했다는 점도 비난을 받았다. 당시 조사단에 참여한 누군가는 협의과정 자체가 일일이 공개되면 위원들이 자신을 추천한 단체의 영향을 계속 받게 되고 자유로운 의견개진이 더 힘들 수도 있다고 주장했다. 하지만 일반대중이나 지역주민, 그리고 이해 당사자들이 참여할 기회가 봉쇄되었다는 점에서 상당히 아쉬웠고, 환경단체가 비공개로 진행하는 데 동의한 것 자체가 교만하다는 비난이 나왔다.

환경문제는 지역에서 발생하는데 정작 지역운동가는 없거나 적고, 주로 서울에서 활동가가 잠깐 내려오거나 아예 서울에서 운동을 하기 때문에 지역의 정서와 문화를 이해하지 못하고 지역민들과 활발히 교류할 수도 없다는 지적도 있다. 그럴 경우 환경운동은 결코 성공할 수 없다.

지역에서의 실패라는 게, 논의한 운동들이 대부분 다 서울 중심으로 이루어지면서 생태운동을 하셨던 분들의 취지라든가 생각 이런 것들이 충분히 지역화되지 못했다. 실제로 들여다보면 지역에서는 여전히 생태 얘기하는 게 어려운 부분들이 있거든요. 근데 예전에 사실 말하지만 행사할 때만 와서 한번쪽 돌아보고 올라가고 이런 식으로 계속 진행됐죠. 지역하고 연계되지 못하고 혹은 실질적인 활동가라든가 사람들이 지역에 생기지를(지역에는 활동가가 없거나 드문) 못하는 이런 것들이 결정적인 문제라고 생각하는 거예요. (…) 그게 아마 새만금운동에 대해 한편에서는 실패라고 생각하실 텐데 그 실패가 같은 원인이라고 생각합니다. 제가 생각할 땐 문화죠. 문화화되지 못했다. (이승우, 9면)

지역의 문제를 해결하기 위해서는 지역운동을 해야 한다는 것이다. 단순히 운동적인 차원에서 머물지 않고 지역민이 되어야 한다는 얘기다. 같이 어울리고 놀고 생활해야만 지역 사람으로서 문제를 해결할 수 있지 않겠는가.

활동가들이 많이 내려와야 됩니다. 내려온다는 게, 그냥 내려오는 게 아니고 거주를 하러…… 지역에 자꾸 와야 됩니다. 지역에 와서 뿌리를 내려 놓면서 해야 그게 인제 제대로 된 운동인데, 너무 이슈 중심으로 이슈 파이팅 중심으로 우르르르 몰려다니는 게 다라는 거죠. 그러니까 그게 저 80년대식 운동방식의 또하나의 재현이라고 생각을 하는데, 그게 제일 아쉽습니다. 이게 한 10년쯤 지났으면 이 지역에 뭔가 활동가들이 남아 있고, 그 사람들 중심으로 뭔가 이렇게 일이 있어야 되는데 아무것도 없어요. 10년이 지났는데. 10년이면 강산도 변할 수 있는데, 그때 와서 정말 농사짓는 심정으로 이렇게 뿌리고 그 걸 거두었으면 오히려 지금 와서 상당히 큰 힘이 됐을 텐데 그러지 못했다는 게 아쉬운 점이죠.(이승우, 10면)

지역운동은 사람이 자주 바뀌면서 운동의 연속성이 사라진다. 가뜩이 나 일할 사람도 없는데 그나마 자주 바뀌니까 사업이 승계되지 못할 뿐 아니라 개인의 개성에 좌지우지되면서 갈피를 잡기 힘들다는 것이다. 운 동의 비전은 한순간에 만들어지는 게 아닌데 이렇게 불안정해서는 지속 적인 운동, 지역민들의 삶과 동화된 운동은 하기 어렵다는 말이다.

(환경운동가들이) 금방 있다가, 몇년 있다가 가버려요. 또다른 사람이 해(또 다른 사람으로 바뀐다). 한 1년이나. 2,3년 지나면 가버려.(서인교, 15면)

장항 갯벌 보전, 새만금을 통해 배웠다

이후 앞으로도 보전운동을 하면서 이런 부분들, 그러니까 환경 이외의 이런 가치들에 대한 고려…… 그래서 지금 장항 싸움을 할 때는 보전운동을 하면 서 지금 계속 그 지역에 내려줄 돈을 가지고 좀더 효율적으로 사용할 수 있는 방안을 마련해보자라는 것들이 내부에서도 계속 나오거든요. 그런 쪽으로도 계속 나가려 하고, 그다음에 토론회를 포함해서 그런 식으로 계속 이야기를 하려고 하고…… 새만금사업 반대운동 할 때 나름대로 교훈이라면 교훈이라 고 얻었죠. 이번 장항 싸움을 할 때는 무조건 보전만 이야기하는 게 아니라 더 나은 발전방안을 같이 찾아보자고 계속 이야기를 하거든요. 여전히 뭐 콘 텐츠라 그럴까? 하여튼 그게 뭔지 이런 걸 잘 모르니까. 잘 모르니까 외국 몇

몇 전문가들한테 의존할 수밖에 없는 상황인데, 그러다보니까 이게 우리 운동가들한테 체화되지 않고 하니까 동력은 떨어지죠.(이완배, 11~12면)

새만금에서 배운 교훈이었을까? 2006년 충청남도 장항에서도 갯벌 보전과 개발(장항산업단지 유치)의 논란이 있었지만 환경단체가 무조건 보전만을 외치지 않았다. 갯벌의 중요성을 강조하면서도, 갯벌 매립에 드는 비용을 지역의 다른 부문에 사용할 수 있는 제반 방법과 내용을 제시했다. 비록 그것이 초보적이었다고 해도 이는 차원이 다른 얘기다. 처음에는 지역주민들의 반발이 거셌지만 환경부와 지속가능발전위원회가 서천군을 설득하고 충분한 대안을 제시하면서 장항에서는 갯벌을 매립하지 않고 원만한 합의를 도출하기에 이르렀다. 환경단체 주최로 열린 토론회[4]에서도 갯벌의 중요성보다는 갯벌을 이용한 수익성 도출 방안, '해양생태자원관' 등 다양한 지역발전 방안을 제시하는 노력들이 나타났다. 새만금과는 매우 다른 모습을 보여준 셈이다. 사실 새만금문제 후반부 들어서 환경단체들도 이러한 노력을 했다. 중립적인 인사들을 구성해서 강현욱 도지사도 만나고 합리적인 해결방안을 모색하는 여러 제안이 있었으나 한번 틀어진 관계를 회복하지 못했다. 환경운동단체들은 장항에서는 처음부터 이를 간과하지 않고 노력하는 모습을 보였다. 그런 노력이 문제해결에 어느 정도 영향을 미쳤는지는 알 수 없지만 새만금의 실패를 반복하지 않았다는 것만은 분명하다.

장항산업단지 관련 토론회에서 방청석에 있던 주민은 이런 말을 했다.

왜 20년 동안 가만히 있다가 이제 와서 지역에서 개발하려고 하니까 갯벌이 중요하다고 하는가? 지역주민의 삶은 전혀 안중에도 없다가 이제 와서 지역발전 운운하는 저의가 무엇이냐?

환경운동단체도 할 말은 있겠지만 두고두고 곱씹어볼 대목이다. 환경단체가 주민들이나 국민들의 신뢰를 얻기에는 아직 미흡하다고 보아야할 것이다.

절차적 민주성에 대한 비난은 대개 정부가 받아왔다. 그러나 정부와 싸우면서 닮아간 것일까? 새만금이나 방폐장 반대운동에서 많은 시민들이나 시민운동 전문가들은 환경단체의 절차적 민주주의에 대해서 한마디씩 했다.

> 저쪽이 군사적으로 일사분란하게 움직이니까 우리도 내부에 회의론이나 반론이나 일부 종교적인 뉘앙스들이 있을 수 있겠지만, 매몰되고 일사분란하게 반대로 전선이 형성되거든요. 저는 주장하는 것이, 개발과 환경이니까 보수와 진보, 콘텐츠는 보수와 진보로 보일지 모르지만 소프트웨어, 절차에서는 양쪽 다 보수적이다. 의사결정과정에 구성원들이 자유롭게 참여해서 반대할 권리를 보장하지 않고, 그런 반대한 내용을 밖으로 공개하지 않는 폐쇄성을 보고 저는 비민주성, 절차의 비민주성이라고 생각해요.(이재영, 18면)

20여년 이상 시민활동을 해온 이재영 소장은 환경단체가 환경과 개발이라는 주제로 갈등이 생길 경우, 사회의 다양한 목소리를 받아들이지 못한다고 정부를 비난하지만, 정작 환경단체내의 다양한 목소리는 논의는 될지언정 공개되지는 않는다고 주장했다. 시민단체가 의사결정과정을 공개함으로써 도덕성과 경쟁력을 가질 수 있다고 생각하는 것이다.

> 국무조정실이 경주 방폐장 평가하는 걸 보면서 10년 동안 반대했던 환경단체들은 경주 방폐장 패배를 어떻게 평가하고 교훈을 얻고 있나, 사이트를 뒤져

봤어요. 전혀 없었어요. 물론 내부적으로 있을 수 있겠지만 공개하지 않거든요. 그러면서 정부가 자료를 공개하지 않는다고 비판할 수 있는지. 굉장히 많은 단체들이 부안 때 반핵평화, 국민연대 참여해가지고, 그런데 그 단체들은 정말로 다 그렇게 방폐장을 반대했는가? 좀 엉뚱한 궁금증인지 몰라요. 그런 내부의 한 회의록을 보고 싶었어요. 원자력발전소가 전체 전력의 40퍼센트를 차지하면 그럼 이 순간에도 장갑도 나오고, 냉각수 폐액도 나오는데, 나오는 것은 어딘가에 보관해야 할 것 아니냐, 그럼 결국 방폐장은 하느냐 안하느냐의 문제가 아니라, 규모가 얼마나 적정한 거냐는 정량적인 문제 아니냐? 이러한 의견이 내부 토론중에도 한번 나오지 않았을까 찾아보았지만 자료 자체가 없거든요. 사실 우리가 정부에 방폐장 정책을 결정하고, 새만금 정책을 결정하는 과정에서 비난하는 것 중의 하나가 왜 공개를 안하느냐? 우리는 정보를 공개하라고 요구하고, 왜 그렇게 밀실에서 결정하느냐 비판하면서, 의사결정과정의 비민주성을 비판하면서도, 거기에 안티테제로 싸우고 있는 우리 시민단체들의 의사결정과정도 결국은 비공개로 되어 있다는 사실이……(이재영, 18면)

환경단체 의사결정과정에 참여하지 않았던 필자로서는 쉽게 평가하기 힘들지만, 시민단체는 승리가 지상명제인 조직이 아니라 대안제시가 목적인 단체라고 생각한다면 그 모든 과정이 투명해야 할 것이다. 우리 사회 구성원 누구도 시민단체에 권력을 부여하지 않았다. 시민의 권리를 찾겠노라고 천명한 단체라면 그것을 달성하는 과정에서도 민주적인 원칙을 밟아가야 정당성을 확보할 수 있을 것이다.

지금까지 환경단체가 국민의 지지를 받은 이유는 딱히 잘해서라기보다 그동안 정부의 환경정책이 너무나 부실했기 때문이고, 그저 반사이익을 얻었던 것뿐이다. 새만금이나 방폐장은 환경단체에 스스로 평가하고 자성할 계기를 마련해주었다. 초기 환경단체들은 열악한 상황 속에서 정부 사업에 제동을 걸어왔으나 대부분 실패했다. 그러나 이제는 환경단체의 반대로 정부가 계획을 접은 사례들도 점차 늘어나고 있다. 환경단체가 반대했으나 정부가 그대로 밀어붙였던 시화호를 보자. 6200억원 이상의 예산이 투입된 시화호는 결국 바닷물을 끌어들여 이제야 어느 정도 악취를 없앨 수 있게 되었다. 썩은 시화호는 정부정책의 대표적인 실패 사례이자 환경단체의 정당성을 웅변한 경우였다. 그런데 환경단체가 반대해서 중단된 사업들을 과연 객관적으로 평가를 해보았는가? 필자는 과문한 탓인지 아직 환경단체가 그러한 자체 평가를 했다는 얘기를 들은 적이 없다. 스스로를 돌아보지 않는 사람이나 조직에는 발전이 없다.

이제 환경단체들도 평가받을 때가 왔다. 환경단체가 반대했음에도 추진된 사업도 많다. 그렇지만 환경단체의 의견이 모두 옳다고 단정할 수는 없지 않을까? 그런 비판을 피하기 위해서는, 아니 운동이 한차원 성숙하기 위해서는 끊임없는 혁신이 요구된다. 환경운동의 희망은 개발을 비판하고 반대하는 데에 머물러서는 찾을 수 없다.

반대로 가야 한다고 생각합니다. 환경운동이 왜 자꾸 공중에 떠서 있지만 말고 지역에서 발 붙이고 살라고. 예들 들어 왜 환경문제를 1년 6개월 안에 해결해야 합니까? 정부에 대해서 정책적인 평가로 조급함을 비난하면서 환경단체 사람들 왜 그렇게 서두르느냐 이거죠. 환경운동을 30년, 50년 하면 안되나요? 일본에서 원자력발전 반대운동 하는 어느 사람이 30년 동안 매일 원자력발전소 앞자리 바닥에 하루도 빠지지 않고 온도를 쟀다고 하지 않습니까? 그런데 그렇게 빠지지 않고 온도를 잰 기록이 없기 때문에 우리는 말로 싸우죠. 매일같이 수행한 기록이 싸울 때도 가장 정확한 데이터가 되는 것 아닙니까? 머리 터지게 싸워야만 투쟁하는 것이 아니고 생활 속에서 싸우는 것, 환경운동이 가져야 할 모습이 아닌가 싶어요.(오상헌, 18면)

환경단체는 부안 방폐장에서 승리했다고 자평한다. 일단 부안에 방폐장이 들어서지는 않았으니까. 그런데 경주에는 들어섰다. 극단적인 말이겠지만 전투에서는 승리했지만 전쟁에서는 졌다. 환경단체는 방폐장을 이야기하기에 앞서 에너지정책을 말했어야 했다. 특히 2004년 부안에서 정부의 신뢰가 바닥에 떨어진 순간 환경단체는 정부와 국민을 상대로, 그것이 원자력이든 대체에너지든 우리사회의 에너지정책을 논의했어야 했는데 그러지 못했다. 에너지에 대한 국가와 국민의 역할, 환경단체들의 역할을 제시하지 못했다. 좋은 공간이 열렸지만 논의를 확대하지도 지속시키지도 못했다. 결국 부안 방폐장 반대운동은 그 차원에만 머물러 더 나아가지 못했다. 아니 이런 중요한 문제를 논의할 수 있는 기회를 날려버렸다. 방폐장문제로 환경단체와 머리를 맞댔던 정부관계자는 과연 환경운동을 어떻게 보고 있을까?

솔직히 개인적으로 우리끼리 소주도 먹고 얘기해보면은 NGO 대표로서 나와서 얘기할 때하고는 다릅니다. 그런데 조직내에서는 안되죠. 그러니까 진도가 안 나가는 것입니다. 이래서는 반핵운동은 한걸음도 못 나갑니다. 반면 정부라는 바퀴는 환경단체와 논의가 정체되어도 계속 굴러가게 되어 있어요. 저는 환경단체가 확실히 반핵운동의 결정적인 기회를 2004년도에 잃었다고 봐요. 부안에서 정부의 결정적인 실수로 정부 신뢰도가 땅에 떨어졌을 때 반핵운동이 이런 식으로 가자고 했으면 정부가 따라갈 수밖에 없었어요. 지금은 정부가, 그렇게 하자고 해도 절대로 안하죠. 경주 이후로 분위기가 살았기 때문에 그런 얘기 해봐야 우리는 뭐 그냥 가요. 지금 전세계적인 분위기도 원자력발전소 더 지어야 한다는 분위기니까. 2004년도에 환경단체가 정부와 마주 앉아서 에너지정책 전반에 대해 이야기하고 방폐장을 짓되 앞으로 원전

안된다. 그렇게 갈 수 있는 계기가 있었는데 너무 강하게 가면서 반핵운동은 멈춰서게 된 것입니다.(박홍식, 11면)

소는 잃었어도 외양간은 고쳐야 한다

환경행정, 제도와 절차의 보완이 필요하다

흔히들 21세기는 환경의 시대라고 한다. 우주공간에서 보면 지구는 보잘것없는 작은 점에 불과하지만, 독특한 생태계를 유지하고 있으며, 생명력이 넘치는 아름다운 별이기도 하다. 인식의 지평이 짧았던 과거에는 지구는 시작도 끝도 없는 무한의 공간으로 여겨졌지만 과학적 인식이 진보함에 따라 지구 자체가 유한한 행성이라는 생각을 갖기에 이르렀다. 최근에는 자연의 변화가 예기치 못한 방향으로 흘러가면서 위기의식이 높아지고 있다. 기후변화에 따른 기상이변이 속출하고, 북극 빙하가 녹아 해수면이 상승함으로써, 남태평양 섬 주민들이 이웃나라로 대피하는 사태까지 발생하고 있다. 자연환경이 크게 변화하고 있는 것이다. 그러나 이 모든 변화가 자연적인 결과냐, 인위적 활동의 결과냐를 놓고 아직 결론을 내리지는 못하고 있다. 다만 인간의 과도한 행위를 자제하고 유한한 자원을 아껴야 한다는 데에는 이의가 있을 수 없다. 지구 차원에서 가장 중요한 것이 '생태계'와 '에너지' 문제인데, 이 범주에 들어가는 새만금사업과 방폐장건설이 뜨거운 쟁점으로 부각된 것은 결코 우연이 아니다. 새만금과 방폐장의 갈등은 지구 환경 변화에 따라 발생할 수밖에 없는 문제인 셈이다.

자연의 예기치 못한 변화에 우리는 어떻게 준비하고 있는가? 이러한 자연의 변화, 시대의 변화에 걸맞은 제도와 정책을 내놓고 있는가? 먼저 피해를 예방하거나 최소화하기 위해서는 행정절차를 잘 준수하고 적용해야 하는데, 환경 관련 행정절차로는 사전환경성검토[5]와 환경영향평가 제도가 있다. 위도 출신으로 방폐장 유치를 반대했던 건설업 종사자인 권영만씨는 다음과 같이 말했다.

> 사업주체가 하는데 나쁘게 나올 리가 없죠. 위도의 지질조사의 사업주체는 대우엔지니어링이 했어요. (…) 그래서 대우 직원들이 내려가서 사인도 받고 그랬어요. 가짜 도장 찍고, 찬성 도장 찍고. 그 사람들이 조사를 하고, 지질조사를. 그리고 분석도 지질조사 관련된 한수원 산하의 단체들에서 하고…… 당연히 좋게 나올 수밖에 없겠죠.(권영만, 14~15면)

건설 관련 제도는 많이 바뀌었지만 조사에 대한 신뢰는 높지 않았다. 과거에는 없던 설계감리제도가 도입되어 이제는 설계를 하면 바로 통과되는 게 아니라 설계가 잘되었는지 잘못되었는지를 검토한다. 감리회사는 정부가 지정한다. 만약 건설 도중에 감리회사에서 문제를 지적할 경우 해당 지자체나 감독관청에 보고하고 몇차례 시정조치를 할 수 있다.

> 끝까지 버티는 제도는 아니구요. 보고를 하죠. 감독관한테. 그 구청에. 2번인가 3번인가 시정조치를 내리는데, 안됐을 경우는 보고를 하게 되어 있어요. 중지를 내려달라고, 감사중지를. 그래서 거기서 싸움이 붙죠. 그래서 그러면 감리를 바꿔요. 2번. 그 전에는 그런 법이 없었어요. 계속 바꿀 수 있었어요. 그런데 요즘에는 하도 문제가 되니깐 감리를 2번인가 3번인가 바꾸면 안돼요. 감리를.(권영만, 15면)

건설업계에서는 이런 제도들이 이전에 비해 많이 보완되었지만 실제로는 철저히 지켜지는 것은 아니라고 한다. 문제가 있을 경우 시정을 요구할 수는 있지만 그렇다고 감리회사가 건설사업 자체를 부정할 수는 없다. 새만금사업이나 방폐장 건설 등 대규모 국책사업에서는 이런 절차적 제도들이 잘 지켜질까? 형식상 사전환경성검토와 환경영향평가에 대한 협의는 환경부가 하고 있다. 그중 환경영향평가는 국책기관인 한국환경정책평가연구원의 검토의견을 들어 필요시 수정·보완 조치를 한 결과를 사업승인기관에 통보한다. 과거에 비해 평가 대상이 많아지고 절차도 강화되었지만, 이 모두가 사업계획이 확정되었거나 사실상 확정된 이후에 검토한다는 본질적인 한계를 지닌다. 사업이 이미 확정 단계에 들어선 시점에서 검토할 경우, 설사 문제가 심각해도 이 사업 자체를 원천적으로 거부할 수 없다는 이야기다. 그래서 이런 제도의 맹점을 보완하기 위해 선진국에서는 사업 타당성 조사인 '전략환경평가제도'를 도입했다. 우리나라에서도 부분적으로 이 제도를 도입했지만 아직 그 실효성이 높지 않다.

미국은 20년이 지났지만 주민 반대에 부딪혀 아직 고준위 핵폐기물 처리장을 짓지 못하고 있다. 미국도 방폐장 처리를 놓고 오랫동안 갈등하고 있다. 네바다 주 유카마운틴 지역에서 20년 동안이나 가장 안전한 부지를 찾고 있는데 공개적인 방식으로 지질 안전성을 조사한다고 한다. 그리고 그 결과를 지역주민들에게 설명하고 지역주민들이 반대하거나 이의를 제기하면 다시 조사한다. 소송도 진행되었는데, 당시 네바다 주 재판부는 정부측에 '고준위 방사성물질은 반감기가 약 1만년인데 이 기간 동안 안전하게 관리할 수 있음을 입증하라고 요구'했다는 판결로도 유명하다. 외국의 갈등 조정에 대한 사례는 이뿐이 아니다. 스웨덴 국민들은 우리나라처럼 원자력발전소나 방폐장에 대해 거부정서가 강하지는 않다. 그렇다고 정부가 일방적으로 추진하지도 않는다. 수도인 스톡

홀름에서 아주 가까운 지역인 포스마크와 웁살라 2곳이 방폐장 예정 부지이다. 지질조사 등을 엄격히 하는 반면 주민수용성도 충분히 검토하고 있다. 검토과정에서 이 두 문제를 소홀히 하지 않고 두개의 수레바퀴로 삼아 사업을 추진하고 있다.

절차의 투명성이 보장되면 엄격한 기준이 적용될 수밖에 없다. 모든 정보가 투명하게 전달되면 사람들은 의문을 해소하기도 하고 새 의문을 제기하기도 한다. 다음으로 정부는 몇번의 형식적인 설명을 할 게 아니라, 주민들의 의문을 해소하기 위해 꾸준히 조사하고, 신뢰성 있는 정보를 찾아 주민들에게 알려주는 방식으로 진행한다면 신뢰를 형성하는 것이 그리 어려운 일은 아니다.

그렇다면 왜 방폐장에 대해서는 끊임없는 의구심을 품게 되는 것일까? 방사성물질이나 핵물질은 매우 위험한 물질이기 때문이다. 통상 자연광물인 우라늄을 채취하여 핵분열반응을 통해 원자력발전소에서 전력을 생산한다. 그 과정을 거쳐 남는 폐기물이 고준위폐기물로는 플루토늄(plutonium)[6] 등이고 중저준위폐기물은 원자력발전소에서 사용한 소모품 기구들이다. 여기에 방사능이 묻어 있기 때문이다. 플루토늄은 핵반응이 아직 90퍼센트 가까이 남아 있어 불안전한 상태이고 매우 위험한 물질로 분류된다. 흔히 핵무기는 이 플루토늄을 재처리하여 만든다. 문제는 이 핵반응의 반감기가 길게는 1만년 이상이므로 안전한 관리와 처리가 매우 중요하지만, 현대 과학으로는 이를 완벽하게 제어할 수 없다는 것이다. 방폐장 논란은 바로 이러한 핵물질의 위험성 때문에 일어난다. 일단 핵물질이 새어 나가지 않는 부지 선정이 중요한데, 지진이나 지하수 또는 해수유통 개연성이 있는 지역에는 방폐장을 건설해서는 안된다. 이처럼 위험하고 통제하기 어렵기 때문에 원전을 늘리려는 정책에 주목하지 않을 수 없다.

저는 국민들이 이 과정을 통해서 방폐장이라는 것이 얼마나 우리세대가 책임져야 될 문제이고 안전하게 관리돼야 될 것인가, 그리고 전문가 그룹들은 그저 안전하다고만 얘기할 것이 아니라 현대의 과학기술들을 다 동원해서 최대한 안전하게끔 해야 되겠다는 의지의 표현이 되어야 한다고 생각하거든요. 하지만 그렇지 않죠. 그렇기 때문에 저는 문제라고 생각을 하고, 그리고 올바른 프로세스란 우리나라 방폐장을 둘러싼 논의가 끊임없이 이어지는 거죠. 예를 들어 화장실의 정화조가 몇리터짜리가 들어가야 되는지, 화장실을 얼마나 크게 지어야 되는지 견적이 나와야 되는 거 아닙니까. 그러면 우리나라의 원자력정책들에 대한 판단을 먼저 하고 이후 사용후핵연료와 중·저준위폐기물의 양이 얼마나 되는지를 재야 되죠. 원자력정책이 언제까지 얼마나 가는지 이런 것이 확정이 되어야 하고, 그 속에서 저는 방폐장에 대한 정책들이 나올 수 있다고 생각합니다.(이한우, 19면)

그러니까 원자력발전소에 대한 정책을 재조정하고 그에 따라 어느 정도의 폐기물이 발생할 것인지를 예상해야 한다는 것이다. 국가마다 차이는 있지만 원자력을 이용하는 나라들은 원자력을 계속 이용할지 중단할지, 늘릴지 축소할지 논란도 많은데, 현재 정책을 조정하는 과정이 진행되고 있다. 독일처럼 국가 차원에서 2021년까지 원전 가동을 중단하는 계획[7]을 발표하면 폐기물량이 계산되고 그에 따른 방폐장 규모를 결정할 수 있다. 그런데 우리나라의 경우에는 이런 정책의 변화가 보이지 않는다. 무엇보다 이 논의부터 시작해야 한다. 프랑스처럼 원자력을 많이 쓰는 나라도 있지만 독일처럼 원자력 폐쇄를 결정하는 나라도 있다. 그렇다면 우리는 에너지문제를 어떻게 할지를 차분히 검토하고 검증하기 위한 논의를 시작해야 한다. 언제까지 얼마나 원자력을 이용할지를 결정하지 않고, 지금 발생하는 핵쓰레기를 어떻게, 어디에서 처리할 것인지를 논의하다보니 논의 자체가 어렵다는 것이다.

국가의 에너지정책을 결정하는 것은 결코 가벼운 일이 아니다. 산업과 생활에 미치는 영향이 막중하기 때문에 한시라도 방심할 수 없다. 작은 동네라 할지라도 몇시간만 전기 공급이 중단되면 소동이 일어난다. 산업은 말할 것도 없다. 그러니 대안도 없이 에너지문제를 이런 방향 저런 방향으로 틀어버리는 것은 있을 수 없는 일이다. 그러나 우리 인류가 주로 쓰는 화석에너지, 그중 석유는 고갈 위기에 처해 있다. 고갈 시기를 둘러싼 논쟁은 있지만 영원히 쓸 수 있는 에너지원이 아니라는 점을 부정할 수는 없다. 석탄, 가스 등도 마찬가지다. 에너지가 없는 상황이 도래한다면 지금의 문명은 하루아침에 붕괴되고 말 것이다.

그렇다면 원자력은 영원한 에너지원인가? 그렇지 않다. 자연광물인 우라늄도 언젠가는 고갈될 것이다. 그러나 원자력 사용에서 더욱 부담스러운 것은 이 물질의 위험성이 대단히 높고 인류에게는 이를 완전히 제어할 과학과 기술이 없다는 것이다. 이제는 초등학생도 알고 있는 구소련의 체르노빌 핵발전소 폭발사고[8]와 미국의 스리마일 원전사고[9]에서 이 물질의 위험성이 이미 입증되었다. 2차 세계대전 이후 인류는 미국이 히로시마에 떨어뜨린 핵폭탄의 가공할 파괴력도 경험했다. 따라서 원자력의 지속적인 사용 여부에 대한 사회적인 공론화가 필요하다. 그러나 이런 공론화 과정에서 사회적 수용성도 중요하지만 과학기술 역시 중요하다. 만약 원자력 사용을 줄이거나 아예 중단하려면 대체에너지원, 즉 태양광이나 풍력 등이 과연 어느 정도의 몫을 차지할 수 있을지 등이 중요해진다. 언제까지 원자력발전을 할 것이고, 그다음에 어떻게 할 것인가, 재생 가능 에너지로 전환하는 방안과 기술은 있는가, 그도 아니면 원전을 신규로 얼마나 더 건설할 것인지 등을 점검하는 공론화 과정이 중요하다는 얘기다.

우리는 현세대에서 원자력을 유용하게 사용하고 있지만 안전에 대한 과학적 확신은 금물이다. 필자가 좋아하는 책인 토머스 쿤의 『과학혁명의 구조』에 나오는 한 문장으로 이를 대신한다.

패러다임은 방법들의 원천이요, 문제 영역이며, 어느 주어진 시대의 어느 성숙한 과학자 사회에 의해서 수용된 문제풀이의 표본이다. 따라서 새로운 패러다임의 승인은 필연적으로 상응하는 과학을 재정의하도록 만드는 경우가 많다. 옛날 문제들은 더러 다른 과학 분야로 이관되거나 또는 완전히 '비과학적인' 것이라고 선언된다. 이전에는 존재하지 않았거나 또는 완전히 사소해 보였던 여러 문제들이 새로운 패러다임의 등장과 더불어서 유의미한 과학적 성취의 원형 바로 그것이 될 수도 있다. 그리고 문제들이 바뀜에 따라서 단순히 형이상학적 추론, 용어 놀음, 또는 수학적 조작으로부터 참된 과학적 해답을 구별짓는 기준도 바뀌는 일이 흔하다. 과학혁명으로부터 출현하는 정상과학적 전통은 앞서간 것과 양립되지 않을 뿐만 아니라, 실상 동일 표준상의 비교가 불가능한 것이다.[10]

우리시대 희망찾기

6장

보전과 개발, 함께 가는 길 찾기

누구를 위한 환경보존인가

갈등의 유형과 주체

갈등이 왜, 그리고 어떻게 발생하는가를 짚어보는 것이 중요하다는 점을 누누이 강조했다. 그렇다면 갈등의 당사자들은 누구이며 그들은 문제를 어떻게 이해하고 있는가를 살펴보자.

이득연 박사는 환경갈등 유형에 대해 크게 보아 '공간매개적인 갈등과 탈공간매개적 갈등으로 나눌 수 있다'고 한다. 새만금이나 쓰레기 매립장 부지, 방폐장 부지처럼 특정 지역을 둘러싸고 벌어지거나, 공간을 보전하느냐 개발하느냐를 놓고 벌이는 갈등을 '공간매개적 갈등'이라고 정의한다. 매립이나 개발, 혐오시설 설치 등 중앙정부와 지방정부, 정치권과 기업(공기업과 사기업)은 개발에 찬성하고 지역주민들은 이에 반대하는 양상으로 나타난다. 그러나 이런 대립구조가 항상 같은 양상으로 나타나는 것은 아니고 지역의 조건과 주민여론에 따라, 또는 정치권과 정부의 대응에 따라 달리 나타난다.

'탈공간매개적 환경갈등'은 사회집단 또는 사회계층의 이해관계를 매개로 한 환경갈등으로 정의한다. 환경보전의 필요성이 높아지면서 이에 대한 반발도 만만치 않게 형성된다. 기존 관행대로라면 제도나 규칙은 그저 개발이나 시설의 건설 그리고 운영에 그다지 중요하지 않은 포장에 불과했지만 갈수록 사정은 달라진다. 이에 따라 환경규제와 비용 부담에 반발하는 기업, 환경규제에 따른 고용 위협에 민감한 노동자 집단, 환경규제와 이해가 상반되는 특정 과학기술자 집단, 경기 위축에 대립하는 경제관료 집단, 소비생활의 규제에 반발하는 소비자 집단 등 각자의 이해[1]에 따라 환경보호 조치에 대한 반발이 강해진다.

어느 유형의 환경갈등이든 구체적인 상황에서 이해관계는 단순하지 않고 복합적이며 다층적이다. 그러나 갈등구조를 단순화하면 결국 갈등의 당사자에게 이익인가 손해인가에 따라 입장과 태도가 결정된다.

길거리에서 만나는 사람들에게 물어보자. '당신은 정말 환경이 중요하다고 생각하십니까?' 십중팔구 '그렇다'라고 대답할 것이다. 그러면 다시 물어보자. '얼마나, 왜 중요하다고 생각하십니까?' 이 질문에는 대답을 하기가 쉽지 않을 것이다. 환경은 산술적으로 계산하거나 양으로 측정하기는 어려운 것이기 때문이다. 나와 이해관계가 어떻게 얽히는지 분명치 않기 때문에 정확한 셈이 어렵다. 좀더 구체적으로 들어가서 '당신 동네에 쓰레기매립장을 짓거나 방폐장을 건설하려고 하는데 어떻게 생각하십니까?' 그러면 대개는 부정적인 의견을 피력할 것이다. 여러가지 이유가 있겠지만 나의 생활공간에 그런 골치 아픈 혐오시설이 들어오는 것이 탐탁할 리 없다. 우선 집값이 떨어진다고 생각할 것이다. 상당히 곤란한 질문을 해보자. 주변환경이 대단히 좋고 쾌적한 공간인데 이 지역을 개발하려 한다고 하면 어떻게 대답할까? 아마도 조금 아쉽긴 하겠지만 주변이 개발되면 집값도 오를 테니 경제적으로 이득이 된다고 생각할 것이다. 결국 많은 사람들이 환경의 중요성을 애기하지만 이는 추상적 차원에서 그러하고, 구체적으로 내 생활과 연관되어야만 민감하게 받아들인다. 정리하자면 환경보전이라는 사안에 거시적으로는 동의한다. 이는 총론적이고 가치에 입각한 동의이며 지구나 국가적 차원의 동의이다. 반대로 구체적으로 따지고 들면 경제적 이해가 우선한다. 지역 차원에서 그리고 내 주변 땅에서라면 보전보다 개발 욕구가 높게 나타난다.

이렇게 보면 환경보전과 개발은 공생하거나 병행할 수 있는 문제가 아닐지도 모른다. 그리고 현실에서는 공공의 이익과 개인의 이익, 국민의 이익과 지역의 이익, 지구의 이익과 국가(지역·개인)의 이익이 충돌하는 사례가 적지 않다. 환경과 생태계는 넓은 개념으로, 특정한 이해 집단이나 개인의 생활, 문화, 경제적 이해와 대립할 수 있기 때문이다. 바로 이런 이유로 관련 정책과 더불어 법과 제도가 필요하다. 그러나 이 제도의 틀로 들어가기 전에 되짚어봐야 할 대목도 있다.

관광휴양지로 적격인 지역이 있다고 하자. 이곳을 개발하면 여기에 땅을 갖고 있는 사람들이나 상인들에게는 경제적 이익이 발생한다. 건설업체, 관광업체 등은 경제적으로 이득을 볼 개연성이 크기 때문에 끊임없이 개발하려 든다. 그러나 이 지역은 생물종다양성이 풍부하고 생태계가 우수해서 환경단체들은 '생태계 보전 지역'으로 지정하려고 한다. 이 지역을 둘러싼 갈등이 예상된다. 만약 당장의 이익으로만 따진다면 개발하는 편이 나을 것이다. 그런데 경제적인 이익을 개발에서 찾지 않고, 자연을 보전함으로써 발생하는 여러 이득에서 찾는다면 보전이 훨씬 가치 있을 수도 있다. 현대인들이 스릴 넘치는 오락을 즐기는 개발관광만 원하는 것은 아니다. 오히려 요즘에는 자연의 아름다움, 숲의 고요함, 갯벌의 생명력을 찾는 관광이 늘어나고 있다. 일명 생태관광으로, 자연을 이해하고 관찰하는 생태체험관광이 훨씬 경쟁력이 높아지고 있다. 이러한 조건과 상황을 정확히 이해하고 이 지역을 개발하는 것이 좋으냐? 아니면 보전하는 것이 좋으냐? 하는 문제로 접근한다면 훨씬 근사한 결정을 내릴 수도 있다. 생태환경이 우수한 지역을 철저히 보전하면서, 이것과 조화를 이루는 개발을 선택해 지역발전을 도모할 수도 있는 것이다.

환경은 개별 환경의 단순 집합체가 아니라 지구라는 거대한 생태계, 나아가 우주 생태계로 파악해야 한다. 우주만물은 그렇게 유기적으로 연결되어 있다. 따라서 전체적이고 총량적으로 판단해야 할 것이다. 북극과 남극의 빙하가 녹아내림으로써 수천 킬로미터 떨어진 지역의 해수면이 상승하여 육지가 바다에 잠기는 사태를 우리는 목도하고 있다. 전체 생태계의 균형이 무너지면 부분 생태계 역시 영향을 받게 마련이다. 온난화에 따른 기후변화 등 지구 생태계가 파괴되면서 세계 각지에서 기온 상승, 집중호우 등이 발생한다. 반대로 지역 생태계의 파괴 역시 전체 생태계의 균형을 무너뜨린다. 이처럼 부분과 전체가 선순환 관계로 엮이지 않을 때 환경과 생태계에 재앙이 발생하는 것이다. 답은 간단하다. 환경 문제를 지역의 이해로만 접근해서는 안된다는 것이다. 1992년 리우환경회의(UN환경개발회의)에서 채택된 '지구적으로 생각하고, 지역적으로 실천하라'(Think Globally, Act Locally)는 행동강령은 그래서 중요한지도 모른다.

지역적 불평등과 불균형

사회적 불평등 그리고 지역 불균형 발전이 환경갈등을 일으키는 주요 요소라는 점에는 이의를 제기하기 어려울 것이다. 만약 전라북도에 4만 100헥타르 규모, 여의도의 140배(여의도 윤중로 안쪽 상업지구와 거주지 2.9제곱킬로미터를 기준으로 했을 경우 고수부지, 하천제방을 포함하면 여의도 면적은 8.4제곱킬로미터로 이 경우 새만금은 여의도의 약 50배다)인 새만금 갯벌을 매립할 것인가, 아니면 1만명을 고용하는 기업을 유치할 것인가? 이 글을 읽는 독자라면 무엇을 택할 것인가? 답은 물어보나마나다. 만약 지역주민들이나 지방정부에 선택권이 있다면 당연히 기업을 선택할 것이다.

그렇지만 우리나라는 지역발전의 불균형으로 소득격차가 심할 뿐만 아니라 지금은 사실 선택할 카드도 별로 없다. 기업은 중국으로, 베트남으로, 북한의 개성공단으로 갈지언정 지방으로는 가지 않는다. 그래서 충청남도 천안 밑으로는 생산성이 높은 대기업을 유치하기가 불가능하다고 한다. 이러한 불균등한 산업발전은 여러가지 측면에서 사회문제를 일으킨다. 도시와 농촌간의 문제는 주지하는 바이며, 그 이외에도 연안과 내륙의 차이, 수도권과 지방의 차이가 더욱 커지면서, 인구편중·주택·도로·교통·문화 등에서 헤아릴 수 없는 문제가 발생하고 있다. 지역 양극화 현상이 뚜렷하게 드러나고 있는 것이다.

이러한 지역적 불평등과 불균형은 환경문제에 직접적인 영향을 미치고 갈등의 요인이 된다. 도시 환경은 논외로 치더라도 도시의 수요를 위해 비도시지역이 일방적으로 피해를 떠안는 사태가 발생하는 것이다. 예를 들면 도시에 물을 공급하기 위해 상류지역 주민들에게 각종 규제를 부과한다. 대부분 도시주민들이 사용하는 전력을 생산하기 위해 울진, 영광 등지에 원자력발전소를 만들었고 당진 등 연안지역에는 화력발전소를 만들었다. 이 지역에서 생산되는 전력의 70~80퍼센트 이상은 도시에서 소비된다. 지역주민 입장에서 보면 자기 지역을 위한 생산적인 시설들이 유치되는 것이 아니라 타 지역을 위한 보조적인 수단들만 들어온다는 얘기다. 누군가 '우리는 하나다'를 외치고 싶겠지만, 경제적 이익은 공평하게 분배되지 않는다. 만약 부안군에 방폐장이 아니라 전력공급 시설이 들어온다고 하면 그렇게 격렬하게 반대했겠는가. 사람이 거의 안 사는 경주시 외곽이 아니라 천년고도 한복판에 방폐장이 들어선다면 경주시민이 그렇게 열렬히 찬성했을까?

앞에서도 지적했지만 국가나 지자체의 주요 시설을 건설하는 것에 반대하는 행위를 님비라고 한다. 지역이기주의의 다른 말이라고 할 수 있다. 이 지역이기주의는 국가 전체의 이익보다는 자기 지역의 이익을 우선시하는 경향을 의미한다. 결국 문제는 혐오시설을 둘러싸고 발생한다. 예를 들면 혐오성이 두드러지는 것으로 쓰레기처리 시설(쓰레기적환장, 쓰레기매립장, 쓰레기소각장 등)이나 분뇨처리장, 화장장, 공원묘지, 하수종말처리장, 교도소, 정신병원, 장애인 시설 등을 들 수 있고, 위험성이 두드러지는 것으로 유류저장 시설, 핵발전소, 핵폐기물처분장, 군부대 시설(사격장, 훈련장 등) 등을 들 수 있다. 또한 환경성이 두드러지는 것으로는 공장이나 공단, 골프장, 스키장, 대규모 위락시설, 댐 등을 들 수 있다. 나아가 시설뿐 아니라 특정 행정조치에 대해서도 지역이기주의 반응이 나타날 수 있다. 예컨대 상수원 보호구역 지정, 개발제한구역 지정 등에 대한 반발이 그것이다. 여기에서 얘기하려는 것은 이러한 시설을 둘러싼 환경갈등이다.[2]

이러한 시설은 국가적으로 중요하기 때문에 어딘가에는 설치되어야 한다. 그러나 지역주민의 시각에서 보면 '지역에 별 이익이 안되는 이러한 시설을 왜 우리가 유치해야 하는 것인가?'라는 의문을 갖는 것은 당연하다. 국가의 주요시설을 받아들이지 않았다 해서 무조건 지역이기주의로 몰아붙이면 곤란하다. 지역이기주의 논란의 핵심은 사회적 형평성이다. 원자력발전소가 있는 곳에서는 여름철에 전력이 부족한데 정작 해당 지역보다는 서울 등 도시에 우선 전력을 공급한다고 한다. 내 앞마당에 있는 시설, 그것도 위험을 무릅쓰고 수용한 시설인데 자신들이 우선순위에서 밀린다면 지역주민들의 반감은 높아질 수밖에 없다. 피해를 입는 지역과 이득을 얻는 지역이 서로 다르다면 정부의 요구를 수용하지 않는 편이 오히려 합리적이다. 이제는 감상적인 애국심만을 기대해서는 안 된다.

지역이기주의와 반대로 국책사업을 유치하는 운동이 소위 핌피(PIMFY)이다. 그러나 이러한 국책사업 유치운동을 긍정적으로 볼 것만은 아니다. 먼저 사업타당성을 엄격히 검토하는 것 자체가 어렵고, 지나치게 이해관계라는 시각에서만 문제에 접근한다. 방폐장 부지 유치에 4개 지역이 발벗고 나선 사례에서 보았듯이 각 지역의 유치경쟁이 과열되면 부작용을 낳게 마련이다. 그러나 주민들이 앞장서서 국책사업을 유치하려고 하는 데에는 나름의 이유가 있다. 앞에서도 얘기했듯이, 지역발전에서 불평등과 불균형이 개선되지 않기 때문에 혐오시설이더라도 이를 받아들여야 지역발전이 이루어진다고 생각하는 것이다.

결국 지역이기주의와 지역유치 선호는 동전의 양면과 같다. 공공사업, 국책사업을 사회적 형평성 차원에서 접근하지 않는다면 이런 부작용은 계속될 것이다.

누구를 위한 환경보전인가?

뜬금없는 이야기를 해야겠다. 지역개발은 잘살자고 하는 것이다. 그런데 환경보호는 왜 해야 하는 것일까? 나 자신에게 먼저 물어보았다. 집에 있는 아이가 생각났다. 나는 비록 서울에서 자랐지만, 그래도 변두리에 살아서 그런지 어릴 때 친구들과 계곡에 가서 가재도 잡고 물장구도 치고 놀았다. 물론 요즘도 재정이 탄탄한 지자체는 자연친화적인 공간을 많이 만들어놓았다. 과거에는 인근 놀이터가 다 자연이었다. 부모랑 한참 차를 타고 나가야 가재놀이를 할 수 있는 건 아니었다. 그러면 아이에게 감성을 키우는 자연공간을 제공하기 위해서라고 할까. 그럼에도 뭔가 부족하고 가슴에 와 닿지 않았다.

15년 이상 환경운동단체에서 일하고 있는 중견 운동가를 포함하여 환경운동가들에게도 물어보았다. 당연한 것을 물어봐서 그런지 너무나 당연한 대답만 나왔다. 환경이 살아야 우리도 사니까. 그저 짐작인지 아니면 대단한 신념인지는 모르겠지만 환경운동을 해야만 생활을 할 수 있으니까라고 들리기도 한다. 물론 그분들은 환경운동을 때려치우고 다른 일을 하면 지금보다 더 잘 먹고 잘살 수 있을 테지만 말이다. 어떤 운동가는 환경보호가 자신의 삶의 가치라고 했다. 존경스럽기도 했지만 조금은 무서웠다. 마치 사업가가 '돈 많이 버는 것이 제 인생의 목표입니다'라고 하는 것과 비슷하게 들렸기 때문이다. 자신의 신념은 자신의 인생을 끌고 가는 동력이다. 언제부터 어떤 계기로 환경보호에 뛰어들었을까?

한 운동가는 이런 이야기를 해주었다. 대학교 다닐 때 정부가 불법적으로 진행한 사업으로 고향 주민들이 피해를 입게 되었는데, 다행히 정부의 시정조치로 주민들은 보호를 받았지만 자연의 생명들은 그렇지 못했다고 한다. 숲이 사라지고 물이 말라 죽어가는 생명을 보고 왜 아무도 저들에게는 관심을 두지 않을까? 사람은 억울하면 데모도 하고 변호사를 사서 소송도 하는데 누가 저들을 대변해줄까, 하는 마음에 대뜸 지역 환경단체에 가입했고, 그후 환경운동하는 남편도 만나서 지금껏 환경보전운동을 하고 있다고 한다. 지금은 감수성이 그렇게 예민하지는 않아도 옛날에는 그랬다고 웃는다. 측은지심, '안됐다!' 하고 생각하는 마음, 그것이 신념을 만들어가는 계기가 되었단다. 신앙인들이 환경보호운동을 하는 이유는 비교적 명확했다.

나는 일단 기독교인이니까 하느님이 만드신 창조질서를 그대로 지키는 게 절대적으로 옳은 일이라고 보고요. 그리고 창조질서를 지킨다는 것이 인간 자신들을 위해서도 필요한 일이다, 그렇게 생각해요.(박태성, 1면)

종교라는 것이 그렇잖아요, 우리만 특별히 그런 것은 아니고, 환경의 소중함에 대해 기본적인 마인드를 갖고…… 선불교 중에서도 인제 우리 신부님이랑 선조들도 그러셨지만 생명의 소중함, 어떤 자연이라는 것에 대한 가치를 안고 사니까.(손일환, 7면)

종교적 신념보다 강한 것은 많지 않을 테니 종교적 가치에서 출발한 환경보호에 대해서는 더 이유를 묻기가 쉽지 않았다. 기독교는 최근에는 달리 해석하는 경향이 없지 않으나 창세기의 기독교적 창조질서에 인간 중심적, 남성중심적 사고방식이 반영돼 있다는 점을 부인할 수 없다. 하지만 종교적 관점에서 원래 하늘이 주신 자연을 우리 인간이 회복할 수 없을 정도로 변형하는 것, 미래세대와 함께 나누어야 할 자산을 당대에 소진해버리는 것을 문제라고 본다면 지속 가능한 발전 차원에서 접근할 수 있겠다.

환경법 수업시간에 학생들에게 왜 환경을 보호해야 하는지 물어보았다. 솔직히 말해서 생각해보지 않았다고 대답하는 학생들이 상당수였으며, 일부는 지구온난화가 인류의 종말을 가져올 수 있기 때문에 그런 것을 막기 위해 환경을 지켜야 한다는 의견도 있었다. 사실 굳이 환경보호를 해야 하는지 의문이라는 학생들도 적지 않았다.

법률에서는 환경문제를 어떻게 다룰까? 우리나라 헌법 제35조는 '모든 국민은 건강하고 쾌적한 환경에서 생활할 권리'를 가진다고 명시하고 있다. 그렇다고 법률이 친환경적인 내용을 담고 있다고 보기는 어렵다.

법적으로 환경 또는 자연은 소유권의 대상이기 때문이다.

환경윤리적 관점에서 자연은 소유의 대상이 아닌 공존의 대상이다. 동양적 삶과 가치에서는 자연을 공존의 대상으로 삼아왔다. 이제는 서양에서도 자연을 공존의 대상으로 바라보기 시작했다. 유명한 환경윤리학자인 알도 레오폴드는 자신의 저서인 『모래군의 사계』에서 땅의 윤리(Land ethics)를 이야기했다. 간단히 이야기하면 인간과 인간의 올바른 관계를 위해 사회윤리가 필요하듯이, 인간과 자연의 올바른 관계를 정립하기 위해서도 윤리가 요청되며, 이러한 윤리규범에 입각해 우리에게는 자연을 해하지 않을 의무가 있다는 것이다. 자연과 인간을 한 공동체로 보는 것이다.

환경보전을 어떤 시각에서 바라보느냐, 실천하느냐를 떠나서 환경은 공공의 영역이다. 운동의 관점이나, 종교의 관점, 그리고 생명윤리 차원에서 각기 다르게 환경을 바라볼 수는 있다. 그러나 그런 차이에도 불구하고 환경은 공공의 영역이기 때문에 인류 차원에서 책임과 의무를 다해 보전해야 한다. 살아숨쉬는 모든 생명들에 필요한 공공성이야말로 불변의 가치이다. 하지만 집단이 책임을 다하지 않거나 회피할 경우 애매하고 모호한 영역으로 남아 파괴의 위험을 피해갈 수 없는 것도 현실이다. '목초지의 비극'(tragedy of the commons, 공유의 비극)이라는 개념을 기초한 생태학자 개럿 하딘(Garrett Hardin)은, 가축을 방목할 수 있도록 개방된 공동의 땅에 가축 소유자들이 방목을 확대하면서 결국 목초지가 사라지고 황량한 땅으로 변해버린 사태를 진단했다. 가축을 기르기에 충분한가를 검토하지 않고 가축수를 늘리는 데 몰두하다보니 목초지 자체가 사라지고 만 것이다. 공공의 수용능력은 검토하지 않고 부와 사유재산에만 집중하다 결국 부의 원천인 '공공'을 잃어버린 것이다.

토건사업이라는 망령

누구를 위한 지역개발인가?

지역개발이란 말 그대로 지역을 발전시켜 지역민의 후생복지를 증가시키는 것이다. 쉽게 이야기해서 잘 먹고 잘살기 위한 노력이다. 그런데 이러한 목적을 달성하기 위해 꼭 거대한 토목공사를 일으키고 이것저것 마구 지어올려야 할까. 우리사회에서 언제부터인가 개발 하면 무조건 아파트단지와 8차선 도로 옆에 치솟은 높은 빌딩을 머릿속에 그린다. 거물 정치인과 지역유지들이 참석한 가운데 첨단산업단지의 준공식을 거행하는 장면도 빼놓을 수 없다. 잘산다는 것이 우리 지역이 전과는 딴판인 새 도시로 탈바꿈하는 것을 의미할까? 솔직히 말해서 그러면 지역주민들이 '잘 살게' 될까?

전라북도가 잘사는 길이 무엇이냐? 전라북도가 잘사는 길은 농토가 줄어야, 땅이 줄어들어야 잘살게 됩니다. 무슨 이야기인가 하면 농지가 공장부지로 돼서 농지 위에 공장 지으면 잘산다 그 말이죠.(김재영, 8면)

정치인들도 항상 선거철이면 자기 지역구에 뭔가를 만들겠다고 한다. 다리가 없어서 수십 킬로미터를 돌아가야 한다거나, 도로가 좁아 자전거를 타고 논밭으로 나가는 할아버지가 차량이 질주하는 길에서 곡예하는 곳에 다리를 놓고 길을 넓히는 공사라면 좋겠다. 그런데 정치인들이 약속하기에는 너무 시시해서 그런지, 그것보다는 공단을 유치하고 고속화도로와 모노레일을 놓는 대공사들에 관한 공약이 판을 친다. 언론 역시 정부에서 발표하는 여러가지 정책 중에서 지역개발을 골라 거창한 타이틀을 달고 조감도까지 첨부하여 1면 톱으로 수놓는다.

전라북도를 포함하여 우리나라는 전체적으로 토건친화적이다. 의사결정의 정점에 있는 사람들 역시 마찬가지다. 건설회사들이 매년 제공하는 정치자금이 얼마인지는 몰라도 선거철에 정치인들이 가장 손쉽게 선거자금을 얻는 곳은 대규모 건설사를 포함한 토건세력이다. 지방의 정치권력도 예외는 아니다. 이들을 중심으로 한 지역사회의 의사결정체는 항상 지역개발과 토건사업을 동일시한다. 그러나 건설업체에서 말하는 개발과 지역주민들에게 이익이 되는 개발은 분명 다르다. 그럼에도 항상 토건세력에게 이익이 되는 개발뿐이니, 우리사회의 의사결정구조는 민주주의라는 관점에서 보아 심하게 왜곡되어 있다 할 수 있다. 실제로 주민들은 막연한 기대 속에서 동의하고, 정확한 정보를 얻지도 못할뿐더러 정책결정에 참여하지도 못하는 현상이 나타난다. 여기에 언론도 한몫을 한다. 흔히 사람들은 환경단체는 일단 반대를 위해 존재하는 단체이고 대안을 만들어낼 줄 모른다고 이야기한다. 앞서도 이야기했지만 환경단체 역시 대안을 고민해야 한다. 그러나 환경단체가 제시하는 대안이 토건업자들에게는 반가울 리가 없다. 정부와 토건업자의 손안에서 우리나라의 주요 지역개발정책이 좌우된다고 보는 이들도 있다.

물론 정책을 입안하는 사람들도 좋은 대안을 가지고 있는 사람들도 있겠고, 여러 사람들이 있지만, 보통 제가 보기에는 건설업자들한테 놀아나죠. 그건 어쩔 수 없는 거죠. 자기 이권이니깐. 특히 대기업에선. 대표적인 사례를 놓고 본다면 부동산이거든요. (권영만, 13면)

호주 국립대학의 일본 전문가인 개번 매코맥(Gavan McCormack) 교수가 사용하여 우리나라에도 많이 알려진 '토건국가'라는 개념은, 토건세력과 정치권이 유착해 세금을 탕진하고 자연을 파괴하는 국가를 가리킨다. 토건국가는 국가의 기본적인 경제정책이 토건에 기반한 국가로서 과거 통상국가나 공업국가가 통상과 공업을 개발의 축으로 삼아 경제발전을 추구한 것처럼 토건을 통해 국가의 부를 축적하려는 모델이다. 그러나 왜곡된 정치구조와 맞물린 토건사업은 국가의 부를 축적하기보다 토건세력의 부를 축적할 뿐이다. 게다가 토건사업에는 공동체의 소유인 자연의 파괴가 뒤따른다. 더 나아가 토건국가에서는 정부조직과 재정구조가 토건사업을 중심으로 구성되고 국가운영까지도 토건사업을 중심으로 이루어진다. 이런 국가는 정책결정 과정뿐 아니라 정부조직과 재정구조를 왜곡하며, 산업구조와 고용구조의 개혁을 가로막는다.

토건사업은 지역주민의 복지를 위해 필요하다. 앞서 이야기했듯이 지역주민의 안전을 위한 다리와 도로 공사는 좋다. 규모가 크더라도 그것이 지역주민이 진정으로 원하고 후생복지를 위해 반드시 필요한 사업이라면 말이다. 그러나 우리사회는 불필요한 토건사업을 양산해낸다. 대규모 개발사업을 국책사업으로 삼아 자전거의 페달이 돌아가듯 맹렬히 밀어붙인다. 토건사업에 필요한 중장비들이 단 하루라도 놀고 있으면 사업상 엄청난 기회비용이 생기는지 늘상 사업을 찾아나선다. 사업의 필요성에 관한 논의는 팽개치고 반대의견이 있어도 이를 묵살해버린다. 과거 미국에서도 국가경제가 침체되었을 때 '뉴딜(New Deal)정책'[3]을 통해 '테네시 강 유역 개발계획'의 댐 건설[4] 같은 대규모 공공토목사업을 진행했다. 경제불황을 타개하기 위한 뉴딜정책은 경제학자들에게도 비난받고 미대법원에 의해서도 정당성이 부정된 바 있지만, 우리는 아직까지 국가주도 토건사업을 성공적인 경기회복 또는 경기부양책으로 인식한다. 토건정부와 토건정치, 뉴딜정책은 경제적으로 여러가지 문제가 있었다고 학자들은 지적한다. 특히 전국산업부흥법은 경기침체의 원인이 과당경쟁이라고 보았기 때문에 가격인하를 금지해 결국 모든 상품가격을 비싸게 만드는 결과를 초래했다. 그리고 농업조정청은 농지휴경제를 강제로 도입, 중소작농이 몰락하여 식품가격이 오히려 더 올라 가난한 이들이 더욱 고통받게 되었다는 것이다. 동시에 테네시 계곡 개발 공사 또한 발전량도 적은 쓸데없는 댐을 많이 건설하여, 세금 낭비에 자연파괴 말고는 얻은 것이 없다고 평가받고 있다.

1933년 9월 미국 농무부는 새로 제정된 농업조정법에 따라 돼지고기 가격을 유지한다는 명목으로 새끼 돼지 600만마리를 살(殺)처분했다. 베이컨 한 점을 구하기 어려운 실직자들은 이 소식을 듣고 아연실색했다. 농산물 과잉생산을 줄이기 위한 휴경(休耕)제도는 대농장주만을 이롭게 했고, 소농과 소작농에게는 도움이 되지 못했다. 루스벨트는 테네시 계곡에 대형 댐을 여러개 건설해서 고용을 늘리고 경제를 살리고자 했지만 자원낭비의 측면이 많았다. 유대 식(式)으로 닭을 도살해서 팔던 섹터 가(家)는 비위생적으로 닭을 처리했다는 이유로 문을 닫게 되자 정부를 상대로 소송을 제기했다. 1935년 5월 연방대법원은 사업을 규제하는 국가산업부흥법이 과도한 입법권 위임을 했다는 이유로 이 법을 위헌으로 판시(判示)했다. 대법원은 농업조정법도 위헌으로 판시해서 뉴딜정책에 타격을 주었다. 토건경제구조 속에서 토건주의는 국민들의 의식 속에 깊이 자리 잡은 셈이다.

우리나라 재정에서 토건부문의 비중은 30퍼센트에 육박한다. 2007년도 정부 총지출 규모는 예산과 기금을 합쳐 237조 1000억원인데 이중 직접적 건설부문 예산은 18조 2000억원(7.7퍼센트)이고, 공공부문 건설투자는 무려 52조 3000억원(22.1퍼센트)에 이른다.[5] 2007년 정부예산 중 국방예산이 18조가 채 안된다는 것을 생각하면 정부예산 중 건설에 쏟아붓는 돈은 실로 어마어마한 액수이다. 이러한 예산은 전국 곳곳의 도로·공항·댐·신도시 건설 그리고 간척사업 등에 사용된다. 소요된 액수만큼

이나 환경영향평가를 철저히 하지 않는다면 삶의 질의 물리적 기반인 환경은 악화될 수밖에 없다. 통계청의 『2006년 건설업 통계』에 따르면 2005년 한국의 GDP는 약 787조 5000억원이며, 같은 해 'GDP 대비 건설업 비중'은 매출액 기준으로 142조 6227억 8100만원이니 19퍼센트를 넘어선다. 우리나라의 국가예산과 국가총생산에서 토건이 차지하는 비중이 20퍼센트에 이른다. 이미 우리사회는 토건사업에 중독되어 있는 것이다.

국민의 혈세를 사용하는 토건사업 중 국민의 이익보다 토건세력의 이익을 위해 진행되는 공사가 있다는 것은 부정할 수 없다. 대표적으로 댐 공사를 들 수 있다. 불필요한 댐을 만들거나 다른 차선책이 있음에도 댐 공사만이 유일한 해결책으로 몰아가는 경우도 적잖다. 적극적인 수요조절을 하지 않고 공급확대에만 열을 올린다. 댐 건설로 자연과 문화가 파괴되고 지역공동체가 송두리째 사라지지만 수자원공사는 비용편익분석을 이유로 애써 외면한다. 수자원공사는 최근까지도 우리나라가 '물 부족 국가'라고 홍보했지만 사실에 입각하지 않은 주장[6]이라는 지적이 나온다. 홍수와 가뭄에 대처하는 데는 댐 건설만이 능사가 아니다. 전국 수도관의 누수를 막고 물 낭비를 줄이는 효율적인 물관리대책이 우선인데, 우리나라는 아직까지 '물관리기본법' 조차 없다. 솔직히 말해보자. 한국수자원공사는 댐을 지어야만 조직이 돌아가고 커진다. 하지만 국민의 혈세로 움직이는 조직이 살자고 불필요한 댐을 지어서는 안된다. 댐 이외의 차선책을 먼저 생각해야 한다.

홍수와 가뭄이 닥칠 때마다 신문에서 댐 공사의 필요성을 강변하는 칼럼을 쉽게 볼 수 있다. 한탄강댐을 예로 들어보자. 경기도 북부에 있는 한탄강 유역은 연평균 강수량이 높은 편이고 지역 특성상 집중호우가 많아 여름철에 수해가 끊이지 않는 곳이다. 지난 1996년부터 1999년까지 4년간 3차례 집중호우로 100여명이 숨지고 수만명의 이재민이 발생했을 뿐 아니라 9000억원의 재산피해를 입었다. 지난해에도 한탄강에서 홍수철에 많은 재산과 인명 피해가 있었다. 건교부와 수자원공사는 수해방지 대책으로 한탄강댐을 유일한 대안으로 제시한다. 임진강 수해방지를 위한 건교부의 기본 계획은 1조 6180억원을 투입하여 한탄강 다목적댐과 홍수조절지 건설, 기존 농업용 저수지 5개소 재개발, 토사유출 방지를 위한 사방댐 62개소 건설, 배수펌프장 20개소 설치 등이다.

한탄강은 임진강 지류이다. 우리나라에서 7번째로 큰 강인 임진강은 태백산맥 줄기에서 발원한다. 임진강은 남서 방향으로 흘러 경기도 연천군 군남면 남계리에서 한탄강을 만나고, 경기도 파주시 탄현면 통일전망대 앞에서 한강과 합류하여 서해로 흘러간다. 임진강 유역의 3분의 2는 상류인 북한지역에 속해 있다. 따라서 북한지역의 임진강 본류 강우량을 현장에서 통제하지 못한다면 남한에서 댐이나 제방을 아무리 높이 쌓아도 홍수를 막을 수 없다. 한탄강댐 계획 역시 임진강 하류인 파주와 문산의 홍수피해를 방지하기 위해 임진강의 한 지류인 한탄강에 건설하려는 홍수조절용 댐일 뿐이다. 하지만 유역면적이 16.6퍼센트에 불과한 한탄강댐은 임진강 본류에 비하면 그야말로 깃털에 불과할 뿐이다. 즉 몸통에 해당하는 북한지역 임진강 본류에서 홍수방어를 하지 않는다면 아무리 한탄강에 댐을 지어봤자 소용없는 것이다.

정부와 댐 이해관계자들은 남북관계의 특수성으로 임진강 본류에 대한 홍수방어가 불가능하기 때문에, 남한 쪽 지류인 한탄강에 댐을 건설하여 홍수에 대비해야 한다고 주장했다. 그러나 이미 우리나라와 북한은 2000년 8월 29일 남북장관급회담에서 임진강 공동관리 추진에 합의하고 2001년 2월 처음으로 임진강 수해방지 실무협의회 회의를 개최한 이래 2004년 3월 5일 '임진강 수해방지와 관련한 합의서'를 채택했다. 2004년 합의서 채택 이후 남측은 2005년 8월 개별조사를 시행하고, 북측 역시

12월에 조사를 마쳤으나 아직까지 공동조사는 실시되지 않았다. 이에 2007년 4월 22일 제13차 남북경제협력추진위원회에서도 임진강 수해방지를 위한 합의서를 재차 채택하기로 합의한 상황이다.

국토해양부(전 건설교통부)가 수해방지를 진심으로 원한다면 통일부와 긴밀히 협력해 북한측과 더불어 수해방지 대책을 수립해야 한다. 그것이 도저히 불가능할 경우 한탄강댐 건설을 계획하는 것이 순서이다. 댐을 지어야만 하는 토건세력은 북한과의 협력을 내심 반기지 않을지도 모르겠다. 2005년 6월에 감사원은 이 계획이 경제성이나 환경성은 말할 것도 없고 절차조차 제대로 지키지 않았으므로 원점에서 재검토하도록 했다. 그럼에도 2006년 10월에 건교부는 애초의 잘못된 계획과 다를 게 없는 계획을 최종 확정했다. 절차적으로나 실체적으로나 한탄강댐은 문제가 많다. 남북한이 북한지역 임진강 본류에 대한 관리체제를 구축함으로써 홍수방지 대책을 강구하는 편이 더 효율적이고 지속 가능한 하천관리에도 부합한다.

진정 선진화된 사회는 토건사업의 무분별한 확대가 아닌 생태적 복지로 국민 다수의 행복추구권을 보장하는 사회일 것이다. 우리는 그에 합당한 경제적 능력을 갖추고 있다. 과거 토건산업은 그러한 사회의 기반을 다지는 과정에서 거쳐야 했던 단계에 불과하다. 미래지향적인 관점에서 보면 토건산업의 규모는 축소되어야 하는데도 우리는 여전히 토건산업의 향수에서 벗어나지 못하고 있다. 경부운하가 대표적인 예이다. 땅을 파서 10원을 버는 경제가 머리를 써서 10억원을 버는 경제보다 손쉽다고 생각하는 것인지, 토건경제가 지식경제를 억누르고 있다. 정부가 항상 이야기하는 산업구조의 선진화는 토건국가에서는 불가능한 듯하다. 토건에 기반을 둔 개발주의가 만연한 사회에서 개발주의 공약이 남발되는 것은 당연하며, 국민들도 이를 고민하기보다는 거기에 편승해서 이익을 취하려 하는 실정이다.

지역을 바탕으로 지역민과 함께 하는 개발은 불가능한가

새만금은 당장 지역주민에게 어떠한 영향을 미쳤을까?

방조제가 막히기 전까지는 사람들의 생업활동이 자연현상에 의해서 이루어
졌죠. 그러니까 하루면 밀물과 썰물이 두번 왔다갔다하거든요. 거기에 따라
서 어민들의 생업활동이 다 이뤄졌어요. 그런데 막힌 후에는 자연적인 것보
다는 농촌공사에서 수문조작을 어떻게 하느냐에 따라서 주민들이 생업활동
을 할 수 있는 거예요. 그러니까 농촌공사가 이제는 새만금 안쪽 연안에 있는
주민들 생활을 쥐고 있어요. 그 사람들이 물을 많이 빼주면 물이 많이 빠진
곳에 조개 채취나 이런 거 할 수 있고, 그렇지 않으면 못해요.(황민규, 3면)

새만금 갯벌에서 어업으로 생업을 삼던 어민들은 전에는 한달에 25일
정도 갯벌에 나가 일을 했으나, 지난 2006년 4월 21일 방조제 최종 물막
이 공사가 완료된 후에는 고작 한달에 6일 정도 갯벌에 나갈 수 있게 되
었다. 그나마 4일 정도만 벌이가 된다고 한다. 물론 어민들은 이미 보상
을 받았다. 그러니 더이상 무슨 요구를 할 수 없고, 그 사실을 어민들도
잘 알고 있었다. 그러나 지역민들이 공유하는 또다른 느낌이 있다.

자연력에 의해 조절되는 흐름에 따라 살아가는 이들의 삶의 방식이
이제는 누군가의 인위적인 조작에 따를 수밖에 없게 되어버렸다는 자조
의 느낌 말이다. 예로부터 바닷가는 밀물과 썰물 등 자연과 함께 살아가
는, 지속 가능한 삶의 양식을 보여주었는데 방조제가 이러한 생활양식을

바꿔놓은 것이다.

2008년 현재 새만금사업은 지역경제에 발전적인 영향을 미쳤을까? 유감스럽지만 그렇다고 분석한 보고서는 그 어디에도 없다. 향후 새만금이 전라북도 발전에 긍정적인 역할을 할 것이라는 기대는 여전히 남아 있지만 말이다. 물론 지금의 새만금사업은 방조제를 쌓는 사업이기 때문에 지역경제에 미치는 영향은 미미하다고 볼 수도 있을 것이다. 그러나 2008년까지 2조 5000억원이 투자되었음을 감안하면 그 경제효과가 보잘 것없다는 것은 곱씹어봐야 할 대목이다. 새만금사업이 건설산업이기 때문에 전라북도 건설경기에는 호재일 거라고 추측하는 사람도 있을 것이다. 그러나 새만금의 주계약자는 대우건설, 현대건설, 대림산업으로 주로 대기업이며, 전라북도 건설업체는 수문건설공사에도 참여하지 못했다. 오히려 전라북도 건설업은 2006년 기준으로 10년 동안 매출이 5389억원이 감소하고 종사자수는 8666명이 줄었다. 물론 현재진행형이기는 하지만, 새만금 방조제공사로 어업이 사라질 위기에 처하고 건설업에도 긍정적으로 작용하지 못했다면 이를 어떻게 받아들여야 할까?

앞에서도 전북도민들이 원하는 새만금은 농지가 아니라고 누누이 밝혔다. 이를 다시 통계적으로 살펴보자. 2005년 하반기 기준으로 전국의 쌀 재고량은 39만 4000톤이다. 지역별 재고비율은 전남 328퍼센트, 충남 272퍼센트, 충북 239퍼센트, 강원 232퍼센트이다. 반면 전북은 634퍼센트로 전국에서 가장 높다. 그런데 만약 새만금의 예상 농지 8490만평에 기계농업을 하면 전북 쌀생산량의 16.4퍼센트(2005년 12월 기준)에 달하고 14만톤의 쌀이 매년 생산된다. 이는 쌀 공급과잉으로 이어져 쌀 가격을 하락시킬 것이다. 오히려 전북 농민을 어렵게 할 개연성이 크다. 그뿐만 아니라, 새만금에 조성될 농지 가격은 평당 7만원 정도가 될 것이라고 감사원이 밝힌바 있다. 인근 지역인 고창·김제·남원·순창·완주·임실·정읍 지역의 농지가격이 평당 2~4만원[7] 정도이므로 새만금의 농지는 경쟁력을 갖출 수 없다. 과연 새만금을 통해 도민들이 그토록 원하는 지역발전을 이룰 수 있을까?

새만금을 중심으로 군산, 김제, 부안이 더욱 긴밀하게 한 문화권으로 통합된다는 것은 무슨 의미일까? G대학교 이승우 교수는 앞으로 새만금 논의는 전라북도 서부지역 문화권이라는 관점에서 접근해야 하고, 전문가나 정부 역시 이 지역 문화권 연구에 관심을 가져야 한다고 주장한다.

이 지역 자체가 지형적으로도 그렇고 역사적으로도 그렇고 다른 지역하고 차별화되는 성격을 분명히 가지고 있습니다. 지금 김제, 부안, 변산 광역으로 나가면 익산, 정읍, 고창 이쪽 지역은 역사적 경험이라든가 자연 지형적 조건이라든가 사람들의 생활방식 등 농경문화적인 요소가 강한 데다가, 또 해안을 끼고 있으면서 형성된 생활문화의 공동체적 성격이 굉장히 긴밀했어요. 지금은 거의 사라졌지만 예전에는 서부 해안지역을 중심으로 해서 뱃길이 살아 있었기 때문에 어로라는 것이 여기 나가서 고기만 잡았던 게 아니라, 이 해안을 따라가지고 지금처럼 육상교통로가 발전되기 전에는 해상교통로가 굉장히 왕성했습니다. 예전부터 사실은 고대사회에서부터 긴밀하게 통합되어 있었던 지역 문화권이었습니다. 그래서 이러한 지역 문화권으로서의 전북 서부지역에 새만금이라고 하는 새로운 지역이 들어온다면, 새만금 내부를 둘러싼 그 주변, 또 앞으로 새만금이 발전해나갈 그런 것들이 하나의 문화권이라는 시각에서 바라봐야 된다는 것입니다.(이승우, 3면)

새만금 논의가, 낙후된 우리지역도 잘살아보자는 마음에서 시작되었다면, 이제는 어떻게 살아야 할지가 고민이다. 원론적으로 말하자면 해당 지역의 좋은 조건과 자원을 잘 활용해서 개발해야 할 것이다. 이 지역 특성과 상관없이 개발논리만 적용하면 부작용만 남기고 실제로 경제효과는 크지 않을 것이다. 전라북도는 경제적으로나 지역 규모로나 크지 않지만, 남한에서 가장 높고 잘 보존된 지리산이 있으며 호남평야와 넓은 갯벌을 갖고 있다. 참으로 천혜의 자원들이다. 이 자원이 발전의 기초가 될 수도 있을 것이다. 다른 데서 퇴출되는 공장으로 일자리를 만들기보다는 지역 고유의 자원을 개발하는 것이 바람직하리라 본다.

이 지역은 음식문화가 발전해서 먹거리가 굉장히 좋아요. 전라도 음식은 전국적으로다가 소문이 나 있잖아요. 그런 데다가 이쪽이 여흥문화, 창이라든지 놀이라든지 이런 것들이 발전되어 있어요. 사실 두가지가 다 관련이 있는데, 옛날에 다 먹고살 만하니까 먹고 부르고 논 거지요. 지금 보면 그런 것들이 다 자원 아니냐. 이처럼 이 지역이 인문학적으로도 특별한 지역이다. 그래서 나는 이 땅은 그냥 사람들이 와서 좀 편히 오히려 쉬는 곳으로 만들었으면 좋겠어요. 직장 다니고 돈 벌고 살다가 힘든 사람들이 와서 한 일주일씩이라도 좋은 먹거리에 놀 것도 있고, 잘 보전된 자연 속에서 명상과 함께 쉴 수 있고, 좀 마음의 충전을 가져갈 수 있는 그런 여백의 공간으로 만들면 어떻겠는가 하는 거죠. 전국이 개발이 되면 어디 쉴 데가 없으니 전라북도만이라도 이런 콘셉트로 가면 좋겠다. 이런 문화적인 뿌리와 인문학적인 자원들 그리고 생태적인 자원이 있으니 이런 것들을 이용해서 이 지역을 잘 개발하면 좋겠다.
(손일환, 12면)

전라북도 하면 우선 많은 사람들이 푸짐하고 맛깔스러운 먹거리를 떠올린다. 다른 지역보다 먹거리가 발달한 이유는 무엇보다 자연조건 때문이다. 바다와 접해 있을 뿐 아니라 너른 평야가 있으니 농산물이나 해산물 등 먹거리 소재가 무궁무진하다. 게다가 이를 고급음식으로 만들어내

200

는 기량 또한 빼어나다.

과거 호남은 조선시대 귀양지로도 많이 이용되었는데 완도, 진도, 무주 등이
대표적인 곳들입니다. 귀양 온 사람들이 대개 왕조시대에 양반계급들 아닙
니까? 원래 좋은 음식들 잘 알고 잘해. 여기 와서 좋은 먹거리 소재가 있으니
까 많이 개발해서 여기가 음식이 좋아졌다고…….(김재영, 22면)

전라북도가 무엇으로 먹고살 것이냐, 즉 새로운 경제동력을 찾는 데
전통적인 장점을 도외시할 수 없다. 만일 그중 하나가 먹거리라면 이를
통해 산업을 형성할 수도 있을 것이다. 관광뿐 아니라 식약청 등 정부의
먹거리 관련 부서의 지부나 연구소를 두고 대학의 식품 관련 학과도 유
치해서 식품생산업체가 포함된 '식품산업 클러스터'를 두는 건 어떨까?
제2의 한류, 우리 먹거리 바람을 새로이 불러일으킴으로써 아시아를 넘
어 세계의 허브를 지향하는 것이 지역민만의 꿈은 아닐 것이다. 지금도
호남에서는 기본적인 재료 생산에서 유통·가공뿐만 아니라 대중국 경
제무역 등을 폭넓게 검토하고 있다.[8] 과거 내한공연차 전주에 들른 미국
의 팝가수 마이클 잭슨은 전주 비빔밥을 맛보고 돌아가서는 직접 비빔밥
을 만들어서 먹었다고 한다.

잘 산다는 것은 무엇일까? 물론 경제적 풍요가 뒷받침되어야 한다. 이
를 위해서는 굴뚝산업 유치만이 유일한 길일 수는 없는 일이다. 지역에
걸맞은, 예술과 자연이 결합된 문화산업을 육성하는 것이 중요하다.

개발이냐 보존이냐, 그런 문제는 하나의 중요한 포인트 같습니다. 그런데 이
렇게 못살게 되고 경제적으로 어렵고 정치적으로 소외되고 그다음에 모든 경
제적인 이런 것이 전체적으로 소외되니까, 여타 모든 것이 말하자면 그런 것

들이 같이 균형 있게 같이 혜택을 못 본다 그거죠. 그러니까 우선 중요한 것이 무엇이냐? 우선 중요한 것은 도민들이 여기서 나가지 않게 하는 것이다. 이농현상이 생겨서 인구가 줄기 시작했으니까, 우선 안 나가게 하려면 잘살아야 한다. 문화적인 것까지 포함해서 그렇습니다. 공장도 더 생겨야 하고 문화적인 것도 계발되어야 하고, 전통문화, 도시, 그런 여러가지 그런 문제가 종합적으로 다 잘되면 사람들이 안 나간다 그것이죠. 이 지역을 아주 모든 면에서 삶의 가치를 높일 수 있고 풍요롭게 만드는 것입니다.(김재영, 19면)

도시로 떠나지 않고 사람이 살아야 한다는 얘기다. 방향을 잘못 잡은 지역개발 논리가 고개를 드는 것은 기본적으로 사람이 살지 않으려 하기 때문이다. 산업사회로의 진입은 도시화를 촉진시키고 산업에서 뒤진 농촌에서는 계속해서 주민이 이탈하여 모두들 도시로 도시로 향한다. 도시는 도시대로 사람들이 모여들면서 각종 문제가 발생하는데, 농촌에서는 급격한 이농현상으로 노동력이 부족할 뿐 아니라 고령화·여성화되어간다. 문화도 없고 교육도 없다. 방치되어 있다고 해도 지나치지 않다. 이미 농촌의 사회문제가 된 결혼문제도 심각한 지경이다. 만약 젊은 노동력을 수용할 산업이 있다면 급격한 농촌탈출을 막을 수도 있을 것이다. 선박으로 조개를 채취하는 나이 든 어민들은 아예 갯벌바닥까지 파헤쳐서 씨앗조개까지 싹쓸이한다고 한다. 어업은 자기 대에 끝나기 때문에 후대를 위해 남겨둘 이유가 없다는 것이다. 자연을 지킨다는 것도 나만이 아니라 후손들이 대대손손 이곳에서 삶을 영위한다고 생각할 때 비로소 가능하다. 내가 경제적으로 조금 손해보더라도 다음 세대를 위해 남겨두어야 한다는 의식이 꼭 필요하다.

도민들은 새만금을 통한 획일화된 발전상을 추구하고 있는 것은 아니다. 전라북도로서는 도민이지만 시군이라는 기초자치단체로 세분화하면 그 발전상은 서로 차이가 난다. 제3차 전북종합발전계획에 실린 주민 의식조사에 따르면, 전북 시군민들은 지역의 특성에 맞게, 산촌휴양도시, 관광도시, 생태영농도시, 전원도시로 발전하길 희망하고 있다.[9] 오랫동안 지역에 뿌리를 내리고 사는 주민들은 지역 환경에 맞는 희망을 갖고 있음을 확인할 수 있다. 부안군, 순창군, 임실군, 장수군은 훌륭한 풍광과 먹거리를 배경으로 산촌휴양도시를 희망하고 있다. 또한 정읍시, 남원시, 무주군은 관광도시를 희망하고 있으며, 고창군과 완주군은 생태영농도시를 지향한다. 다들 지역 특성을 잘 살리려 한다.

전라북도 차원에서는 어떤 사업을 고민해볼 수 있을까? 새만금의 대안으로 여러 학자들과 정부부처에서는 나름대로 다양한 안들을 제시하기도 했다.

첫번째로 '군산·장항 산업단지를 연결한 신재생에너지 클러스트' 조성사업이 제안되었다. 현재 분양률이 22퍼센트밖에 안되는 군산·장항 산업단지에 민관 공동투자를 통해 '군장 미래에너지 클러스트'를 만들 수 있다는 것이다. 새만금 앞바다에서 불어오는 바람을 이용해 풍력발전을 하고, 태양광발전과 연료전지 등 미래 청정에너지의 국내 생산기지 거점을 만들 수 있다는 얘기다. 만약 이런 풍력산업이 활성화된다면 연간 1만 8750명의 고용창출 효과가 있다고 한다.

두번째로 갯벌을 이용한 관광산업의 활성화이다. 외국은 갯벌을 이용한 관광산업이 활성화되어 있다. 연간 120만명의 관광객이 방문하는 독일 슐레스비히 홀스타인 국립공원은 갯벌공원이다. 공원은 하루 1인당 10만원으로 추산해도 연간 1조 2000억원의 관광수익을 내고 있다. 그런 면에서 아름다운 변산반도와 갯벌을 환황해권시대의 국제 관광 중심지로 조성할 수 있을 것이다.

세번째로 자연사박물관, 과학랜드 등 테마산업을 조성하는 것이다.

'청정지역'이라는 전북의 이미지에 걸맞은 산업으로 보인다. 캐나다 밴쿠버에 있는 '과학세계'(Science World)는 1주일 프로그램으로 많은 관광객을 유치하고 있는데, 주로 어린이·청소년들이 이를 관람한다고 한다.

조금만 관심을 기울이면 아이디어는 무궁무진하다. 우리 지역의 장점과 단점을 정확히 알고 있기 때문에 좋은 아이디어와 상상력을 발휘할 계기를 마련하는 것이 무엇보다 중요하다. 결국 지역발전은 지역민을 위한 것이다. 골프장을 유치했다고 해서 지역민이 잘사는 것은 아니다. 지역의 세수가 늘긴 하겠지만 지역민의 삶에 커다란 영향을 미치지는 못한다. '지역을 바탕으로 한, 지역민과 함께하는 개발'은 지역민 스스로 능동적으로 참여하고 일구는 것이어야 한다.

'반대 장점'을 살리는 지역발전정책

저희만 하더라도 저희는 특히 지역주민들인 어른들하고 많이 상대를 하게 되는데, 어른들 생각을 안할 수 없거든요, 일을 하다보면. 그런데 이제 새만금을 했을 때 많은 숫자들은 아니지만 거기에 살고 있었던 거주민들, 이런 분들이 과연 어떻게 도움을 받을 수 있을 건지, 이런 것들이 사실은 이전의 사업에서는 거의 간과되었던 게 사실인 거 같아요. 단순히 현금 피해 보상을 통해서 그냥 면죄부 비슷하게 해서 넘어갔던 거 같아요. 이제는 그런 것들을 단순하게 금전 보상이 아니라 그 사람의 생계를 위한 대책 수립 이런 것들이 같이 행해져야지, 과거의 보상 형태로는 좀 문제가 있지 않았는가 하는 생각을 계속 하게 됩니다.(김경식, 8면)

독일 프라이부르크[10]는 1970년대 오일쇼크를 겪으면서도 원전건설에 반대하며 격렬한 시위를 했던 지역이다. 그런데 이 지역이 몇해 전부터 세계인의 주목을 받으며 유명한 관광지로 탈바꿈했다. 관광하면 흔히 역사문화나 자연문화 아니면 소비문화를 생각할 것이다. 그러나 프라이부르크는 원전건설 반대 이후 생태도시로 탈바꿈하여 도시를 견학하고 연구하려는 사람들이 세계 각지에서 몰려들고 있다. 정부, 지방자치단체, 환경단체 관계자 등 많은 외국인들이 태양광으로 운영되는 이 도시를 보기 위해 비싼 돈을 들여 이곳을 찾고 있다. 생태도시 관광지가 된 것이다.

필자가 이 도시를 방문했을 때 시청 공무원이 직접 안내했는데 전문적인 설명도 설명이거니와 그 직원에게 가이드 비용도 직접 지불했다. 독일이라는 국가 차원에서 보면 항공료, 체류비 등 직간접적인 관광효과뿐만 아니라 태양광발전 기술과 기계 등의 수출에 따른 수익을 생각하면 규모가 대단한 산업이다. 만약 기술만 있고 현장을 직접 볼 수 없다면 구매 효과는 반감될 것이다. 그런 의미에서 프라이부르크 생태도시는 국가 수익 차원에서 효자 노릇을 하고 있다. 환경도 보전하고 경제적 이익도 챙기는 윈-윈이 실현된 것이다. 국가 차원에서 짓겠다는 원전을 반대할 때, 타 지역 독일인들은 이곳이 얼마나 골치 아픈 지역이라고 생각했을까? 그러나 상황이 역전된 것이다.

환경문제를 둘러싼 주민들의 격렬한 반대운동이 있고 나면 학습효과 때문에 그에 대한 이해도와 실천력이 높아진다. 10년 전쯤 서울시는 쓰레기소각장을 구별로 짓기로 결정했다가 구민들의 반대에 부딪힌 적이 있다. 당시 서울시 강동구와 노원구에 들어설 계획이었던 쓰레기소각장을 반대했던 구민들은 쓰레기 줄이기, 쓰레기 분리수거에 앞장서서 서울에서는 가장 모범적으로 실천한바 있다. 그러나 우리사회는 아직 프라이부르크처럼 한차원 더 나아가지 못하고 있다. 이런 주민들의 자발적인 노력을 시스템으로 정착시킨다면 더 큰 성과를 얻을 수도 있을 것이다.

만약 방폐장 반대에서 얻은 학습효과를 긍정적으로 이해하고 부안을 '에너지 자립도시'라든지 '재생에너지를 생산하는 농촌도시'로 만들 수는 없었을까? 이런 분야에 대한 정부의 관심과 노력은 미흡하다. 시민들의 작은 모임인 '부안시민발전소'에 의해 부안성당과 부안교당의 지붕 일부가 태양광으로 바뀌었다. 정부는 다만 손쉬운 해결책인 '보상'만을 제시했다.

새만금은 막혔지만 여전히 바다와 갯벌이 자원인 이 지역에서 이것과 연관된 전망은 없을까? 방조제가 막혔으니 이제 새만금은 끝난 것일까? 군산 내초도 주민들은 처음 새만금 갯벌 매립에 찬성했다고 한다. 그때는 어떤 사정이 생길지도 모르고, 정부가 매립한 후에 보상해준다고 하니까 대부분 어업을 하던 주민들은 도장을 찍어주었고 일정액의 보상도 받았다. 그러나 지금은 후회막급이다. 2008년 4월 21일, 운하를 반대하는 종교인들로 구성된 '생명의 강을 모시는 사람들'이 영산강에서 금강으로 가는 도보순례중에 새만금에 들러 기도회를 열었다. 이때 연설자로 나온 그 마을 이장은 후회막급이라고 하소연했다. 마을주민들은 생계유지를 위해 근처 쓰레기 분리수거장에 나가 분리수거를 한다고 한다. 그것도 젊은 사람들은 취업 가능성이 있다며 안 받아주고, 나이든 주민들만 일을 할 수 있다고 한다. 주민들은 생계유지를 위해 멀리 전라남도 지역까지 봉고차를 타고 다니면서 일자리를 구한다는 것이다. 문전옥답 같은 갯벌에서 몇시간만 일해도 일당을 벌 수 있었지만 이제 다 옛날 이야기다. 이런 상황을 견디지 못하는 이들이 선택할 수 있는 길은 고향을 떠나는 것뿐이다.

제가 볼 때는 두가지잖아요, 하나는 그쪽에서 어업행위를 해서 먹고살든지, 그런데 이것은 어쨌든 지금 사회의 경쟁력에서 많이 뒤지는 일이잖아요. 고

206

소득 산업사회, 또 수도권에 집중되어 있는 우리 구조에서 보면. 그니까 저는 많이 다녀보지는 못했지만 어업하시는 분들 만나보니까 완전히 자기 대에서는 끝이라고 생각하시는 거잖아요. 싹 긁어내버리는. 그런다고 하더라고요. 그런 식의 사고가 있을 거 같고. 다른 한편으로는 거기다 시설 하나 지어놓고 관람료, 내지는 숙박시설 지어서 민박해서 먹고사는, 뭔가 적절하게 해양환경을 보존하는 지역주민들의 대가 치고는 이게 상당히 거리가 먼, '낙후된 거 아니냐?'라는 그런 생각이 많이 들어요. 안 그러면 그 사람들 거기서 살아야 할 이유를 못 느끼는 거잖아요.(김경식, 9면)

우리가 볼 수는 없지만 바다 속에는 물고기와 다양한 생명체가 살고 있다. 거기에 생물이 살 수 없으면 사람도 마찬가지다. 생물들이 살아야 사람도 같이 사는 것이다. 극단적으로 말하면 인간이 살기 위해 바다와 갯벌의 생명을 살려야 하고, 그 속에서 지속 가능한 경제활동을 하며 살아가야 한다. 그러나 쉽지 않다. 지금까지 우여곡절을 통해서 얻은 교훈은 눈에 보이는 가시적인 사업보다는 사람과 자연이 공존하는 개발이 필요하다는 것이다. 아직은 미흡하지만 그런 사회적 인식이 생겨나고 있는데 과연 정부정책이 얼마나 이를 뒷받침할 수 있을까? 아직은 미지수다. 새만금은 방조제가 막힌 이후 겉으로 보기에는 상황이 종료되었지만 여전히 유동적인 측면이 남아 있다.

방조제가 막힌 다음 어떤 환경 변화가 나타날까? 아직 판단하기 이르다. 김경식 연구원은 모든 가능성을 열어놓고 있다고 말한다.

저희가 이제 낼 수 있는 의견이라고는 결국은 저쪽 환경이 특히 바다 쪽, 환경이 어떻게 하면 보존될 수 있을까, 그다음에 지금 방조제가…… 변화가 계속 진행되고 있는데, 저희 입장에서는 환경이 변하지만 악화되지 않는, 이런 방안은 없을까 계속 찾고 있는데, 그런 것 자체가 쉽지는 않습니다. 이미 방조제는 막혀 있고, 큰 물줄기가 막혀 있기 때문에 저희가 할 수 있는 것은 부차적인 것일 수밖에 없는데, 어쨌든 방향을 찾고 있는데 쉽진 않고요. (…) 거의 뭐 대충 이런 정도 수준인데, 지금 저희가 5년째 사업을(조사를) 시행하고 있지만, 아직 현황파악도 완전한 건 아니거든요. 계속 변해왔기 때문에 전해오는 것만 봐왔고, 어떻게 변화할 건지 추측하는 상황이고. 이렇게 변할 것이다 하고 확신이 생긴다면, 대안을 마련할 수 있겠죠.(김경식, 9면)

반대측 주민들은 무엇을 생각하고 있을까? 이들이 기대하는 것은 해수유통이다. 방조제가 막혔다고 모든 것을 포기하기에는 아직 이르다는 것이다. 정부의 논리대로 순차개발을 한다 할지라도 방조제 안쪽은 동진강과 만경강의 수질개선이 어렵고 바깥쪽은 해양변화가 일어날 거라고 보고 있다. 그런 영향이 변산해수욕장에서도 나타나고 있다고 한다. 급격히 백사장이 줄기 시작했다는 것이다.[11] 그러나 이런 변화가 단시일내에 드러나는 것은 아니다. 최소 몇년이 지나봐야 안다는 것이다. 새만금의 모델로 네덜란드 간척이 자주 거론된다. 취지는 다르지만 북해를 막고 담수호를 만들어서 농지개간을 했던 네덜란드 방식이 새만금의 모델이었다. 그러나 이 나라에서도 상당한 세월이 흐르면서 문제가 드러나고 있다. 담수호의 수질이 악화되면서 녹조현상이 발생하고 있다. 그래서 네덜란드도 수중터널을 뚫어 바다와 방조제 안쪽의 해수를 유통시키고 있다. 자연의 변화를 예측한다는 것은 쉬운 일이 아니다.

돈이 들어가면 무조건 망한다
경주 방폐장 유치 이후 주민 지원금으로 3000억원이 지원된다는 사실은 다들 아는 이야기다. 3000억원의 지원금은 어떤 용도로 사용되고 있을까? 이 지원금으로 지역경제는 자생력을 마련할 수 있을까?

지자체에서는 그렇게 얘기를 한대요. 우리가 이 돈을 가지고…… 장기적으로 계획을 세워서 풀고 싶은데(사용하고 싶은데) 50대 50으로, 50은 장기적으로 쓰고 50은 지금까지 해왔던 대로 쓰자 이렇게 얘기를 했대요(50퍼센트는 장기발전기금으로 나머지 50퍼센트는 주민지원금으로). 그랬더니 이장분들이 들고일어났대요. 싫다. 지금까지 해왔던 대로 하자. 그래서 제가 이렇게 물었죠. '지금까지 해왔던 게 뭡니까?' 했더니 마을별로 돈을 나눠주는 거예요. 그러면 알아서 써요. 일부는 인마이포켓 하는 거구요. 근데 근거는 남겨야 되니까 이런 일들도 있는 거예요. 우리 경운기 사는 데 지원해달라 하면 지원해요. 지원해주는데 왜 진짜 경운기를 사는 게 아니구요. 파는 집(경운기 대리점)에서 빌려와요(경운기를 산 것처럼 허위로). 끝이에요. 이러니 궁극적으로 봐서 지역이 잘살게 되지 않는다구요.(한영진, 15면)

기왕지사 지역에 원전이 들어서고 방폐장이 설치된다면 그 지역 삶의 질이 높아지고 주민들도 전보다 행복해져야 한다. 그러려면 마땅히 지원금을 지역의 생산적인 발전을 위해 투자해야 한다. 그러나 지역 사정은 다르다. 지역주민들은 개별적으로 돈 받는 것을 당연하게 생각한다. 이 돈을 공동의 자산으로 삼아 지역발전을 위해 투자하는 것이 아니라 개별 보상 차원으로만 받아들인다는 것이다. 일시적인 경제효과는 있겠지만 지역의 근본적인 변화나 발전은 기대하기 어렵다는 말이다.

지역주민들이 지원의 개념을 내 주머니에 몇만원 들어가는 게 아니고 지역이 잘 사는 것, '삶의 질이 높아지고 교육수준이 높아지고 문화수준이 높아지는 것이 제대로 된 거다'라는 인식을 심는 거부터 사실 출발하는 수밖에 없어요.

그렇게 가지 않으면 만날 그 모양이죠. 진짜 되게 돈이 많이 들어가는데 못사는 이유가 중간에 그 돈이 없어지거나 그리고 지역사업에 거의 없어요(지역사업에 투자하지 않는다). 그리고 또 얼마나 웃기냐 하면요. 예를 들어 원래 이 길(도로)을 내주기로 했어요. 이 길을 내는 건 원래 다른 예산이에요. 근데 이 예산으로 써갖고(도로예산이 따로 있는데 지원금으로 도로예산을 사용한다), 바보 같잖아요. 그러면 안될 것 같아요.(한영진, 15면)

쉽게 얘기해서 지원금을 종잣돈으로 해서 지역발전 모델을 만드는 게 아니라 소비해버린다는 것이다. 그러다보니 지원금은 오히려 자생적 발전 모델의 저해요인으로 작용한다. 지역발전의 자생적 모델뿐만 아니라 추진 동력도 내부에서 생성해야 한다는 주장도 있다. 외부에서 제공되는 개발금은 막대하기는 하지만 장기적인 차원에서 부정적인 영향을 끼치기 때문이다.

제 개인적인 입장인데 위도에 뭐가 들어오든 안 들어오든 간에 지역주민의 의견이 갈려서 공동체가 파괴된다는 것과 우리 섬이 가지고 있는 문화적 특성이 사라진다는, 아니 아예 섬이 없어진다는 개념으로 생각했어요. 위도에 무형문화재인 '띠뱃놀이'[12]라는 것이 있어요. 칠산바다 조기잡이 문화의 하나인데 동네 사람들이 모여서 북치고 우리 섬의 문화전통이었죠. 그 전에는 잘됐어요. 그땐 돈이 많이 없었으니까. 1984년도인가, 1985년도인가 무형문화재로 지정받고 나니까 관문화로 바뀌더라고요. 정부에서 돈이 들어오니까 공동체가 깨지더라구요. 이제 풍어제가 아니라…… 돈이 들어가면 무조건 망하는 거야. 그 동네는 망한다고 난 생각을 해. 어떤 사업을 할 때 기본적으로 사람이 살려고 하는 것이지 안 살려고 하는 것은 아니잖아요. 돈 들어가면 그 지역주민이 작살나는데…….(권영만, 18면)

외부에서 거저 들어온 돈이 공동체를 무너뜨리는 것을 경험한 권영만 씨는 위도에 보상금이 들어오면 위도라는 공동체가 좋아지는 게 아니라 망가진다고 생각하는 것 같았다. 외부 동력보다는 자생적인 동력을 찾아내 개발해서 활용하는 쪽이 바람직하다는 주장이다.

요즘 지자체들은 너도나도 관광산업 육성에 열을 올리고 있다. 지역 인구가 줄어들고 마땅한 산업을 유치하기도 힘들어서 나오는 것이 관광산업이다. 현재 문화관광부에 의해 관광특구로 지정된 곳은 전국 25개 지역이다. 자연풍광이 좋고 문화유산이 풍성한 지역은 국민들에게 널리 알려져 문제가 없지만, 그렇지 않은 지역은 관광객을 유치한다는 것도 그리 만만한 일은 아니다. 관광지를 가보면 특색 있는 문화적 볼거리는 없이 소비적이고 향락적인 문화만 넘친다. 지역민들이 참여하는 문화관광도 제대로 안된다. 국가 재정으로 지방의 문화산업을 살리기 위해서는 형식에 치우치지 않고, 기초부터 튼튼히 다져가야 한다. 그럴 때만이 지방 고유의 역사와 문화가 깃든 관광산업 육성이 가능하다.

예전만 하더라도 외부의 자본이 들어와서 개발해도 지역주민들의 거부감이 되게 심했는데 요즘에는 약해졌거든요. 약해진 이유가 농촌을 떠나는 분위기잖아요. 90년대까지만 해도 그렇지 않았는데, 이제 내생적 발전론이 약화…… 보전과 개발이라는 게 보완점을 찾기가 어려워진 거죠. 내생적 발전론을 이야기할 때만 해도 보전과 개발을 조화시키기가 가능했는데, 지금은 완전히 발전을 지향하는 사람들만 많고 거기에 저항하는 소수의 남아 있는 주민들은……. (정철수, 18~19면)

지역발전을 위해서는 과거에는 내생적 발전론이 많이 제기되었다고 한다. 그러나 인구가 급격이 줄고 농촌경제의 근간이었던 농업이 경쟁력을 상실하면서 내생적 발전론에 대한 고민이 많이 약화되었다. 오히려 지금은 외부의 힘에 의한 발전, 즉 외생적 발전론이 힘을 얻었다. 결국 방폐장을 유치하려 드는 까닭은 내생적 발전에 대한 기대가 사라지고 외부의 힘에 의해 발전할 수밖에 없다는 인식이 높아졌기 때문이라는 것이다. 그래도 농업을 하는 사람들은 끊임없이 내생적 발전론을 고민하고 있지만, 건설업이나 상공업 등을 하는 사람들은 그렇지 않다. 가장 중요한 문제는 뭐니뭐니해도 지역 인구가 줄어들고 공동화되면서 희망을 찾기 힘들다는 것이다.

지역 정체성을 찾아라

개발과 보전이 조화를 이루기 위해서는 지역에서 발전 가능성을 찾아야 한다. 주민들의 문화제가 마을공동체의 중심에 서고, 위도가 국가적인 명소는 아니더라도 개성 있는 문화고장이었다면 방폐장 같은 외부시설에 대한 찬성과 반대가 쉽사리 갈리지 않았을 것이고, 진지한 검토와 검증을 통해 결정되었을 것이다. 그 시설이 단순히 '보상'이 아닌 마을 문화를 발전시킬 수 있는 계기냐 아니냐를 주체적으로 판단할 수 있었을 것이라는 점이다. 그러나 이런 개발에 대한 주체성의 상실은 주민들을 외부의 혜택과 지원이라는 수동적인 삶으로 밀어넣고 만다.

개발과 보전, 영원히 상생할 수 없을 듯한 그 지난한 논란을 돌이켜보면, 해답을 찾아가는 과정은 어쩌면 단순할지도 모른다는 생각이 든다. 그러니까 주체의 입장에서 접근하는 것이다. 그러나 이러한 정의가 당장의 해답이 되지는 못한다. 마을을 지키고 경제적으로 윤택해지는 과정은 그리 녹록한 일이 아니다. 그렇다고 새만금의 내초도 마을처럼 갯벌이라는 황금텃밭을 잃어버리고 봉고차로 이리저리 떠돌며 돈벌이를 하는 것도 비참한 일이다.

마을에는 마을회의라는 것이 있다. 거기에서 마을 대소사를 논의하는데, 다들 의견이 다를 수 있지만 거의 만장일치로 결정한다. 강원도 춘천시 외곽에 있는 일명 '생기마을'은 10년 넘게 자연휴식년제를 실시하고 있다.[13] '자연휴식년제'(自然休息年制)[14]는 생태계를 보존하기 위해 훼손우려가 있는 지역을 지정하여 일정기간 출입을 통제하는 제도로 정부(환경부)나 지자체가 해당 마을을 지정한다. 그러나 이 마을은 회의를통해 이를 결정했다. 그래서인지 마을 인근 계곡은 청정할 뿐 아니라 풍부한 생물종다양성을 유지하고 있다. 굳이 휴식년을 할 필요까지 없는데도 마을 사람들은 이를 결정했다. 마을사람들은 농담반 진담반으로 '농사철이 한창인데 외부에서 놀러오는 사람들을 보면 배알이 뒤틀려서'라고 하지만, 본심은 이 지역 생태계를 건강하게 지키는 것이 지역경제에도움이 된다는 것이다. 유기농을 하고 주변에 자연적인 먹거리가 많아이를 내다팔면 생활에 보탬이 된다고 한다. 그렇다고 외부에서 이주해오는 것을 막지는 않는다.

그렇다면 중요한 국가시설은 어떻게 건설할 수 있는가? 국가적으로보면 꼭 필요한 시설인데 지역민들이 너나 할 것 없이 기피하면 어쩌란말인가. 일면 타당한 지적이다. 그러나 환경갈등이 심화되는 현실에서,앞으로 정책을 결정할 때는 더욱더 진지하고 심사숙고해야 한다. 과거처럼 무조건 밀어붙이려는 태도로는 어렵다. 좀 엉뚱한 얘기일지 모르지만요즈음 심심찮게 학교체벌이 사회문제로 대두되고 있다. 필자가 학교를다니던 시절에는 체벌이 일상화되어 있었기 때문에 심각성을 느끼기 어려웠지만 요즘 아이들은 그렇지 않다. 그런데 교육을 생각하면 적당한체벌이 필요하다고 생각하는 사람들도 있다. 문제는 체벌이 용인되면 체벌 이외의 다른 교육법을 찾지 못한다는 것이다. 학생이 어떤 잘못을 했을 경우 매를 들면 쉽게 상황이 정리되니까 다른 방법을 진지하게 찾을 이유가 사라지는 것이다. 그래서 체벌을 하지 않으면 적어도 40~50가지 교육법을 현장에서 시행할 수 있다고 한다. 물론 기본은 대화지만 말이다.

이를 그대로 적용할 수는 없지만 국책사업의 일방적인 추진은 이제 제동이 걸리기 시작했다. 이제는 보상만으로 문제를 풀기가 쉽지 않다. 국책사업의 규모나 위험 정도에 따라 보상비용은 더욱더 늘어날 수밖에 없다. 중·저준위방폐장 건설에 지원금을 3000억원 투입했는데, 그보다 훨씬 더 위험한 고준위방폐장은 어느 정도의 지원금이 필요하겠는가? 이것은 궁극적인 해결책이 될 수 없다. 지속 가능한 공동체를 유지할 수 있는 방법을 도입해야 하고, 치열한 토론과 진지한 연구를 병행해야 한다.

지역주민들은 너무나 당연하게도 자기 고장을 사랑한다. 인류학에서는 아이덴티티라는 말을 많이 하는데, 그 지역에서 살려는 사람들에게는 '자기들이 어떤 정체성을 갖고 있는가, 아이덴티티가 뭐냐?' 하는 것이 대단히 중요한 문제이다. 그런 측면에서 본다면 지역내 의사결정에 문제가 있다. 보전과 개발의 조화라는 어려운 문제를 푸는 데 주민투표라는 방식은 한계가 분명하다. 지역사회는 복잡하다. 정치적 이해관계, 연고 등 상황이 복잡한데 방폐장 같은 갈등은 너무 극단적으로 대립해서 토의할 수 있는 분위기가 형성되지 못했다고 한다. 지역주민간에도 너무 강하게 대립해서 대화나 소통이 절대 불가능한 상황이 되고 말았다. 또 상황이 종료된 이후에도 지역발전에 대한 깊이 있는 고민들을 해야 했지만 현실은 그렇지 않다는 것이다.

지역으로 보면 굉장히 많은 고통과 피해를 감수하면서 얻은 기회일 수 있는 거죠. 제대로 한번 주민들이 생각해보자, 위에서 결정해서 던져주는 그런 게 아니라…… 아쉬움도 많고. 그런데 하여튼 갈등이 너무 극심해지면 힘들어지기 때문에, 갈등이 발생했을 때 거기에 대해서 정부가 어떻게 접근하느냐? 물론 주민들도 합리적으로 문제를 풀기 위해서 노력을 해야 될 부분도 많이 있는데, 또 그 지역사회들도 농민운동하시는 분들도 마찬가지로 그렇고, 제일 중요한 것은 지방자치단체하고 중앙정부가 어떻게 접근하느냐? 이게 제일 중요한 거죠.(정철수, 22면)

갈등이 있었다고 해도 결과적으로 잘되는 방향을 찾을 수도 있다는 것이다. 쉽지는 않지만 지역사회에서 그런 내홍을 겪고 나면 문제의 본질을 더욱 깊이 있게 사색하는 계기가 된다는 말이다. 그런 차원에서도 지역 지도자들의 역할이 매우 중요하다.

갈등을 해결하기 위하여

환경문제는 일도양단식으로는 절대 해결할 수 없다. 비록 처음에는 명쾌하게 해결한 것처럼 보일지 몰라도 곧 다른 문제가 나타난다. 이는 생태계 자체가 복잡다기할 뿐 아니라 특히 환경 자체가 우리 삶과 밀접하게 관련되어 있기 때문에 간단치가 않다. 이런 이유로 소위 환경정책은 종합정책의 성격을 띠며 윤리적, 경제적, 과학적, 정치적, 법률적으로 문제에 접근해야 한다. 이렇게 다양한 관점에서 환경갈등의 구조를 관찰해야만 문제점도 보이고 해결의 단초를 찾을 수 있을 것이다.

자연에서 찾는 지혜

우리는 지속 가능한 발전 모델을 찾는다. 지속 가능한 발전은 결국 어떻게 살 것이냐, 그리고 건강한 삶을 위해 이 땅을 어떻게 관리하고 이용할 것이냐에 관한 문제이다. 그 방법을 찾는 과정에서 당면한 문제의 실상을 깨닫고 미래를 예측하며, 예상되는 재앙을 막기 위한 대안을 검토해보는 것이다. 우리가 새만금을 통해서 찾으려 했던 것은 환경문제에 대한 좋은 모델이다. 새만금에서 합리적인 해결책을 도출하진 못했지만 새만금을 연구할 가치는 충분하다. 왜냐하면 여기에서 얻은 교훈을 통해 지속 가능한 개발에 이르는 주요한 경로를 찾아낼 수 있기 때문이다

치르치르와 미치르의 파랑새 이야기처럼 지속 가능한 발전 방법을 찾는 지혜는 결국 우리들 사이에 있다. 지속 가능한 삶의 양태는 보편적이면서도 다양하다. 우리가 채택할 수 있는 가장 훌륭한 방안은 우리사회 내부에서 나올 수밖에 없다. 아무리 미국이나 유럽에서 성공한 모델이라고 해도 우리나라에서도 성공하리라는 보장은 없다. 우리 삶속에서 체화된 방식 자체가 가장 현실성 있는 대안이다. 예를 들어 새만금에서 수십 년 동안 조개를 캐왔던 사람들은 바로 그것이 지속 가능한 방식이라는 것을 인식하지 못한다. 단지 그렇게 해왔고, 자연스럽게 자연과 동화되어 살아가려다보니 알게 된 방식이다. 우리는 갯벌의 가치를 이야기할 때 전문가들이 논하는 경제적 가치에만 솔깃해서, 지역주민들에게 중요한 다른 가치를 외면하고 있다. 사실 지역주민들 스스로는 갯벌의 가치를 많이 부정하고 있다. 상당수 주민들은 갯벌이 이제 다 썩어 망가졌다고 이야기한다. 외지인이 가서 갯벌이 좋다고 하면 오히려 싫어한다. 새만금사업을 찬성하는 주민들은 갯벌의 가치가 이제는 없어져서 매립해도 좋다고 보는지 모르지만 새만금을 반대하는 주민들 역시 비슷한 이야기를 한다.

실제로 그렇게 좋지 않습니다. 갯벌이 갖고 있는 잠재력은 좋은데, 실제로 관리가 안되어 있어요. 과거 갯벌을 마을 공동체에서 관리했을 때는 1년에 일정기간은 전혀 고기를 잡아서는 안되고, 매달 나가서 청소하고 무슨 어장도 집어넣어주고, 이렇게 나름대로 밭보다 더 철저하게 감독하고 관리하고 공동

작업을 했어요. 그런데 여긴 벌써 10년 전에 보상을 받고 버려진 땅 비슷하게 돼서 이후 관리를 안하니까 정말 망가진 것입니다. 공동체적인 관리가 전혀 안된 거죠.(오상현, 10면)

갯벌을 터전으로 여기는 주민들의 삶은 자연친화적이다. 자연자원에 의존해 생계를 유지하다보니 철저히 자연의 흐름에 따라, 그리고 갯벌의 생산성을 유지하는 방식으로 삶을 유지한다. 물때에 따라 뻘에 가고 물이 들어오면 뻘에서 나온다. 뻘에 가서도 백합의 어린 새끼들인 종패는 안 잡고, 3~4센티미터가 넘는 '소합' 이상만 잡는다. 욕심을 안 부려서가 아니라 생합이 생육·성장할 수 있도록 하는 것이다. 그것이 부모 그리고 부모의 부모에게 물려받은 삶의 지혜다. 이들은 갯벌의 생산성 유지가 삶의 지속성과 연결되어 있음을 자연스럽게 체득한 것이다.

더 큰 '살림'을 향하여

상생과 조화

새만금 삼보일배에 참여했던 원불교 손일환 교무는 무슨 생각으로 이런 고행에 나섰고 지금은 어떻게 생각할까?

원리적으로 말하면 나와 세상의 관계라고 하는 것은 그냥 없어서는 피차가 존재할 수 없는 관계지요. 그러니까 없어서는 살 수 없는 관계. 불교는 그것을 연기라고 하거든요. 이것이 없으면 저것도 없다. 원불교에서는 없어서는 살 수 없는 관계, 그래서 겉으로 설사 갈등의 관계에 있다고 하더라도 근원적으로는 존재 차원에서 보면 그것이 서로 의지해 있는 것으로 봅니다. 심지어

삼각관계조차도 근원적으로는 상생의 원리에 의해서 발생하고 발전하고 진화한다고 하는 것이지. 그렇기 때문에 우리가 갈등하는 것조차도 긍정적으로 보는 관계라고 할까? 그런 것들을 그냥 한마디로 없어서는 살 수 없는 관계라고 하고, 그런 것들을 은혜 은자를 써서 恩이라고 합니다.(손일환, 11면)

갈등도 서로 의지하기 때문에 발생하고, 그것은 피할 수 없는 숙명이라는 얘기다. 만약 세상일에 단 하나의 관점과 입장만 있다면 어떨까? 아마 대단히 재미없는 세상이 되어버릴 것이다. 서로 다른 생각들이 대립하면서도 어우러지고 변화·발전하는 것이 세상의 본모습인 듯하다. 우리는 심한 언쟁을 하거나 다투었을 경우 당시에는 자신의 주장이나 의견을 굽히지 않지만 돌아서서 다시 생각해보곤 한다. 그럴 때는 상대방의 입장에서 해석해보게 된다. 역지사지(易地思之)라고나 할까? 서로의 관계를 긍정적으로 보는 것, 이 역시 갈등을 풀어가는 기본이다.

법의 정신, 비례성

이완배 변호사에게 새만금 사건 소송 진행자로서가 아니라 판사나 제3자로서 이 사건을 조망한다면 키워드와 핵심이 무엇일지 물어보았다.

물론 제가 지금 만 10년도 안된 변호사기 때문에 조심스럽기는 하지만 법의 정수를 딱 하나만 고르라고 하다면 균형이라고 하는 '비례성의 원칙'[15]을 선택할 텐데요. 새만금사업은 제가 가지고 있는 비례성 원칙에 비춰보면, 경제나 환경이냐 대립적인 면이 아니라 양자를 조화하는 데 있어서 현저하게 비례성을 잃은 사업이기 때문에…… 설사 비례성이 없다 하더라도 비례성의 일탈 정도가 현저하냐? 그것도 따져야 될 것이고. 그다음에 이 사업이 그동안 계속 몇년간 진행됐다, 그러면 그런 것들도 고려해야 될 것이고. 그렇기 때문에 제가 객관적으로 판단을 한다면 환경보존론자로서 어떠한 결론을 내리겠다는 것보다는 비례성이란 관점에서 개발과 환경보존이 동시에 적절하게 구현되었느냐를 봅니다. 물론 때로는 환경보다는 소위 말하는 경제적 발전이 우선해야 된다는 상황에서 따져봤을 때, 그렇게 현저하게 비례성을 침해하는 요소가 없다고 하면 경제개발 쪽으로 손을 들어줄 수도 있는 거죠. 어쨌든 이 사건에서 제가 법률가로서 보는 건 '비례성 원칙'입니다. 경제뿐만 아니라 여러가지 가치의 비례성…….(이완배, 7면)

이 변호사는 새만금 사건과 관련하여 개발과 환경성에서 비례가 깨진 것이 가장 큰 문제라고 말하는데, 법에서의 비례가 지속 가능한 발전의 핵심인 조화와 형평 그리고 종교적인 개념에서의 상생과 일맥상통하게 느껴졌다.

정부와 환경단체, 같은 방향을 보라
환경갈등에 대해 정부의 시각은 변화했을까?

결국은 마주보는 게 아니라 같은 방향을 보는 거라는 거죠. 정부에 있는 사람들이 뿔 달린 인간들이 아니거든요. 서로, 우리도 NGO도 막 그렇게 보고 있고. 우리 홍보 콘셉트, 우리가 홍보기획사가 첫번째 주는 어드바이스는 정부하고 환경단체가 서로 대립하는 모습으로 보이는 건 정부에게 백번 손해이다. 정부하고 환경단체는 같은 방향을 보는데, 방법에만 차이가 있다는 걸로 인지시키는 것이 홍보의 첫번째 전략이다. 이건 100퍼센트 받아들였어요. 국민들이 받아들일 때는 정부는 사실, '아이고 공무원 이거 쇠밥통' 이건데, 시민단체는 아무것도 자기 혜택도 없이 좋은 일을 하는 사람들, 이렇게 인식되어 있단 말이에요. 당연히 그렇게 치면 정부가 백번 지게 되어 있어요. 국민들에게 인식이 그렇게 되어 있어요. (그러나 결과적으로 보면) 정부가 지지 않죠. 시민단체가 지죠. 국민들의 인식이란 측면에서. 그러니까 국민들의 인식을 바꾸려면, 같이 보고 같은 방향을 보고 있다, NGO는 이렇게 하자고 하고 우리는 이렇게 가자, 그 차이다. 이렇게 설명을 해야지.(박홍식, 12~13면)

국책사업을 추진하는 공무원의 자세가 이렇게 변화한다는 것은 대단히 고무적이다. 생각과 시각은 같은데 방법이 다르다는 것이다. 정부와 시민단체가 문제에 이렇게 접근한다면 매우 진일보한 결과를 만들 수도 있다.

자연의 살림(household of nature)

일찍이 아프리카 원주민을 대상으로 박애주의 활동을 펼쳤던 슈바이처 박사는 생명 존중에 대한 인식이 깊었다. "생각하는 존재인 사람은 살려고 애쓰는 모든 존재에게, 자신에게 그러하듯이 생명에 대한 동일한 외경을 품어야 한다고 느낀다. 사람은 그 자신이 다른 존재의 생명을 경험한다. 그는 생명을 보존하고 촉진시키며, 성장할 수 있는 생명에게 가장 고귀한 가치를 불러일으킬 수 있는 것을 '좋은 것'으로 수용한다. 사람은 생명을 파괴하고 생명을 해치며 그리고 성장할 수 있는 생명을 억압하는 것을 '나쁜 것'으로 받아들인다. 이것은 도덕의 절대적이면서도 근본적인 원리이다"라고 했다. 후일 이러한 슈바이처의 사상은 생명외경사상으로 발전했다.

그러나 그렇다 하더라도 인간이 타 생명체에 이로운 일만 할 수 있을까? 슈바이처 박사 스스로도 이 고통스러운 질문에 명쾌한 답을 내리지 못했다. "이 원리에 따라 진지하게 살 경우, 즉 모든 동식물에 대한 개체적 존중을 철저히 꾀한다면, 도대체 (사람이) 산다는 것이 불가능하기 때문이다." 그래서 그는 이 불가항력적인 상황에 대해 이렇게 호소하고 있다. "파괴적 의지와 같은 것인 창조적 의지에 의해 지배되는 세계에서 생명에 대한 외경 규칙에 의해 내가 어떻게 살아야 할지는 고통스러운 난제로 남는다."[16]

아무리 자연이 중요하고 뭇 생명을 존중해야 한다고 하지만 인간의 생존을 위해서는 개발과 환경파괴는 피할 수 없다. 개인의 의지에 따라 도덕적이고 금욕적인 자세로 살 수는 있겠지만 사회라는 공동체에서는 사실상 불가능하기 때문이다. 어느 정도를 파괴하고 어디까지를 보전할 것인가? 그 양적, 질적인 한계를 가늠할 수 있을까? 이 점에 대해 환경윤리학자인 굿패스터(K. E. Goodpaster)는 "생명 존중의 원리에 대한 가장 분명하고도 결정적인 논박은 사람들이 그것에 따라 살 수 없을 뿐 아니라 우리가 어찌해야 할지 자연은 아무 암시도 주지 않는다는 것이다. 우리는 먹어야 하고, 지식을 얻기 위해 실험을 해야 하며, (거시적, 미시적인) 침략으로부터 우리를 보호해야 하며……"[17]라고 그 복잡성을 설명하고 있다.

이 문제의 해법은 없을까? 보전과 개발을 통합하는 방법은 없을까? 사전을 찾아보자. '보전'이란 보호하여 유지한다는 뜻이니, 환경보전이란 환경을 보호하고 유지한다는 개념이다. '개발'은 개척하여 발전시킨다는 말이고 발전은 더 잘되거나 나아진다는 뜻이다. 보통 보전과 개발은 대립한다고 생각한다. 보전하면 발전은 안되고, 발전하자면 보전이 불가능하다고들 생각한다. 그러나 좀더 유연하게 사고하면 순환으로 이해할 수 있다. 발전은 좋게 만드는 것이고 좋게 만들면 그 상태로 유지하게 된다. 역으로 정리하면 유지해야 발전하는 것이다. 결국 순환이다. 물론 지금까지 있었던 것을 완전히 없애고 새롭게 만드는 것을 발전이라고 생각할 수 있다. 그러나 근원적으로 본다면 완전히 없앨 수는 없을뿐더러 완전히 새로운 것도 있을 수 없고, 어떤 경우이든 그것은 자연의 변형이다. 그렇기에 과도하게 인위적인 행위에 의해 멸종 위험을 자초해서는 안되며, 불가피한 개발이라도 사려 깊게 추진해야 한다.

생태계는 '살아 있는 개체들과 그들의 활동을 매개로 일어나는 에너지와 물질의 순환, 변환, 그리고 축적을 포함하고 있다'고 정의할 수 있다. 우리가 인식하든 그렇지 않든 간에 이 생태계의 질서와 체계는 지금도 끊임없이 순환되고 변환되고 축적되는 과정을 지속하고 있다. 그 과정이 단절되면 과연 무슨 일이 벌어질까? '자연의 살림'이라는 말이 있다. 살아 있는 생명체가 무기물이나 유기체적 환경과 맺는 관계 전체, 즉 자연의 질서를 뜻한다. 그러나 자연의 살림이 특정 종의 무모한 살림 늘리기에 의해 파괴된다면 어찌할 것인가? 결국 우리가 추구하는 개발과 발전도 이 범주를 벗어날 수 없으며 자연 살림의 기본을 유지하는 가운데 이루어져야 한다. 우리가 추구하는 살림보다 더 큰 살림이 건재해야만 우리 살림도 나아질 수 있는 것이다.

새만금은 지금

새만금은 방조제가 만들어지면서 정부와 전라북도 그리고 환경단체 간의 공식 대화는 중단되었다. 정부와 전라북도는 대법원의 판결에 힘입어 내부토지이용계획에 박차를 가하고 있다. 새 정부의 대통령직인수위원회에서는 새만금 태스크포스 팀을 만들어 사업계획을 준비했다. 정부는 이미 2003년 11월부터 국토연구원, 농어촌연구원, 한국환경정책·평가연구원, 한국해양수산개발원, 전북발전연구원 등 5개 국책연구기관에 의뢰하여 '새만금 간척용지의 토지이용계획 수립 연구보고서'(2006. 11)를 작성했다. 이 보고서에 의하면 새만금 내부토지이용계획은 6개 안으로 정리되었고 그중 대안 3안인 '만경수역 한시적 해수유통 및 집중개발'(군산지역)을 채택했다. 대안 3안[18]에 의하면 2020년도 기준으로 전체 면적 401.0제곱킬로미터에서 수면부(담수호)를 제외한 육지부의 용도별 토지 면적은 농업용지 73.6퍼센트, 산업용지 5.2퍼센트, 관광용지 2.8퍼센트, 도시용지 3.7퍼센트 등으로 개발한다는 계획이며, 또한 2030년도 기준 으로는 수면부 118.0제곱킬로미터를 제외한 육지부의 용도별 토지면적 은 농업용지 71.6퍼센트, 산업용지 6.6퍼센트, 관광용지 3.5퍼센트, 도시 용지 2.3퍼센트 등으로 구분하고 있다. 17대 국회 마지막 회기에는 전라 북도 의원들이 주도하여 '새만금종합개발특별법'을 제정했다.

반면 환경단체들은 새만금 방조제 완공에 따른 지속적인 환경 변화 모니터링을 실시하고 있다. 2006년 방조제 안쪽의 수질환경 변화, 방조 제 밖의 퇴적환경 변화와 생물 변화, 인문사회 변화 등 4개 항목을 조사 하여 그 결과를 발표했다. 이외에도 외국 환경단체들과 연대하여 철새 환경 및 서식 변화 모니터링이 진행되고 있으며, 방조제 밖 외해의 급격 한 생태계 변화에 따른 피해사례가 나타나고 있어 주민들은 법적 대응을 준비하고 있다.

방조제가 완공되고 대법원의 최종판결이 나오면서 새만금 논란은 일 단락된 듯하지만 갈등은 여전히 잠재해 있다. 아마도 새만금사업이 계속 되면서 환경이 어떻게 변화하느냐에 따라 갈등이 수면 위로 올라올 개연 성이 높다.

원전과 방폐장, 일단 대화의 장으로

중·저준위방폐장 부지가 경주로 결정된 후 이 문제는 어떻게 되었을 까? 17대 국회에서 2006년 3월 '에너지기본법'이 제정되었다. 이 법률에 근거하여 대통령을 위원장으로 하는 '국가에너지위원회'[19]가 구성되었 고, 총 26명 중 시민·환경단체 몫으로 5인이 배정되었다. 이 에너지위원회 산하에는 총 4개(에너지정책, 기술기반, 자원개발, 갈등관리)의 전문위원회가 구성되었다. 에너지문제와 관련해서는 최초로 민관학이 참여한 종합위원회가 만들어진 것이다. 그중 '갈등관리전문위원회'에서 원전의 적정성과 고준위방폐물 처리에 관한 의제가 설정되어 논의중이라고한다. 대화를 통해 갈등을 해결한다는 방침이 세워졌고, 이에 따라 앞으로 원전과 방폐장을 둘러싼 정책 방향이 결정될 것이다. 지금까지 대화는 어떠했을까? 아직 속단하기에는 이르나 그리 원만하게 진행되고 있는 것 같지는 않다. 좀더 인내심을 갖고 지켜봐야 할 것 같다.

갈등의 미학

경험을 역사적·사회적 자산으로 활용하고 공유하면 새로운 지식과 과학으로 발전할 수 있다. 이전까지는 갈등의 원인이나 그에 대한 정보가 부족했다고 볼 수도 있을 것이다. 설사 원인과 관련 정보를 소상히 알고 있었다 하더라도 이를 해결할 수 있는 법이나 제도가 미흡했을 수도 있다. 그렇다면 이제 우리가 할 일은 분명해진다. 이런 갈등을 예방할 법이나 제도 같은 씨스템을 만드는 것이 가장 중요한 과제이다. 그런데 좀더 심사숙고해보면 과연 법과 제도만으로 충분할까 하는 의문이 남는다. 나아가 법과 제도를 어떻게 만들 수 있는가도 쉽지 않은 문제다. 환경법은 일종의 규제법이다. 이런 법제는 필연적으로 개발의 걸림돌로 작용하므로 개발을 원하는 입장에서는 반발할 것이기 때문이다. 따라서 개발과 보전에 대한 가이드라인과 합의가 마련되지 않는 한 문제해결은 간단치 않다.

환경갈등의 한 유형으로 제기된 새만금과 방폐장 사건은 그런 측면에서 우리에게 시사하는 바가 크다. 지금껏 우리는 환경갈등을 대표하는 새만금, 방폐장과 관련된 갈등의 역사를 되돌아봤다. 갈등의 원인, 과정, 결론, 남겨진 문제가 무엇인가를 추적했다. 현장에 있었던 많은 사람들의 눈과 귀를 통해, 때로는 그들의 감성에서 정교한 사고에 이르기까지, 당시 상황 재현에 필요한 것들을 고스란히 표현하려고 노력했다. 과거의 경험을 그저 경험으로 놓아두지 않고 작은 교훈이라도 얻기 위해 역사 위에 올려놓으려 한 것이다.

그 경험의 한복판에 서 있던 사람들에게는 지난 일을 회상하는 것은 그리 유쾌한 일이 아닐 수 있다. 그러나 그 경험이 개인의 차원에만 머무른다면 우리에게 발전은 없다. 필자가 이 글을 쓰고 있는 동안에도 많은 사건들이 일어나고 당사자들은 서로 갈등하며 대립하고 있다. 잠시 어두운 터널을 빠져 나온 것처럼 느꼈는데 빛을 본 시간은 짧고 또다시 긴 터널로 빠져들고 있다. 새롭게 만난 터널은 과거 경험했던 터널보다 더 어둡고 넓으며 긴 느낌까지 든다. 갈등의 발화나 확산은 더 빠르고 탄탄해지는 듯하다. 이런 상황의 반복은 역사적 자산을 소중히 여기지 못한 데서 비롯된 것은 아닐까. 이익이나 이윤을 누가 갖느냐를 결정하는 과정으로 갈등을 보면 그 목적은 결국 이기는 것이다. 그러나 갈등을 서로 부족한 부분을 채워나가는 과정으로 본다면 그 역시 소통의 한 방법이다.

환경갈등은 역사가 그리 오래지 않다. 인류의 과학과 기술이 발달하고 산업사회로 본격 진입하면서 근래에 발생한 갈등유형이다. 60억명의 인류가 지구의 초대형 포식자로 등장하면서 발생한 문제로, 자원은 유한한데 인류의 욕망은 무한하여 나타난 것이다. 그렇다면 이 욕망을 과감히 끊을 수 있을까? 일례로 기후변화협약을 둘러싸고 유럽과 미국, 제3세계는 충돌하고 있다. 유럽과 일본은 기후변화와 온난화를 예방하기 위해 이산화탄소를 줄이자는 입장인 반면, 미국은 이에 반대하고 있고, 특히 중국 등 제3세계 국가들은 더욱 완강하다. 그들은 국가적 차원에서 경제성장을 추구해야 하기 때문이다. 그도 그럴 것이 GDP 3만달러 이상인 국가에서 보는 환경문제와 GDP가 불과 3000달러에 불과한 나라에서 보는 환경문제는 무게감이 다르게 마련이다. 그래서 인류가 합의한 최소점이 '지속 가능한 개발'이다. 이는 1992년 브라질 리우에서 세계 정상들이 모여 합의한 의제이다.

그러나 지속 가능한 개발을 둘러싸고도 이견은 여전하다. 그 개념이 추상적이거나 모호하기 때문이다. 추상적이고 애매하지만 환경위기에 대하여 인류가 '합의'를 도출했다는 사실만으로도 매우 큰 진전이며 의미가 있다. 이제 국가나 지역이 할일은 이 지속 가능한 개발을 현실에 적용하는 것이다. 새만금의 규모는 4만 100헥타르로 여의도의 140배에 해당한다. 이 간척 대상지에 전북도민이 염원하는 산업단지와 공장을 꽉꽉 채우는 것은 사실상 불가능하다. 참고로 현재 우리나라 갯벌 면적은 약 25만 5000헥타르이다. 그런데 일제시대부터 현재까지 사라졌거나 간척이 예정된 면적은 22만 2414헥타르 이상으로 추정된다. 남한 갯벌의 절반가량이 이미 사라졌거나 사라질 운명에 처해 있다.[*]

답은 생각보다 먼 곳에 있지 않다. 이토록 많은 갯벌을 매립하고 간척할 필요가 있는지를 확인해보면 된다. 대형 간척사업의 결과물인 서산간척지, 김포간척지 등은 이미 오래전에 갯벌을 육지로 바꾸었지만 아직 그 용도가 불분명한 상태로 남아 있다. 땅은 필요한 만큼, 최소한의 필요량을 산출해서 이용하면 된다.

에너지문제는 방향과 선택에 달려 있다. 원자력을 얼마나 사용하고

---

[*] 연안습지(갯벌) 면적의 변동 추이: 북한 갯벌의 면적이 32만 헥타르(3200제곱킬로미터)라고 추정하면, 현재 한반도에 남아있는 갯벌의 총 면적은 약 57만 5000헥타르이다. 사라진 갯벌 면적까지 합하면 과거 한반도 갯벌의 총 면적은 약 79만 7414헥타르로 추정된다.

다른 에너지원을 어떻게 확보할 것인가는 적어도 수십년에 걸친 장기 과제이지 당장의 문제는 아니다. 지금 당장 원자력을 멈추라는 것이 아니다. 그렇다고 계속해서 원자력 사용 비중을 늘리는 것은 정답이 아니다. 지금 우리가 할 일은 변화의 토대를 마련하는 것이다. 전환점을 찾아가는 것이라는 말이 좀더 어울릴 것 같다. 에너지문제의 향방은 국가의 정책에 의해 결정된다. 프랑스처럼 전력생산에서 원자력 비중을 70퍼센트 이상으로 유지하겠다고 한다면 당연히 원전을 늘려야 한다. 그러나 독일처럼 원자력을 폐지하겠다고 결정하면 에너지원을 다른 방향에서 찾게 되는 것이다. 옳고 그름의 차원을 떠나서 어떤 방향으로 선택할 것인가가 중요하다.

또한 에너지문제는 장기적으로 그 수요를 줄이는 것이 관건이다. 화석연료가 고갈되는 시점을 둘러싸고 논쟁이 있긴 하지만 언젠가는 화석연료발전소는 멈출 것이다. 원자력의 에너지원인 우라늄도 자연에서 나오는 것이므로 언젠가는 고갈될 수밖에 없다. 그렇다면 그다음은 무엇일까. 다시 석탄으로 돌아갈 것인가? 먼저, 그 수요를 조금씩 줄여야 한다. 만약 우리가 일상용품으로 사용하는 휴대전화 1대를 생산하는 데 지금까지는 10이라는 에너지가 소비되었다면 앞으로 똑같은 휴대전화 1대를 생산하는 데 5정도로 에너지 소비를 줄일 수 있다. 현재 유럽이나 일본 등은 이같은 방법으로 에너지원 단위별 소비량을 줄이고 있다. 이렇게 한다면 수십년 후에는 적어도 지금처럼 소비되는 에너지의 최소한 3분의 1을 줄일 수 있을 것이다. 아니 그 이하라 할지라도 의미있는 선택이 될 것이다.

재차 강조하지만 방법이 없는 것이 아니다. 문제는 방향이고 선택이다. 신재생에너지에 눈을 돌리는 것도 마찬가지이다. 빛이나 바람은 지구가 존재하는 한 영속적이다. 영악스럽게도 인류는 이 자연을 대규모

에너지로 사용할 수 있는 방법을 최근에 깨치기 시작했다. 비록 기술력이 부족하고 경제성이 현존 에너지원보다 떨어진다고 해도 이를 이용할 방법을 배우기 시작했다는 것은 실로 중요한 역사적 사건이다. 왜냐하면 인류가 그 방향으로 힘을 쏟고 기술을 개발하고 자본을 투자한다면 머지않아 눈부신 변화를 일으킬 수 있기 때문이다.

우리가 환경갈등을 통해 얻은 교훈이 있다면 인류가 환경위기에 최초로 합의한 '지속 가능한 개발'이라는 덕목을 지켜야 한다는 것이다. 이 덕목을 지키려면 자연에 대한 '인간의 현명한 이용'을 실천해야 한다. 인류가 자연을 현명하게 이용한다는 것은 철저히 사용해버리는 것이 아니라 자연이 수용할 수 있을 정도로 이용한다는 의미이다. '현명한 이용', 이 얼마나 적절한 표현인가! 재산이 있다고 이를 함부로 쓰면 재산은 사라지고 말지만 절약하고 잘 가꾸면 오히려 늘어난다. 지혜롭게 자연을 이용한다면 자연은 언제나 그에 보답한다.

갯벌과 관련하여 전문가들과 대화하거나 자료를 읽다보면 '민속지식'(folk-knowledge)이라는 말이 나온다. 과학적이고 객관적인 실험이나 연구를 통해 얻은 학문적인 체계가 아니라, 어떤 지역이나 마을에서 오랫동안의 경험을 통해 얻은 지식을 가리킨다. 일례로 갯벌에 사는 어민들은 '물때'라는 말을 사용한다. 물때는 조석(潮汐, tide)을 말한다. 조석의 본래 뜻은 달·태양 등 천체의 인력작용으로 바닷물이 주기적으로 1일 2회 들고나는 현상을 말한다. 그런데 어민들은 이 조석현상, 물때를 하루로 파악하는 것이 아니라 보름을 주기로 파악하며, 이를 기본으로 어업행위를 한다. 그렇다고 이것이 비과학적이지도 않다. 오랜 경험을 축적해서 쌓은 지식체계이지만 대단히 과학적인 방법이다. 이러한 어민들의 자연에 대한 이해나 인지체계는 자연과의 공존이라는 의미를 담고 있을 뿐 아니라 자연의 현명한 이용에도 부합한다. 이 직업을 이어받을 후손들을 위해 그들의 몫을 남겨두는 지혜인 것이다.

지속 가능성은 후손 혹은 미래세대의 삶과 연결된다. 지속 가능하다는 의미는 과거, 현재, 미래가 한 고리로 유지되어야 한다는 것이다. 만약 우리가 현세대만을 고려한다면 이렇게 환경문제에 속 썩일 필요도 없을 것이다. 가진 재산 모두 탕진하고 가면 그만이 아니겠는가. 그런데 인류는 다음 세대를 지속적으로 재생산한다. 왜 자녀교육에 헌신하고 투자하는가. 왜 열심히 노력해서 돈을 벌어 저축하는가. 후손들이 잘살아야 하기 때문일 것이다. 만약 자연을 지금처럼 다룬다면 우리 후손들 시대에 이르면 온전히 남아 있지 않을 것이다. 얼마전에 환경을 잘 보전한다는 국가인 독일의 엘베 강을 방문한 적이 있다. 엘베 강을 지키는 사람들을 만났는데, 독일에는 자연적인 강이 남아 있지 않고 엘베 강이 그나마 원형을 보전하고 있다고 한다. 이 말을 듣고 필자는 상당한 충격을 받았다. 그러니까 독일 사람들은 예로부터 내려오는 자연의 강을 보지 못하고 있다는 얘기처럼 들렸다. 만약 이 말이 사실이라면 그들 선조가 본 강은 이미 사라지고 이제 지리책에서나 그 형상을 상상할 수 있을 뿐이다.

이처럼 지속 가능성이라는 개념은 과거와 현재 그리고 미래의 소통을 의미한다. 소통의 방향은 여러 갈래다. 첫째로, 현세대와 미래세대와의 소통이다. 환경과 생태계를 보전하는 지속 가능한 개발의 필요성은 현재와 미래와의 연결 또는 연속성 확보에서 찾을 수 있다. 현재의 개발로 생태계가 파괴될 경우 미래로 향하는 문은 닫힌다. 폐쇄된 생태계는 지속성을 상실한다. 둘째로, 현세대간의 소통이다. 환경갈등은 현세대의 갈등이다. 보전과 개발의 사회적 가이드라인과 합의가 전제되지 않는 과정에서, 구시대적인 개발·성장 논리와 환경보전이라는 논리가 대립하고 충돌하는 것이다. 또한 현세대의 소통단절이 지속될 경우 미래세대와의 소통에 지대한 영향을 미치게 된다. 따라서 현세대간의 소통은 매우 절실하다. 그러나 이 소통을 원활히 하려면 인류만의 관점에서 벗어나야 한다. 그래서 세번째로 자연과의 소통이 필요한데, 이는 자연과의 공존을 의미한다. 자연과의 공존은 지속 가능성이라는 개념보다 더 넓은 개념이다. 자연을 인간의 생산력 발전의 대상이 아니라 살아 있는 생명체로 여겨 공감하는 것이다. 인간의 성장과 발전을 위한 무생물적 자원으로 보는 그간의 단견을 거둬들이고 살아 있는 유기체로 이해해야 한다. 자연과 인간의 공존이라는 새로운 가치관을 통해 지속 가능한 보전과 개발의 방법론을 찾아야 한다. 현명한 자연의 이용이란 제한적인 행위를 말한다. 과거의 개발행위는 무제한 확장이었으나 앞으로 자연 이용은 제한되고 축소된 방식이어야 한다는 의미이다. 이는 대단히 의식적인 행위이며 현명한 통찰력에서 비롯된다. 자원은 분명 유한하고 개발의 심화 확장은 돌이킬 수 없는 비극을 초래할 것이기 때문이다.

경험의 축적은 통찰력을 키운다. 어민들의 민속지식은 수세기에 걸쳐 지속되고 체계화되면서 현명한 통찰력으로 발전했다. 우리는 자신이 서 있는 작은 공간에서 출발하여 이제는 지구라는 넓은 생태계를 바라보기 시작했다. 사라져가는 자연을 보면서 자연과 공존하고 공감해야 한다는 당위를 발견했다. 개발에 따른 환경오염과 생태계 파괴가 100년 동안 가속화되면서 인류는 지속 가능성이라는 새로운 좌표를 설정했다. 그리고 자연의 지혜롭고 현명한 이용을 촉구하고 있다. 인류가 인류에게 말하고 있는 것이다. 현세대간의 소통은 이 지점에서 출발해야 한다.

자연과의 공존 사상, 지속 가능한 개발과 보전, 인간의 현명한 이용을 관통하는 연결고리는 소통이다. 자연과의, 미래세대와의, 현세대간의 소통 목적은 자연 이용의 적정성에 합의하자는 것이다. 바다와 갯벌은 공유수면(公有水面)이라고 한다. 법률적으로 공유수면은 사유가 아니라 공유(公有)를 의미하지만 일반적으로 국가 소유라고 정의하거나 이해한다. 그러나 공유는 공동의 소유나 자산이다. 공유는 공동의 자산이라는 개념이어서 누구라도 그 처분권한을 독점적으로 행사할 수 없다. 그러나 바다와 갯벌을 매립하는 과정은 철저히 독점적이다. 정부, 지자체, 민간 기업이 매립과 간척을 시행할 때 이들이 투자한 비용만큼의 간척지를 사유지로 귀속시킨다.

이렇게 공유가 사유로 바뀌는 과정은 독점적이며 합의과정을 생략한다. 비단 바다와 갯벌에만 한정되지 않고 우리의 많은 공유자산이 이런 경로를 통해 사유화되고 있다. 반면 공유가 공동체의 자산으로 환원되면 공유지에 대한 비극은 사라진다. 공유의 변경은 철저히 합의를 전제로 해야 하기 때문이다. 환경갈등을 다루는 과정에서 합의와 신뢰의 문제가 자주 언급되었다. 그러나 이 과정에서의 합의는 지극히 인본주의적인 성격을 띤다. 반대 의견을 수용하지 않는 독단적인 결정에 대한 민주주의 원리에 의거한 비판이고 이해이다. 신뢰는 감성적인 요소를 함축하고 있지만 그 개념상 합리성을 반영하는 것이다.

자연의 이용에서의 합의란 공동체에 속한 생명의 운명을 결정하는 문제이다. 즉 공유 개념을 넓게 확장하면 '공간내에 존재하는 공동체이자 생명체의 삶'으로 규정할 수 있다. 갯벌에는 수많은 생명이 살고 있고, 더불어 인간도 살고 있다. 갯벌에는 아주 미세한 생물인 박테리아, 이보다 조금 큰 선충류, 이보다 조금 더 큰 갯지렁이, 게, 고둥류 등이 살고 낙지도 산다. 멀리서 도요새도 먹이를 찾아 날아오고 사람들은 여기서 바지락을 채취하고 낙지도 잡는다. 이 갯벌이라는 공간내의 공동체이자 생명체들의 유기적 관계가 형성되고 있는 것이다. 이들은 서로 '먹고 먹히는 관계'(prey-predator relations)이기도 하지만, 이로써 생태계의 균형이 유지된다. 따라서 이곳의 균형과 질서를 변경하려면 이 공동체의 의지를 반영하는 진정한 합의가 도출되어야 한다. 합의는 인문학적인 범주를 넘어서서 자연과학적 세계로 나아가게 된다. 공유의 관점에서 보면 합의는 독점적 결정이 아니라 공동체의 어민들에게 선택권을 제시하는 데에서 시작되어야 한다. 합의과정은 그렇게 출발하는 것이다.

합의는 자유로운 선택이다. 보전해야 할 것과 개발할 것을 놓고 자유롭게 선택할 수 있어야 한다. 개발 결정에 따른 순응이 아니라 자연이라는 큰 살림을 유지하기 위해 어떤 선택이 현명한지를 판단하는 것이다. 원자력에서 송출되는 전력만을 선택하도록 결정하는 것이 아니라, 태양에서 온 에너지나 바람의 에너지도 선택할 수 있도록 해야 한다. 자유로운 선택은 다양성을 존중한다. 다양성은 갈등을 소멸시키거나 최소화한다. 선택의 폭이 넓어지기 때문에 특별한 사안에 함몰되지 않고 갈등을 유발할 개연성도 낮아진다. 합의는 다양성의 원리에 의거하여 자유로운 선택에 의해 결정된다.

우리는 환경갈등의 경험을 통해 인본주의적 사고에서 자연주의적 사고로 그 지평을 확대하는 깊고도 현명한 통찰력을 축적하기 시작했다. 축적은 이성에서 감성으로 향하고 다시 이성으로 돌아가는 연속성과 지속성의 과정이다. 축적은 재생산된다. 재생산은 순환과 발전을 동시에 추구한다. 환경은 문명발전 이전 시기의 순환적 자세를 요구하고 있고 개발은 더욱 발전된 문명을 추구한다. 순환이 원시로 되돌아가는 길이 아니고 문명이 탐욕으로 가는 길이 아니려면 적절한 조화와 균형이 유지되어야 한다. 환경갈등은 이 양자의 균형추를 새롭게 조정해가는 과정에 불과하다. 갈등을 갈등으로 보지 않고 갈등 너머에 있는 새로운 삶을 보는 지혜가 자라야 한다. 그래서 갈등은 미학이다. 춥고 어두운 터널에 갇힌 시간이 훨씬 길고, 따사로운 햇볕을 받는 시간은 순간일지라도 인류의 지혜는 미래로 나아간다.

연도	방사성폐기물처분장 입지 선정 및 유치신청 경과
1986	원자력법 개정으로 방사성폐기물 관리에 대한 법적 기반 마련.
1989. 3	경북 영덕군 남정면·영일군 송나면·울진군 기성면(1, 2, 3 순위) 등 동해안 3개 지역을 방폐장 후보지로 지정.
1989.3	최초의 방폐장 반대운동이 영덕 지역을 중심으로 전개되어 결국 백지화됨.
1990.11.3	충남 안면도 방폐장 후보지 내정.
1990.11.8	충남 안면도 방폐장 추진계획 완전 백지화.
1991.12.24	강원 고성·양양, 경북 울진·영일, 전남 장흥, 충남 안면도 6곳 방폐장 후보지로 점찍었으나 지역의 반대로 확정하지 못함.
1994.11	국무총리를 위원장으로 하는 '방사성폐기물 관리사업 추진위원회' 구성.
1994.12.24	경기도 옹진군 덕적면 굴업도 방폐장 후보지 발표.
1995.11.30	굴업도 방폐장 부지 지정 백지화 발표.
1997.1	방폐장 추진 주체가 과학기술부에서 산업자원부로 바뀜. 사업시행 주체도 한국원자력연구소에서 한국전력으로 바뀜.
1998	원자력위원회에서 방사성폐기물처분장 입지 선정을 정부주도 방식에서 유치공모 방식으로 변경.
2000.6.27	지자체 유치공모 시작, 최종적으로 실패.
2001.4	전력산업구조 개편정책에 따라 한국전력의 발전부문이 6개 자회사로 분리됨에 따라 방사성폐기물 관리사업이 한국수력원자력으로 이전.
2001.8	두번째 지자체 유치공모 시작, 지자체의 수용거부로 실패.
2001	유치공모 방식이 실패하자 사업자주도 방식과 유치공모 방식 병행.
2001.12	방폐장 후보 부지 도출을 위한 용역 시작.
2003.2	경북 영덕군 남정면 우곡리, 경북 울진군 근남면 산포리, 전남 영광군 홍농읍 성산리, 전북 고창군 해리면 광승리 등이 후보지로 도출 발표. 해당 지자체의 거부로 실패.
2003.5	방사성폐기물 관리시설과 양성자 기반기술사업을 연계하여 추진키로 결정.
2003.7	전북 부안군수가 위도에 방사성폐기물 관리시설 유치 발표.
2004.12.14	주민투표 실시. 전체 주민의 72퍼센트 투표 참여. 그중 91.8퍼센트가 시설 유치 반대.
2004.2~9	방사성폐기물 관리시설의 부지확보 절차에 주민투표제도 도입 및 신규 유치방안 발표, 7개군 10개 지역이 유치청원했으나 예비신청 전무.

2004.9	부안방폐장 백지화 선언.
2004.12	원자력위원회, 중저준위폐기물 처분장 우선 건설, 사용후핵연료 중간저장시설 충분한 논의 후 건설'을 결정.
2005.3.11	방폐장 부지선정위원회 출범.
2005.3.31	'중저준위방사성폐기물 처분시설의 유치 지역 지원에 관한 특별법' 국회 의결.
2005.6.16	방폐장 부지 선정 절차 공고.
2005.8	경주(16일), 전북 군산, 경북 포항, 영덕(29일)시가 방폐장 유치신청서 제출.
2005.9	중·저준위 방사성폐기물 처분시설의 유치 지역 지원에 관한 특별법 시행.
2005.11.2	방폐장 부지 유치 관련 찬반주민투표 실시(경주, 군산, 포항, 영덕). 경주, 참여율 70.8퍼센트, 찬성률 89.5퍼센트로 방폐장 유치

■ 자료 정회성·이창훈·김명미 『환경갈등 현황 및 정책과제』, 한국여성개발원 2005, 277~78면.

부록 2

연도	새만금지구 간척사업 추진과 반대운동 경과
1987.12.17	새만금지구 간척사업 타당성 조사 완료.
1989.5.22	새만금지구 간척사업기본계획(안) 관계기관 협의.
1989.11.6	새만금지구 종합개발사업 기본계획 확정(구 농촌근대화 촉진법 제92조).
1991.8.13	사업시행 계획 확정(구 농촌근대화촉진법 제93조).
1991.10.17	공유수면 매립면허 획득(공유수면 매립법 제4조).
1991.11.13	사업시행 인가(구 농촌근대화촉진법 제96조).
1991.11.16	사업시행 인가 고시(구 농촌근대화촉진법 제96조).
1991.11.28	제1공구(외곽방조제) 공사 착공.
1992.6.10	제2, 3, 4공구(외곽방조제) 공사 착공.
1996	시화호 오염 문제로 새만금간척사업에 대한 문제제기 본격화.
1998.7	농림부 영산강 4단계 간척사업 백지화 발표.
1998.7	새만금간척사업 백지화를 위한 시민위원회 발족, 새만금갯벌살리기 운동 본격화.
1998.12	농림부, 새만금 간척농지의 산업용지로 용도변경 불가방침 발표.
1999.1.11	전라북도 유종근 도지사 "새만금간척사업 재검토' 관련 기자간담회 개최.
1999.4	총리실 산하 수질개선기획단, 새만금간척사업 민관공동조사반 구성 및 운영.
1999.5.5~25	제7차 람사협약 당사국 총회 참가(코스타리카 산호세) 람사회의 기간에 새만금간척사업 중단 촉구, NGO 결의안 등에 새만금간척사업의 문제점 지적 및 공사중단 촉구.
1999.10.16~26	영국 왕실 초청 영국습지 방문.
2000.5.20	새만금 민관공동조사단 중간 발표회(서울대 호암관).
2000.7.12	골드만 환경상 역대 수상자 새만금간척사업 중단촉구선언 채택.
2000.8.18	새만금 민관공동조사단 최종 보고서 총리실에 제출.
2000.8.29	민관공동조사단 참여연구위원들의 최종보고서 시정요청 기자회견.
2000.9.5	MBC PD수첩, 새만금 관련 내용 방영.
2000.9.9	KBS 취재파일 4321, 새만금 관련 내용 방영.
2000.9.15	총리실 수질개선기획단에서 새만금 민관공동조사단 최종보고서 제출.

2000.10.16~11.17	새만금갯벌 살리기 33일 밤샘농성(조계사).
2000.11.12	월드워치연구소 레스터 브라운 소장 새만금 갯벌 답사.
2000.11.14	새만금 생명평화선언(범종교인 2000인 선언, 한국교회 100주년기념관).
2000.11.16	MBC 100분토론 새만금 주제로 진행.
2000.12.15	일본습지보전네트워크 대표 김대중 대통령에게 새만금간척사업 중단 청원서 제출.
2001.1.30	대통령 직속 지속가능발전위원회에서 새만금팀 구성.
2001.2.20	노무현 해양수산부장관 면담, 새만금사업 반대 입장 확인.
2001.3.22	대통령 직속 지속가능발전위원회 새만금사업 결정 유보 대통령께 건의 기자회견.
2001.4.5	KBS 길종섭의 쟁점토론 "'새만금 간척 백지화만이 대안인가?'.
2001.4.26	MBC 100분토론.
2001.5.7	1차 새만금 공개토론회 진행(PCSD, 국무조정실 공동주최, 교육문화회관).
2001.5.23	절두산 절벽시위 "새만금갯벌의 목숨을 끊지 마라!"(환경연합 장지영 갯벌팀장)
2001.5.24	새만금갯벌 살리기 삼보일배(명동성당에서 정부종합청사까지/수경 스님, 문규현 신부)
2001.5.25	총리실 수질개선기획단 물관리정책조정위원회에서 '새만금사업 강행 결정'.
2001.5.27	새만금 타임캡슐 매장과 새만금사업 결정 무효 미래세대 33인 선언 (환경연합 마당)
2001.5.29	'새만금사업 강행결정 규탄' 정부위원회(PCSD, 총리실 물관리정책민간위원회, 환경부 환경정책협의회 등) 참가 민간위원 탈퇴 선언 기자회견.
2001.6.3	한나라당 이회창 총재 환경연합 방문 및 간담회.
2001.6.19	나바로 지구의 벗 국제본부 의장 새만금 갯벌 방문.
2001.7.9	새만금 갯벌살리기 천만인서명운동 본부 발대식.
2001.7.23	새만금 관련 PCSD 분과위원장 대통령 면담.
2001.7.25	미래세대 소송 각하.
2001.8.21	새만금사업에 관한 '정부조치계획'과 '농림부장관의 공유수면매립면허 취소신청 거부처분'의 취소를 요구하는 행정소송 제기.

2001.8.22	새만금사업 강행 결정의 취소를 요구하는 헌법소원 제기.
2001.8	쌀과잉생산으로 농림부 쌀증산정책 포기 발표.
2002.5.10~11	호주 녹색당 밥 브라운 상원의원 새만금 갯벌 방문.
2002.8.24~9.5	리우+10회의에 참가하여 새만금갯벌살리기 활동 전개(남아프리카공화국 요하네스버그).
2002.11.13~11.27	제8차 람사협약 당사국 총회에 참석, 새만금운동 전개(스페인, 발렌시아).
	한국의 새 대통령에게 보내는 새만금사업 중단 촉구 호소문 채택. 11/20 새만금갯벌살리기 삼보일배(문규현 신부, 수경 스님).
2003.2.11	전북대학교에서 있었던 국정토론회에서 노무현 대통령 당선자 새만금간척사업을 중단하지는 않겠으나, 사업의 목적은 변경되어야 한다는 발언을 함. 새만금사업의 농지조성을 공식 부정함.
2003.3.28~5.31	새만금 갯벌과 온세상의 생명평화를 염원하는 삼보일배.
2003.4.1	지구의벗 국제본부 리카르도 나바로 의장 새만금 삼보일배 참여.
2003.5.20	노무현 대통령, 새만금 신구상기획단 구성 지시.
2003.5.21	삼보일배 수행중 수경 스님 탈진 후 병원으로 응급 후송.
2003.6.5	새만금 삼보일배 인터넷 통해 세계로 확산, "새만금을 살리자"(Save our Saemangeum)라는 1500여통의 전세계 항의메일 청와대 발송.
2003.6.10	새만금 방조제 4공구 물막이 완료.
2003.7.12	전북 새만금추진협의회, 군산에서 새만금 자전거 홍보단에 폭력 행사.
2003.7.15	서울행정법원, 새만금 공사중지가처분 신청 수용. 새만금사업 집행정지 결정.
2003.7.16	법원 판결에 대한 항의로 농림부 김영진장관 사퇴 기자회견.
2005.1.17	서울행정법원 행정3부 3년 넘게 진행된 새만금간척사업 관련 재판에 대해 조정권고안 발표.
2005.2.4	서울행정법원 행정3부 새만금 원고 일부 승소 판결.
2005.12.21	서울고등법원 제4특별부 '기각 판결'.
2006.1.3	새만금 소송 대법원 상고.
2006.2.16	새만금 상고심 공개변론(대법원).
2006.3.6	새만금 중재단 강현욱 전북도지사 2차 면담(도법 스님, 이석태, 백낙청, 정성헌).

2006.3.13	도올 김용옥 새만금 살리기 도보행진(광화문에서 대법원까지).
2006.3.16	새만금 상고심 원고 패소.
2006.4.21	새만금 방조제 최종 물막이 공사 완료.
2007.6.13	새만금환경모니터링 결과 발표 심포지엄, '새만금 방조제 연결 1년, 그후'
2007.11.22	'새만금사업 촉진을 위한 특별법' 제정.

머리말

1 '방사성폐기물'이란 방사성물질 또는 그에 의하여 오염된 물질로 폐기 대상이 되
· 는 물질(사용후핵연료 포함)(원자력법 제2조 제18호)로 정의된다. 일반적으로 방
사성폐기물은 방사능 농도의 높고 낮음에 따라 저준위, 중준위, 고준위로 분류된
다. 그중에서 중·저준위 방사성폐기물 90퍼센트는 작업복이나 장갑, 덧신, 걸레
등 원자력발전과 사용후연료 관리시 원전방사선 관리구역에서 사용되었던 의복,
장비, 기기교체품을 말한다. 고준위폐기물은 사용후연료와 재처리 과정에서 발생
하는 부산물이다. 방사성폐기물처분장은 말 그대로 '방사성폐기물'을 처분하는
곳을 말한다. 이를 줄여 '방폐장'이라 부르기도 하고 '핵폐기장'이라고 부르기도
한다. 정부에서는 '원전수거물관리센터'라는 용어를 쓰기도 했다.
2 노르웨이 수상인 그로 할렘 브룬틀란드가 이끈 '세계환경발전위원회'는 1983년 독
립기구로 설치되었다. 이 위원회는 지구의 환경과 발전 문제를 검토하면서 이 문
제를 해결할 수 있는 현실적 방안을 정식화해, 자원을 파괴하지 않고 보전할 수 있
는 방도를 모색한다.
3 유엔환경개발회의는 1992년 6월 브라질의 리우데자네이루에서 개최된 지구환경
회담으로 114개국 정상, 183개국 정부대표, 3만여명의 환경전문가와 민간환경단

체 대표 등이 참여한 가운데 열린 인류 최대의 환경회의로 'Earth Summit'이라고
도 불린다. '환경적으로 건전하고 지속 가능한 개발'을 주제로 열린 이 회의는 향
후 지구 환경보전의 기본원칙이 될 '리우선언'과 그 실천계획인 '의제21'을 채택했
다. 또 지구온난화 방지를 위한 '기후변화방지협약'과 생물자원 보전을 위한 '생물
다양성보존협약' '삼림보존원칙' 등에 합의했다.

1장 두가지 이야기: 부안과 새만금

1 김길수 「정책집행 과정에서의 주민저항 사례 연구──부안 방폐장 부지 선정을 중
심으로」, 『한국정책학회보』 제13권 제5호, 2005, 146면.
2 양성자를 가속하여 물질의 특성과 구조를 규명하고 새로운 물질을 탐색하는 최첨
단산업이다. 과학기술부가 개발하려는 가속기는 펄스파(Pulse wave) 빔 장치로
원자력 연구개발과 더불어 IT, BT, NT, 의료 등 첨단과학기술 분야의 발전기반 확
충을 목표로 하고 있다. 나노, 정보통신기술, 생명공학기술, 우주기술, 기능성 신
소재 등의 산업과 연관이 있다.
3 부안주민들은 부안 방폐장사태를 부안항쟁이라고 주장한다. 정부의 잘못된 정책
에 지역주민들이 저항했다는 의미를 담고 있다
4 정회성·이창훈 『환경갈등 현황 및 정책과제』, 한국여성개발원, 2005, 280면.
5 권박효원·김윤정, '정부가 현금보상 신의 지킬 것으로 믿어──위도 유치위원회,
대정부 6개항 밝혀', 오마이뉴스 2003년 8월 2일자.
6 고길섶 「부안항쟁은 우리에게 무엇인가──부안항쟁의 성격과 의미」, 『자율평론』
11호, 2005.
7 김범준 「정책실패의 원인과 대응에 관한 연구──새만금간척종합개발사업을 중심
으로」, 성균관대학교 행정대학원 석사학위논문, 2000.
8 서울행정법원 제3부a, 2005.
9 국무총리실 수질개선기획단, '새만금간척사업에 대한 정부조치계획', 2001.
10 서울행정법원, 앞의 글.
11 같은 글.
12 정회성·이창훈, 앞의책, 211면.
13 이승민 「새만금간척사업을 둘러싼 갈등구조와 담론구성의 분석」, 가톨릭대학교
대학원 석사학위논문, 2002.

14 민관공동조사단은 1999년 5월 1일 '새만금사업 환경영향 민관공동조사계획안'을 바탕으로 구성되었다. 민간위원으로는 환경단체 추천 10명, 정부 및 전라북도 추천 10명, 정부위원 9명, 조사단장 1명의 총 30명으로, 분과별로는 경제성분과 10명, 수질보전분과 10명, 환경영향분과 9명이다. 조사기간은 1년이며, 관계부처가 제공한 기초자료를 검토하고 현지조사 등을 실시, 분과별 연구결과를 분석하여 종합대책을 정부에 건의하는 역할을 맡았다.

15 순차적 개발은 새만금의 토지개발 원칙을 수질이 비교적 양호한 동진수역부터 개발하고, 수질이 좋지 않은 만경수역은 수질 목표가 적합하다는 평가를 받은 뒤 추진하는 것을 말한다. 따라서 새만금의 경우 농업용수를 제공하는 두개의 담수호 건설이 계획되었다.

16 법원의 결정 이후 실질적으로 며칠간은 공사가 전면 중단되었다. 그러나 농업기반공사가 방조제 유실 등의 이유로 이의를 제기하여 보강공사는 할 수 있도록 했다.

17 정회성·이창훈, 앞의책, 215면.

18 서울행정법원, 앞의글.

제2장 '입장'은 어떻게 형성되고 대립했나

1 한국일보 2006년 6월 7일자

2 '강한전북일등도민운동본부'는 민선 3기인 강현욱 전 전북도지사의 재임기에 만들어진 단체로, 자체 회비나 수입 없이 시군조직까지 갖추고 연간 10~20억원의 사업비를 전라북도로부터 전액 지원받았고, '새만금사업 찬성시위' 등 도정 시책 홍보 등에 활용되었다. 이 단체는 도지사 퇴임과 함께 간판을 내렸다고 한다.(김광오, '전북 새 도민운동기구 관변단체 논란', 동아일보 2007년 8월 24일자)

3 '새만금 신구상'은 전북대학교 오창환 교수가 중심이 되어 제시한 안으로, 당시 방조제 개방구간 중 완공되지 않은 2·4호 방조제를 현수교(4.5킬로미터)로 연결하여 해수를 유통시키고, 해수호를 유지한 채 갯벌을 최대한 살리면서 만경유역(군산측) 4000헥타르만을 복합산업단지로 개발하자는 내용이다.

4 '새만금사업촉진특별법'(새만금종합개발특별법)은 2007년 11월 22일 국회를 통과했다. 이에 따라 새만금간척사업은 원래 목적인 농지조성이란 제한을 벗어나 외국자본, 외국기업 유치를 통한 골프장, 공단 건설 등으로도 개발할 수 있게 되었다. 또한 새만금의 효율적인 개발을 위해 국무총리 산하에 25인 이내의 '새만금위

원회'를 설치하고 농림부장관 산하에 새만금사업관리단을 두도록 규정했다. 이후 새만금은 경제자유구역으로 지정되었다.

5 '부안 방폐장 문제 해결을 위한 민관공동협의회'(위원장 이종훈 경실련 공동대표) 는, 2003년 10월 3일 고건 국무총리와 부안대책위 공동대표가 충분한 대화를 통한 합리적인 해결의 필요성을 공감하고 대화기구 구성을 합의한 후 구성되었다. 공 동협의회는 정부측 인사 5명, 부안 대책위측 인사 5명과 양측에서 추천한 전문가 1인씩 2명이 임명되어 위원장 포함 총 13명으로 구성되었다. 2003년 10월 24일 1차 회의를 시작으로 여러차례 소위원회가 열렸지만 성과는 없었다. 11월 7일 3차 회 의에서 부안대책위측은 문제해결을 위한 방안으로, 국가의 중장기적인 에너지정 책 방향과 방사성폐기장을 포함한 핵에너지정책을 사회적으로 철저히 공개하고 합의하여 정책을 수립하기 위해, 대통령 직속기구인 '국가 에너지정책 수립을 위 한 민관공동위원회' 구성을 제안했다. 정부측은 주민의 진정한 의사를 확인하기 위해서는 주민들이 자유로운 분위기에서 올바른 정보를 바탕으로 시설에 대한 정 확한 이해와 판단을 내릴 수 있는 기회를 제공해야 한다고 보고 양측 공동 주관하 에 ① 시설의 안전성에 대한 설명회 또는 공청회를 읍·면별로 개최(각 2~3회) ② 찬반 토론회(3~4회) 개최 ③ 국내외 관련 시설 공동견학 등을 제안했다. 11월 13~14일, 4차회의에서 대책위측은 부안 유치위원회 사무소 철수, 부안 핵폐기장 사업의 백지화, 정부의 불법적 매수행위 사과 등을 요구하면서 연내 주민투표 실 시를 제안했다. 그러나 11월 17일 4차회의에서 정부가 연내 주민투표 실시를 거부 하여 대화는 중단된다.

6 2003년 7월경 한국전력 부안지사에서 '방폐장 유치를 위한 지역 공청회'가 개최되 었다. 공청회는 위도 주민들과 방폐장 설치 반대측이 모두 참여했다. 반대측의 문 제제기와 이에 대한 위도 주민들의 논쟁이 있었다.

7 '서남해안 프로젝트' 중 동북아위원회가 추진 주체인 S프로젝트는 해남·영암·무 안·목포·신안 등 전남 서남해안 9000만평 부지에 펼쳐지는 '서남해안 종합발전 계획'으로 정부가 2007년부터 2020년까지 총 22조 4000억원을 투입해 무안·목 포·신안 지역을 환황해권의 산업 거점으로 육성한다는 계획이다. 무안 기업도시, 신안 해양레저, 목포 신외항, 새만금 농공단지 등이 포함되어 있다. 싱가포르 자본 으로 추진되며 'S'는 싱가포르의 첫 글자를 따왔다. J프로젝트는 해남·영암 지역 3000만평에 인구 30만명의 도시를 건설하는 서남해안 관광레저도시 조성 사업이 다. F1자동차경주장·해양레저타운·건강휴양타운·골프장 등을 건설하는 투자금 액 35조원의 관광레저형 복합도시가 목표이다. 전라남도가 추진 주체이며, 문화

관광부가 협조하는 사업으로 미국·일본·아랍·전국경제인연합회 등이 컨소시엄을 구성해 투자하고 있다. 각각은 사업지구가 서로 겹쳐 있으나 별도로 추진되는 사업이다.

제3장 갈등은 무엇을 먹고 자라나

1 환경영향평가(Environmental Impact Assessment)는 개발이 환경에 미치는 영향의 정도나 범위를 사전에 예측·평가하고 대처 방안을 마련하여 환경오염을 사전에 예방하는 제도이다. 우리나라에서는 처음으로 환경보전법에 1981년 '환경영향평가서 작성 등에 관한 규정'이 명시되어 시행되기 시작했다. 이때는 주민의견을 수렴하는 공청회 규정이 없었다. 이후 1990년 8월에 환경정책기본법이 제정되면서 '환경영향평가서를 공람하고 필요시 설명회 또는 공청회를 개최'하도록 했는데 실제로는 1991년 8월 1일부터 시행되었다. 새만금간척사업의 타당성 조사는 1987년 12월에 완료되었기 때문에 법률상 환경영향평가를 실시하여 주민의견을 수렴하는 설명회나 공청회를 열 필요가 없었다.

2 원자력법은 1958년 제정되어 올해로 50주년을 맞는다. 이 법은 원자력의 연구·개발·생산·이용과 이에 따른 안전관리에 관한 사항을 규정한다. 국무총리 아래에 원자력위원회를 두며, 과학기술부장관 아래에 원자력안전위원회를 둔다. 과학기술부장관은 5년마다 원자력진흥종합계획을 수립해야 하며, 과학기술부장관과 관계부처의 장은 종합계획에 따라 소관사항에 대하여 5년마다 부문별 시행계획을 수립하고, 연도별 세부사업추진계획을 수립·시행해야 한다. 발전용 원자로와 연구용 원자로 및 관계시설의 건설·운영, 핵연료 주기사업 및 핵물질 사용, 방사성 동위원소 및 방사선 발생장치, 폐기와 운반, 방사선 피폭선량의 판독, 면허와 시험, 규제·감독 등에 대해서는 따로 상세한 규정을 두고 있다.

3 핵연료를 재처리한다는 것은 두가지 의미가 있다. 한가지는 방사성폐기물을 완벽하게 폐기처분하는 것이다. 즉 원자력발전소 등에서 방사성물질에 오염된 여러가지 폐기물을 기체, 액체, 고체로 구분, 방사성물질을 분리하거나 방사성폐기물의 부피와 용량을 최소화하여 안전하게 처리하는 것을 말한다. 기체와 액체는 특수설비를 이용하여 깨끗하게 만들고, 고체성분은 용량을 최소로 압축하여 철제드럼 속에 보관한다. 또 한가지는 사용후 핵연료를 다시 사용하기 위해서 재처리하는 경우이다. 원자로에서 타고 남은 사용후핵연료를 화학적으로 처리하여 우라늄과

플루토늄을 추출해서 몇번이고 다시 사용할 수 있게 하는 것을 말한다. 세계 각국에서 핵연료재처리에 촉각을 곤두세우는 이유는, 재처리를 통해 뽑아낸 우라늄과 플루토늄을 사용해서 핵무기를 개발할 수 있기 때문이다. 플루토늄239의 순도가 90퍼센트 이상인 플루토늄 6~8킬로그램을 모으면 원자폭탄을 제조할 수 있다. 따라서 핵연료를 재처리하는 시설을 갖춘다는 것은 곧 핵무기를 개발할 수 있는 기술을 보유하게 된다는 것을 의미한다.

4 '새만금간척사업에 대한 정부조치계획'에서는 2001년 5월에 있었던 '새만금 공개토론회'와 '평가회의'에서도 사업에 대한 결론을 내리지 못하자 대통령이 결단을 내리도록 건의했다고 기록하고 있다.(국무총리실 수질개선기획단, 2001)

5 노무현 전 대통령이 장관으로 있던 당시 해양수산부는 현시점에서 갯벌의 진정한 가치를 객관적으로 평가하는 데 한계가 있고, 갯벌은 일단 훼손되면 대체나 복원이 곤란하므로, 과학적 조사를 통해 국민적 합의에 이를 때까지 새만금사업의 추가 시행을 유보하는 것이 바람직하다는 내용의 보고서를 작성했다.(서울행정법원 제3부a, 2005)

6 정회성·이창훈·김명미『환경갈등 현황 및 정책과제』, 한국여성개발원 2005, 240면.

7 새만금 화해와 상생을 위한 국민회의, 새만금 신구상 도민회의 문건 중에서.

8 한국학술진흥재단은 '학술진흥 및 학자금대출 신용보증 등에 관한 법률'을 근거로 설립된 정부산하기관이다. 학술연구와 국내외 교류협력 등 학술활동을 지원하고 육성하며, 학술연구기반을 조성하여 신진 연구인력을 양성함으로써 학문 전반의 수준 향상을 도모하는 것이 목적이다.

9 외부효과(external effect)는 경제주체인 생산자나 소비자의 경제활동이 시장에서 거래되지 않고 직간접적 또는 부차적으로 제3자의 경제활동이나 생활에 영향을 미치는 것을 말한다. 즉 한 사람의 행동이나 활동이 타인에게 영향(이익이나 손실)을 미치는 현상이나 상황이다. 생산과 소비측을 기준으로 분류하면 생산(production)의 외부효과와 소비(consumption)의 외부효과로 나눌 수 있다. 결과적으로 이득이 생기면 외부경제(External economy)라고 하고, 손해나 손실을 초래하면 외부불경제(External diseconomy)라고 한다.

10 경찰 과잉진압 문제는 지역에서 계속 제기되었으나 특별한 조사가 진행되지 않았다. 정부와 언론의 무관심은 지역주민들을 분노하게 만들었고, 대책위는 자체조사를 실시하고 더욱더 투쟁의 강도를 높이도록 했다.('핵폐기장 유치 반대 부안 군민대회의 경찰 과잉진압에 관한 종교·시민·사회단체 진상조사단 보고서', 2003. 7. 24. 참조)

11 7월 15일 제1차 회의 이후, 현지답사 1회를 포함하여 총 6차에 걸쳐 회의를 열었고, 7월 24일에 평가결과가 확정되었다.(산자부 보도자료, 2003.8.3)

12 김철규·조성익「핵폐기장 갈등의 구조와 동학──부안 사례를 중심으로」, 『경제와 사회』 2004년 가을호(통권 제63호), 24~31면 정리.

13 '삼보일배'는 세걸음 걷고 한번 절하면서 자신이 지은 나쁜 업을 뉘우치고, 깨달음을 얻어 모든 생명을 돕겠다는 서원을 하는 수행법이다. 새만금 삼보일배는 2003년 수경 스님(불교)·문규현 신부(천주교)·김경일 교무(원불교)·이희운 목사(개신교) 등 4대 종단 성직자를 중심으로 3월 28일부터 5월 31일까지 65일 동안 새만금간척지사업으로 인한 환경 훼손과 생명 파괴를 막기 위해 진행되었다. 삼보일배는 육체적으로 극한의 인내를 요구하며, 5월 21일 수경 스님은 탈진으로 입원하기도 했다. 부안 해창갯벌에서부터 서울까지 310킬로미터 거리에서 삼보일배를 진행하는 동안 수많은 성직자와 시민들이 참여함으로써 노무현 참여정부 초기 일대사건이 되었다. 이는 세계적인 반향을 불러일으켰는데 세계 88개국에서 1만 1600여통에 달하는 항의서한과 이메일이 한국정부에 밀려들어 새만금간척사업 중단을 촉구하기도 했다.

14 오체투지는 불교 신자가 삼보(三寶)께 올리는 큰절을 말한다. 고대 인도에서 행해지던 예법 가운데 상대방의 발을 받드는 접족례(接足禮)에서 유래한 것이다. 자기 자신을 무한히 낮추면서 불·법·승 삼보에 최대의 존경을 표하는 방법으로, 양무릎과 팔꿈치, 이마 등 신체의 다섯 부분이 땅에 닿기 때문에 이런 이름이 붙었다.(네이버 백과사전)

제4장 문제해결을 위한 새로운 시도

1 주민투표제도는 지방자치단체의 중요 정책사항 등을 주민투표로 결정하는 제도로, 스위스에서 가장 활성화되어 있다. 우리나라의 경우에는 1994년 개정지방자치법에 주민투표제의 법적 근거를 마련한 바 있으나, 주민투표의 대상, 발의자, 발의요건, 투표절차 등에 관해서는 따로 법률로 정한다고 규정해놓고 주민투표법을 제정하지 않아 그 실효성이 없는 상태였다. 그러나 2003년 12월 '주민투표법'이 제정됨에 따라 2004년 7월 30일 정식 도입되었다. 이 법에 따르면 주민투표 관리사무는 관할 선관위가 담당하고, 주민투표 대상은 주민에게 과도한 부담을 주거나 중대한 영향을 미치는 지자체의 주요 결정사항 중 조례(지방자치단체의 법)로 정

하도록 규정했다. 또 주민투표는 투표권자 총수의 20분의 1 이상, 5분의 1 이하 범위 안에서 조례로 정하는 수 이상의 서명으로 발의되고, 주민투표 안건이 발의된 지 20~30일 이내 투표가 실시되며, 투표권자의 3분의 1 이상 투표와 유표투표수 과반수의 찬성으로 안건을 통과시키게 된다. 한편, 주민투표법이 발효된 이후 2005년 7월 제주도 행정체계 개편을 위한 주민투표가 실시되었고, 중저준위방폐장 부지 선정을 위한 주민투표가 경주, 영광, 군산, 포항에서 2005년 11월 실시되었다. 우리나라 최초의 주민투표는 부안 위도 방폐장 부지 선정에 관한 것으로, 2005년 2월에 실시되었다.

2 화성 산업폐기물처리장은 수도권에서 나오는 유해 화학물질을 처리하는 공공시설이었다. 1991년 4월 이곳에서 흘려보낸 유독폐수로 주곡리 앞바다의 맛·가무락·바지락이 떼죽음을 당하자 주민들이 피해보상을 요구하고 나섰다. 이어 기형가축 출산, 집단피부병 등 공해피해를 호소하는 주민은 우정·장안·팔탄면 25개 마을 2만여명으로 늘어났고 이들의 요구도 '보상'에서 '사업소 이전'으로 바뀌었다. 철수대책위원회(위원장 윤호선)를 구성한 주민들은 사업소 진입로를 막고 장기농성을 벌여 수도권의 유해 산업폐기물이 8개월 동안 처리되지 못하는 사태를 빚었다. 1991년 8월 30일, 주민과 사업소가 3명씩 위촉한 전문가로 환경영향조사단이 우리나라에서 처음으로 구성됐다. 환경관리공단과 주민 양측이 위촉한 전문가들로 합동 환경영향조사단을 구성·운영해 그 결과에 따르기로 한 것, 그리고 지역발전 지원사업을 구체화한 것 등은 다른 환경분쟁을 풀어나가는 데도 적용할 만한 모범사례로 평가된다. 환경관리공단과 지역주민 대표 등은 12월31일 ▲시설운영 ▲지역발전 지원 ▲환경영향조사 등에 관한 14개항의 '최종합의서'에 서명했다. 이 합의서에는 "환경영향조사 결과 사업소 이전이 불가피하다고 판단되면 이전 조처한다"는 단서조항이 들어 있지만, 조사결과 사업소 폐쇄가 필요할 정도로 오염되지는 않은 것으로 알려져, 화성사업소는 1992년 1월 3일부터 사실상 정상가동에 들어갔다.

3 '원고적격'은 '법률상의 이익'을 가진 자를 말한다. 소송에서의 정당한 당사자가 된다는 의미로 '원고적격' 또는 '피고적격'이 있다는 표현을 사용한다. 원고적격이 있으려면 자기의 이행청구권 또는 확인의 이익을 가지고 있거나 법에서 원고적격자로 정해져 있어야 한다. 이는 권리관계를 가진 자가 정당한 당사자가 되게 하는 것으로, 타인의 권리에 대하여 아무나 나서서 소송하는 것을 막기 위한 것이다.

4 새만금 갯벌지킴이 미래세대소송은 녹색연합과 생명회의가 2000년 2월 수도권과 전북의 지역설명회를 통해 소송에 참가할 18세 미만의 어린이·청소년 원고를 모

집하여, 5월 4일 서울행정법원에 공유수면매립면허처분취소 및 새만금간척종합 개발사업시행인가처분취소를 요구하는 소송을 제기한 것이다. 전라북도 군산, 김 제, 부안에 거주하고 있는 37명의 미래세대와 전국의 미래세대들 175명이 원고로 참여한 소송으로서 우리나라에서는 미래세대의 환경권 보장을 주장한 최초의 소 송이다. 이 소송은 2001년 7월 25일, 군산시, 김제시, 부안군에 거주하는 37명의 원고에 대해서는 환경영향평가법에 근거하여 원고적격이 인정되었으나, 그 외의 지역에 사는 원고들의 경우에는 공유수면매립법, 근대화촉진법, 환경영향평가법 등에 의해 원고적격으로 인정되지 않아 각하되었다.

5 새만금 소송에 대한 대법원 판결문.

6 위의 글.

5장 절반의 성공, 절반 이상의 실패

1 '원자력위원회'는 원자력법 제3조 및 원자력위원회 규정에 따라 1958년 3월 11일 설치된 원자력 이용개발 전문위원회이다. 국가가 원자력의 연구·개발·이용 등을 추진하는 과정에서 정책·기본방침·계획 등을 입안·심의·결정하는 기관이다. 위 원장은 국무총리이고 위원은 과학기술부장관·산업자원부장관·재정경제부장 관·기획예산처장관 등 당연직위원과 위원장의 제청으로 대통령이 임명 또는 위 촉하는 자를 포함하여 9명 이상 11명 이하로 구성된다.

2 한겨레신문 2004년 9월 13일자.

3 노컷뉴스, 2007. 4. 27.

4 서천장항갯벌보전대책위원회가 2006년 12월 27일 주최한 '서천지역발전 어떻게 이룰 것인가' 토론회.

5 사전환경성검토제도는 각종 개발계획이나 개발사업을 수립·시행할 때 타당성 조 사 등 계획 초기 단계에서 입지의 타당성, 주변환경과의 조화 등 환경에 미치는 영 향을 고려토록 함으로써 '환경친화적인 개발'을 도모하는 제도이다. 대표적인 사 전예방적 환경정책 수단으로서, 환경영향평가제도가 대부분 ① 대규모 개발사업 에 대하여 ② 계획이 확정된 후 사업실시 단계에서 ③ 주로 오염의 저감방안을 검 토하고 있어, 입지의 타당성 등 친환경적인 개발의 유도에는 한계가 있고, 최근 국 토의 난개발로 인한 국토훼손, 수질오염, 교통난 등이 사회문제로 대두되고 있어, 행정계획이나 개발사업에 대한 입지 선정 단계에서부터 환경적으로 적정한지 검

토하는 것이다. 행정계획을 수립·확정하거나 개발사업을 허가, 승인, 인가하는 행정기관의 장이 환경부장관 또는 지방환경관서의 장과 미리 환경성검토를 협의해야 하는 대상은 환경정책기본법령에 의한 경우와 관련 개별법령에 의한 경우로 구분된다. 행정계획뿐만 아니라 난개발의 주요 원인인 민간개발사업도 사전환경성검토의 대상이 된다.

6 플루토늄(plutonium)은 주기율표 제3족에 속하는 악티늄 원소로, 원소기호는 Pu 이다. 1940년 캘리포니아대학교 시보그, 맥밀런 등이 사이클로트론을 이용 중수소(重水素)로 우라늄 238에 충격을 가하여 만든 넵투늄 238의 ß붕괴에서 질량수 238인 동위원소가 처음으로 만들어졌다. 태양계의 행성이었던 명왕성(Pluto, 소행성 134340)의 이름을 따서 플루토늄이라고 명명했다. 이것은 92번 원소인 우라늄과 93번 원소인 넵투늄이 각각 천왕성(Uranus)·해왕성(Neptune)의 이름을 땄기때문에, 이들의 연속선상에 있음을 뜻한다. 그후 동위원소의 질량수는 232부터 246까지 15개가 확인되었으며, 모두 방사성이다. 이들 중 242의 반감기(半減期)가 가장 길어 3.79×105이다.

7 독일정부는 지난 2002년 사민당과 녹색당 연립정권이 모든 원자력발전소를 폐쇄하고, 신축을 금지하는 법률을 제정했다. 현재 가동중인 17개 원자력발전소도 오는 2021년까지 모두 문을 닫아야 한다.

8 체르노빌 핵발전소 폭발사고는 1986년 4월 26일 토요일 새벽 1시 23분, 우크라이나의 키에프 남쪽 130킬로미터 지점에 있는 체르노빌 원자력발전소 제4호 원자로의 노심이 녹으면서 대량의 방사능이 누출된 세계 최대의 참사이다. 사고는 수차례에 걸친 수증기·수소·화학 폭발을 수반했다. 그 결과 2명의 작업원이 즉사하고, 원자로 건물 위쪽이 무너졌으며, 크레인이 떨어져서 노심(爐心)을 파괴했다. 화재가 발생해 소화작업에 나선 발전소 직원·소방수 대부분이 심각한 방사선 상해(傷害)를 입었으며, 7월말까지 29명이 사망하고, 원자로 주변 30킬로미터 이내에 사는 주민 9만 2000명은 모두 강제 이주되었다. 그 뒤에도 6년간 발전소 해체작업에 동원된 노동자 5722명과 이 지역에서 소개된 민간인 2510명이 사망했고, 43만명이 암, 기형아 출산 등 각종 후유증을 앓고 있다. 주변환경에도 심각한 영향을 끼쳐, 체르노빌 원전에서 32킬로미터 이내에 있는 토양과 지하수원이 방사선에 심하게 오염됐다. 1945년 일본에 투하된 원자폭탄보다 수십~수백배나 많은 '죽음의 재'를 뿌린 이 사고로 인한 사망자 숫자는 명확치 않으나, 98년 우크라이나 정부는 사망자가 3500명 정도라고 밝혔다.

9 미국 스리마일(Three mile) 핵발전소 사고는 1979년 3월 28일 미국 펜실베이니아

스리마일 섬에 있는 원자력발전소에서 가동중이던 원자로 내부가 파괴되어 방사능물질이 누출된 사고이다. 사고가 일어난 후 5일 동안 발전소에서 방사능물질이 계속 유출되어 주변을 오염시켰다. 이 사고로 사고 지점에서 반경 80킬로미터 이내에 거주하던 주민 200만명이 이 방사능물질에 노출되었다. 사고가 일어나자마자 우선 임산부와 아이들에게 피난 권고가 내려지고 23개 학교가 폐쇄되었다. 사망자는 없었으나 누출된 방사능으로 지역주민의 암발생률이 높아져 1만명당 110명에 이르렀다.

10 토머스 S. 쿤 『과학혁명의 구조』, 까치 1999.

제6장 보전과 개발, 함께 가는 길 찾기

1 이득연 『환경 운동의 사회학』, 한국사회연구소, 민영사 1998.

2 이득연, 같은 책.

3 미국의 F.D. 루스벨트 대통령이 1933년부터 1939년까지 공황 극복을 위해 실시한 경제정책. 1929년 뉴욕 주식시장의 주가 대폭락을 발단으로 시작된 대공황은 GNP의 급격한 하락, 1300만의 실업자 양산, 심각한 은행위기 등을 초래했고, 이로 말미암아 미국 자본주의가 위기에 처해 후버 대통령이 펼친 공황대책도 완전히 실패했다. 이런 상황에서 대통령에 취임한 루스벨트는 국내 재건을 최우선 과제로 삼아 정책을 입안하고, 1930년대말 전시체제(戰時體制)로 이행할 때까지 경제 각 부분에 대한 적극적인 공황대책을 강구했다. 이러한 정책은 자본주의체제의 구제(救濟)가 목적이었지만, 이를 달성하기 위해 새로운 제도 등이 도입되었으며 그 과정에서 미국 경제에 중요한 변화가 일어났다. 즉 루스벨트는 경제에 대한 국가의 개입을 시도해, 국내시장의 확대를 꾀하고 공업·농업·상업·금융·노동 등 생산·유통·분배의 각 분야에 걸쳐 광범한 경제정책을 수립했다. 뉴딜 경제정책 체계가 국가와 사기업의 협동체제라고 불리는 점에서 뉴딜의 국가독점자본주의적 색채를 엿볼 수 있고, 1930년대 대공황 後의 자본주의가 종래와는 달리 국가권력을 이용하면서 공황에서의 회복을 도모했다는 점에서 자본주의 경제체제 자체의 변질 과정을 알 수 있다. 뉴딜정책은 7년간에 걸쳐 시행되었는데, 그 과정은 3시기로 구분할 수 있다.

4 뉴딜정책 일환으로 추진된 테네시 강 유역 개발 계획(텔레비전A)은 테네시 강 본류와 지류에 26개 대형 댐을 건설하고 남부 내륙 운하를 설치하는 대형 토목공사

였다.

5 정광모 「예산은 마이너스 게임을 넘어설 수 없는가?」, 『인물과 사상』 2007년 4월
호, 136~37면.

6 유네스코(UNESCO) 등 유엔 기구들이 주도한 세계 물 포럼에서 발표한 각국의 물
빈곤지수(WPI, World Poverty Index)에 따르면, 한국의 물 사정은 비교적 양호한
편이다.(2006년, 147개국 중 43위)

7 농촌공사 농지은행, 가격기준 시점 2005.12.

8 농림수산식품부에서는 식품연구·개발 허브가 추진되는 '전북 식품 클러스터'를
2008년 8월까지 기본계획을 마련해 2012년까지 단지 조성을 마칠 계획이다. 또한
시군별 특산식품 클러스터도 140개를 만들 계획이다.

9 전라북도 「시군별 바람직한 발전방향」, 『제3차 전북종합발전계획』, 중 주민의식
설문조사.

10 독일 프라이부르크는 이미 1960년대말에 산성비로 죽어가는 흑림을 살리기 위
해 주민들 스스로 자가용 승용차의 운행을 억제하고, 1970년대에는 오일쇼크를
겪으면서도 원전건설에 반대하는 운동을 적극 조직해 승리하기도 했다. 이를 배
경으로 프라이부르크는 본격적인 생태도시 만들기 사업에 착수한다. 먼저 환경친
화적인 교통체계를 구축하기 위해 자전거도로와 차량 진입금지 지역을 설정·운
영하고, 시내의 주택가를 대상으로 '시속 30킬로미터 속도제한'을 실시했으며, 대
중교통을 값싸고 편리하게 이용할 수 있는 '레기오카르테'(Regio-Karte)라는 '환경
정기권'을 독일에서 최초로 선보였다. 동시에 전철·노면전차·버스 등의 환승을
용이하도록 만든 '파크 앤드 라이드'(Park & Ride) 시스템을 갖추었다. 에너지 자
립을 위한 '태양의 도시' 건설 사업의 일환으로 태양광과 지역열병합 발전, 솔라
산업의 육성에 적극 나서고, 헬리오트롭(Heliotrop)이라 불리는 태양열주택과 '보
봉 생태주거단지'를 건설했다. 그리고 '쓰레기 제로화'를 위한 분리수거와 자원퇴
비화사업, 숲과 하천이 어우러진 도시를 만들기 위한 흑림 보호와 도심녹화 활동,
도심을 관통하는 주요 하천인 드라이잠을 살리는 운동 등을 활발히 전개하고 있
다. 이와 함께 환경을 살리는 지속 가능한 경제의 토대가 되는 유기농업과 환경기
업을 육성하고 있으며, '에코은행'을 운영하고 '지역화폐'도 사용하고 있다.

11 유룡, '해수욕장, 모래없는 해변/전주', MBC 뉴스투데이, 2007.6.29.

12 위도 띠뱃놀이는 전라북도 부안군 위도면(蝟島面) 대리(大里) 마을의 풍어제이
다. 1985년 2월 1일 중요무형문화재 제82-3호로 지정되었다. 매년 정월 초사흗날
어민들의 풍어와 마을의 평안을 기원하는 공동제의(共同祭儀)이다.(네이버 백과

사전)

13 생기마을은 강원도 춘천시 북산면 부귀리의 별칭이다. 강원도는 부귀리의 물안 계곡 중 상류를 1998년부터 '산간계곡 자연휴식년' 지역으로 지정하여 천혜의 자연환경을 그대로 보존하는 등 개발과 보존을 조화롭게 병행 추진하고 있다.

14 자연휴식년제는 오염상태가 심각하거나 황폐화될 우려가 있는 국공립공원 또는 등산객의 잦은 이용으로 훼손이 심한 등산로·정상부·계곡 또는 보호할 필요성이 있는 희귀 동식물 서식지 출입을 일정 기간 통제함으로써, 자연환경을 보호하고 파괴된 생태계를 복원하려는 제도이다. 바다에서도 1999년부터 어장을 보호하기 위해 휴식년제를 실시하고 있다.

15 '비례성의 원칙'이란 목적 그 자체가 정당하다고 할지라도 그것을 실현하기 위해 사용(투입)되는 수단은 실현목적에 비추어 합리적 관계, 즉 비례 관계에 놓여야 한다는 것을 말한다. 따라서 비례성 원칙은 목적과 수단의 합리적 관계를 설정한 다는 의미에서, 법이념의 하나인 '합목적성'을 설명하는 도구로 이용되었다.

16 A. Schweitzer, *Our of My Life and Thought*, A. B Lemke(tr), 1990, 131면.

17 K. E. Goodpaster, *On Being Morally Considerable*, 1978, 324면.

18 전체면적 401.0제곱킬로미터에서 2020년도 기준으로 수면부 223.3제곱킬로미터 (55.7퍼센트)를 제외한 육지부 177.7제곱킬로미터(44.3퍼센트)의 용도별 토지면 적은 농업용지 130.8제곱킬로미터(73.6퍼센트), 산업용지 9.3제곱킬로미터(5.2퍼 센트), 관광용지 5.0제곱킬로미터(2.8퍼센트), 도시용지 6.6제곱킬로미터(3.7퍼센 트) 등이고, 또한 2030년도 기준으로는 수면부 118.0제곱킬로미터(29.4퍼센트)를 제외한 육지부 283.0제곱킬로미터(70.6퍼센트)의 용도별 토지면적은 농업용지 202.5제곱킬로미터(71.6퍼센트), 산업용지 18.7제곱킬로미터(6.6퍼센트), 관광용 지 9.9제곱킬로미터(3.5퍼센트), 도시용지 6.6제곱킬로미터(2.3퍼센트) 등으로 구 분되어 있다.

19 국가에너지위원회는 에너지기본법 제9조 제11항에 의거하여 구성된 에너지정책 의 최고 의사결정기구이다. 대통령을 위원장으로 국무총리, 산업자원부, 과학기 술부, 외교통상부, 환경부, 건설교통부, 예산위원회에서 지명한 7명, 에너지 전문 가 11명, 시민단체가 지명한 5명, 총 26명으로 2007년 2월 7일 구성되었다. 에너지 정책과 기술기반, 자원개발, 갈등관리 등 4개 전문위원회가 있다.

강은주(여 40대 후반)   목사, 새만금 신구상기획단에 참여.

권영만(남 30대 후반)   위도 출신으로 위도 핵폐기장건설반대운동에 참여.

김경식(남 30대 후반)   해양 관련 정부 출연 연구소 선임연구원.

김명호(남 40대 후반)   전북지역 언론인.

김성조(남 40대 초반)   A대학교 사회학과 교수.

김재영(남 70대)   전북지역 언론인.

김중기(남 50대 초반)   민간 환경연구소 소장.

김태영(남 40대 중반)   경주 주민으로 지역주민 찬반투표 때 핵폐기장부지선정반
대운동을 했다.

노평진(남 40대 후반)   전북지역 환경운동가.

박태성(남 60대 초반)   S대학교 환경계획학과 교수.

박홍식(남 40대 후반)   산업자원부(현 지식경제부) 공무원.

서인교(남 40대 중반)   핵폐기장반대를 위한 지역비상대책위원회에서 대외협력
국장으로 활동.

손일환(남 50대 중반)   원불교 교무로 2003년 '새만금 삼보일배'에 참여한 종교인.

오상현(남 50대 초반)   H신문사 환경전문 기자이며, K대학교 사회학과 교수.

유종오(남 40대 중반)   전북지역 연구소 연구원.

이승우(남 40대 초반)   G대학교 동양철학과 교수.

이완배(남 30대 후반)   환경단체 상근변호사였던 H대학교 교수이자 변호사.

이재영(남 50대 초반)   민간 환경연구소 소장으로 환경갈등 해결에 대한 전문연
구를 하고 있다.

이지훈(남 50대 초반)   새만금간척사업에 관여한 농림부(현 농림수산식품부) 공무원.

이한우(남 40대 초반)   부안군 귀농 농민으로 부안 햇빛시민발전소에서 활동.

임원하(남 50대 초반)　　경주 주민으로 경주도심위기대책범시민연대에서 활동.

장준호(남 30대 후반)　　경주지역 노동운동가, 민주노동당 당원.

정철수(남 30대 후반)　　시민단체에서 활동했던 J대학교 법학과 교수.

한영진(여)　　　　　　원전, 방폐장 등과 관련하여 지역사회 연구를 하는 M대학
　　　　　　　　　　　교 교수.

홍인철(남 40대 후반)　　경기도 지역 전직 국회의원.

황민규(남 40대 중반)　　부안군 계화면에 거주하는 어민.

＊구술자들은 모두 가명으로 처리했으며 소속 기관, 나이, 직위 등은 구술 당시의 것을 따랐다.

희망제작소 프로젝트
우리 시 대 희 망 찾 기 **06**

지속 가능한 세상을 향한 발돋움
환경갈등이라는 복잡한 숙제 풀기

초판 1쇄 발행 • 2008년 12월 26일

지은이 • 박진섭·소병천
펴낸이 • 고세현
책임편집 • 박기효·박영신
펴낸곳 • (주)창비
등록 • 1986년 8월 5일 제85호
주소 • 413-756 경기도 파주시 교하읍 문발리 513-11
전화 • 031-955-3333
팩시밀리 • 영업 031-955-3399 편집 031-955-3400
홈페이지 • www.changbi.com
전자우편 • human@changbi.com
인쇄 • 우진테크

ⓒ 희망제작소 2008

ISBN 978-89-364-8551-1 03300
ISBN 978-89-364-7984-8 (세트)